진실의
흑역사

TRUTH

톰 필립스 지음
홍한결 옮김

진실의 역사

TRUTH

월북

인간은
입만 열면 거짓말을
한다

추천의 말

—

유튜버 '별별역사'

이 책의 저자는 인터넷 뉴스 매체 편집장을 지낸, 현재는 팩트체킹 기관에서 일하는 언론인으로서 '믿음'에 관한 인간의 허점을 절실히 느껴왔다. 정보의 진위를 가려내고, 포토샵 조작 사진을 수없이 가려내기도 하고, 작가로서 패러디 뉴스를 제작해 사실이 아닌 정보를 (잘못을 꼬집고 사람들을 웃기기 위해) 보도하기도 했다. 문제는 정말로 꾸며낸 것이 확실한데도, 믿는 사람들이 소수일망정 반드시 있었다는 것이다. 그게 사실은 거짓말이었다고 밝혀도 이미 퍼진 거짓 정보는 걷잡을 수 없이 번져갔다. 그는 이렇게 진실과 거짓의 경계에 선 인간에 대해 이해하게 되었고, 그 과정에서 몇 가지 질문이 떠오른 듯하다. '인간은 왜 이렇게까지 거짓말을 할까?', '인간은 어떤 특성이 있어 진실보다 거짓에 더 잘 휘둘리는 걸까?' 저자는 이러한 질문을 던지며 그 답을 역사 속에서 찾고자 한다.

해박한 지식과 유머러스한 필치로 써 내려간 이 책의 이야기는 하나같이 흥미롭고 재미있다. 또 읽다 보면 인간이란 언제나 똑똑한 척 하지만 한편으로는 어찌나 거짓에 쉽게 속는지, 그리고 자기가 하는 말이 거짓인지도 모르고 어찌나 해맑게 말을 옮기고 다니는지 알게 된다.

이 책에 따르면 사람이 거짓말을 하게 되는 경위는 다양하다. 돈이나 명예 때문에 그런 경우가 가장 많았다. 가장 놀라운 경우는, 그냥 천성이 사기꾼인 경우였다. 이런 부류의 사람은 사기를 치지 않고서는 견딜 수가 없는 것 같았다. 그들은 인간 심리의 빈틈을 매우 잘 활용하고, 사람들이 뭘 믿고 싶어 하는지를 정확히 파악한다. 그러니까 '거짓'은 그 자체만 놓고 보았을 때, 아주 정교하고 치밀한 고도의 기술인 것이다. 저자는 이 책에서 거짓을 세분화한다. 그리고 거짓의 여러 모습 중 진짜 위험한 경우가 어떤 것인지 역사 속 사례를 통해 설명한다.

저자의 다른 책 『인간의 흑역사』에서는 우리 인간이 얼마나 바보 같은 판단으로 여기저기를 들쑤시고 다니며 망해왔는지 인류사 전체를 훑는다. 이번 『진실의 흑역사』는 그런 바보짓들 가운데 인간이 특별히 취약한 분야인 '진실'에 관한 심화 과정이라고 할 수 있다.

이런 취약함은 오래된 과거일수록 더 많이 드러나기에 저자는 역사에서 답을 찾기로 했다. 예전에는 이 저자의 직업처럼 팩트체킹을 전문으로 하는 기관이 있지도 않았고, 인공위성을 띄우고 구글 지도가 개발되어 전 세계 곳곳을 안방에서 볼 수 있는 시대도 아니었으니, 한편으로는 『진실의 흑역사』를 보는 내가 이 시대에 사는 것에 감사하게 된다. 나도 분명 이런저런 말에 휘둘리기 쉬운 연약한 인간인데, 100년쯤 전에 태어났다면 어떤 허위 정보에 혹해서 넘어갔을지……. 그때는 이런 책도 없었으니 속고도 속은 줄 몰랐을 것이다.

인간은 거짓 앞에서 허점투성이다. 모든 인간이 공유하는 특성일 것이다. 그런 인간의 이야기가 궁금한 분들께, 이 책을 추천한다. 아마 한 번 책을 펼치면 시간 가는 줄 모르고 푹 빠져 읽을 것이다.

이 책의 주제는 '진실이 아닌 것들'이다. 주제가 주제이다 보니, 나는 지난 1년 내내 불안을 떨치지 못했다.

이 책은 역사를 다루고 있는데, 역사란 아무리 깔끔한 대목이라 해도 상당히 지저분해서 검증되지 않은 진실과 반쪽짜리 진실, 심지어 순 엉터리 이야기가 넘쳐나기 때문이다. 나는 '실패'를 다루었던 전작에서, "인간의 바보짓을 다룬 이 책에 바보짓이 안 들어 있을 가능성은 솔직히 거의 없다"라고 고백했다. (실제로 출간 이후 오류가 몇 개 발견됐는데 다행히 아주 심한 것은 없었다.) 감히 '실패'를 주제로 책을 쓰는 일이 비운의 신 코틸을 건드리는 짓이었다면, 그다음 책 주제를 '거짓'으로 잡는다는 건 비운의 신에게 '날 잡아 잡수시오' 하는 꼴이다. 비운의 신으로서는 마다할 이유가 없는 식사감이 아닐까.

그러니 이 책에도 어딘가 오류가 있을 게 틀림없다. 나름대로 오류를 없애려고 최선을 다했다. 재차 삼차 확인을 거듭했고, 가능하면 꼭 원자료를 참고했고, 확대 해석의 함정에 빠지지 않으려고 노력했다. 그리고 책 뒤에 미주를 실어 독자가 직접 사실관계를 확인할 수 있도록 했다. 그래도 잡아내지 못한 게 숨어 있을 것이다. 오류는 필연이니, 최대한 줄이고 인정하고 잡아나갈 수밖에 없다. 그게 바로 이 책의 핵심 중 하나이기도 하다. 그런 의미에서, 사실관계가 틀린 곳을 발견한 독자께서는 아무리 사소한 것이라도 한국어판 출판사 이메일 willbooks@naver.com으로 알려주길 바란다.

정정해야 할 사항은 발견되는 대로 웹페이지 tom-phillips.com/mistakes-and-regrets/에 공지하겠다.

제게 늘 진실의 중요함을 가르치신
부모님께 이 책을 바칩니다.

그런데 빠진 이를 동전으로 바꿔준다는
'이의 요정', 사실 부모님이었지요?
거짓말을 하셨으니 산타 할아버지한테
혼 좀 나셔야겠어요.

"인류 문명의 가장 두드러진 모순은,
말로는 진실을 그 무엇보다 숭상하면서
실제로는 철저히 도외시한다는 것이다."

빌하울뮈르 스테파운손
—
『오류 탐험 Adventures in Error』(1936)

차례

일러두기

1. 옮긴이 주는 '— 옮긴이'라고 별도 표시했습니다.

2. '피트', '파운드'와 같은 단위는 옮긴이 주 표시 없이 괄호를 붙여 '미터', '킬로그램' 등
   으로 환산했습니다. 단, 인용문 안에서는 인용문의 일부가 아님을 보이기 위해 대괄호
   를 사용했습니다.

3. 본문의 거짓말 관련 용어는 원서의 의미와 가장 가까운 우리말로 옮기기 위해 일상에
   서 사용하는 속된 말(개소리, 구라)도 과감히 사용했습니다.

○

진실의 순간

당신은 순 구라쟁이다.

잠깐! 책 덮지 마시길. 첫 문장을 잘못 시작한 것 같다. 미안하다.

특별히 독자를 콕 집어서 뭐라고 한 건 아니다. 지금 당신이 서점에서 이 책을 들춰보며 살까 말까 고민하고 있다면 더더욱 그렇다. 당연히 사야 한다! 당신은 현명하니까! 똑똑하고 매력적인 사람이니까. 노파심에 말하지만, 지금 이 책을 집어 든 당신이 남들보다 특별히 거짓말을 더 잘한다거나 더 좋아한다고 볼 이유는 전혀 없다. (혹시 당신이 전문 사기꾼이면 몰라도. 만약 맞다면…… 안녕하세요? 이 책의 5장을 추천합니다!)

어쨌거나 당신은 순 구라쟁이다. 거짓말과 개소리를 일삼고, 세상에 대해 크고 작은 수백 가지 착각을 하고 있을 게 틀림없다. 그렇다고 자책할 필요는 없다. 왜냐하면, 이게 중요한데, 남들도 다 똑같으니까. 솔직히 나도 똑같다.

다시 말해, 우리는 매일같이 허튼소리 아니면 반쪽짜리 진실, 아니면 새빨간 거짓에 둘러싸여 살아간다. 말하는 것도 거짓말, 듣는 것도 거짓말이다. 사회생활을 해나가려면 이른바 '하얀 거짓말white lie'이라고 하는 선의의 거짓말을 늘 해야 한다. 또 정치인, 언론, 기업 등등이 허구한 날 우리를 살살 속이려 드는데, 문제는 그게 다 통한다는 것이다. 우리는 잘 짜인 거짓말에 술술 잘도 속아 넘어간다. 그중에서도 우리를 둘러싼 가장 흔한 거짓말이라면, 아마 우리가 스스로에게 하는 거짓말일 것이다.

요즘 곳곳에서 '탈진실post-truth' 시대의 암울한 경고가 들려온다. 옥스퍼드 사전은 '2016년 올해의 단어'로 'post-truth'를 선정했다. 2017년 영국에서는 『Post-Truth』라는 제목으로 책이 세 권이나, 그것도 같은 날에 출간되었다. 정치인들의 왜곡과 눈속임과 거짓말은 점점 더 무책임해지는 듯하다. '대중은 이제 전문가라는 사람들에게 질렸다'라는 주장마저 나온다. SNS는 허위 정보의 각축장이 되어 이제는 누가 사람이고 누가 자동 프로그램인지도 분간하기 어려워졌다.

사람들은 지금이 역사상 전례가 없을 만큼 '사실이 통하지 않는' 시대라고 생각한다. 그럴 만하다. 비근한 예로, 현재 미국 대통령이 매일같이 거짓말을 하고 있다는 것을 들 수 있다. 아니 어쩌면 그건 거짓말이라고도 할 수 없을지 모른다. 무엇이 사실인지 자기도 모르면서, 알아볼 생각이 없는 것인지도 모른다. 어느 쪽이든 결과는 별반 다를 게 없다. 《워싱턴 포스트》 팩트체킹 팀에 따르면, 트럼프 대통령은 기사 작성 시점 기준으로 취임 이래 869일 동안 "거짓이거나 오해를 유발하는 주장"을 10,796건 했다고 한다.[1] 특히 2018년은 "유례없는 기만의 해"였다고 한다.[2]

다시 말해 하루 평균 10건이 넘는 허위 사실을 말했다는 것이고, 시간이 지날수록 그 발언 속도는 빨라지고 있는 것으로 보인다. 특히 2018년 9월 7일에는 구라를 폭풍처럼 쏟아내면서 누적 거짓말 5,000건을 돌파했는데, 이때 고작 120분 만에 거짓이거나 오해를 유발하는 주장을 무려 125건이나 했다고《워싱턴 포스트》는 보도했다.[3] 1분에 1개 이상 거짓을 말한 셈이다. 하루에 거짓말한 횟수로 따지면 그날은 최고 기록도 아니었다. 그 불명예스러운 기록은 중간선거 전날인 2018년 11월 5일에 달성되었는데, 역시《워싱턴 포스트》에 따르면 그날 있던 세 차례 선거 유세에서 139건의 부정확한 주장을 했다고 한다.

이건 아무래도 정상이라고 할 수 없다. 하지만 그렇다고 해서 우리가 '탈진실 시대'에 살고 있다고 말할 수 있을까? 그렇지 않다.

오해 마시라. 요즘 우리가 사는 세상이 오만 가지 개소리로 가득하지 않다는 말이 아니다. 그건 당연히 맞다. 다만 내가 하고 싶은 말은, 지금이 '탈진실 시대'라는 말에 어폐가 좀 있다는 것이다. 지금이 탈진실 시대라면 이전에 언젠가는 '진실 시대'가 있었다는 것 아닌가.

그런데 안타깝게도 그런 시대가 있었다는 근거는…… 아무리 찾아봐도 없다. 우리가 바로 얼마 전까지만 해도 진실과 정직이 꽃피고 사실과 증거를 금과옥조로 삼는 시대에 살았다는 식의 이야기는, 한마디로 순 헛소리다.

물론 요즘 허튼소리가 넘쳐나는 것은 사실이다. 우리 모두 이러한 현상에 크든 작든 이바지하고 있다. 누구나 근거 없는 루머를 남에게 전해본 적 있고, 기본적인 사실 확인도 하지 않고 공유 버튼이

나 리트윗 버튼을 클릭해본 적 있다. 그런 것들이 우리의 개인적 편향에 뭔가 잘 맞는 구석이 있기 때문이다.

하지만 우리가 이렇게 살아온 건 하루 이틀이 아니다. 아주, 아주 오래되었다.

이게 바로 이 책의 주제다. 진실이란 무엇이고, 인류는 진실을 요리조리 피하려고 지금까지 어떤 기발한 방법을 어떻게 써왔는가 하는 것이다. 모든 게 옛날부터 다 그랬다. 고장 난 스프링클러처럼 거짓말을 사방에 뿌려대는 정치인이 도널드 트럼프가 처음은 아니다. 페이스북 같은 게 없던 시절에도 검증 안 된 거짓 루머는 입에서 입으로 잘만 퍼졌다. 눈먼 돈과 순진한 사람이 있는 곳에는 항상 없는 사실을 꾸며서 돈을 뜯어내려는 사람들이 있었다.

물론 진실이란 무엇인지 정의하는 것 자체가 생각처럼 쉬운 일은 아니다. 그런가 하면 이런 의문도 든다. 거짓은 어디에서 나오는 걸까? 거짓이라는 속성은 인간과 인간 사회에 원래부터 내재된 걸까? 거짓말을 하는 동물은 인간뿐일까? 이 책의 1장 '거짓의 기원'에서는 바로 그런 의문에 답하고자 한다. '거짓말'과 '개소리'의 미묘한 차이점을 살펴보고, 거짓말에 여러 가지 '색깔'이 있다는 뜻밖의 사실을 알아본다. 그리고 옳을 수 있는 가짓수에 비해 틀릴 수 있는 가짓수는 어마어마하게 많다는 끔찍한 현실을 고찰해본다.

수백 년 동안 우리는 주로 언론에 의존해 세상에 대한 정보를 얻어왔다. 흔히 말하기를 '저널리즘은 역사의 초고'라고 한다. 그러나 앞으로 살펴보겠지만, 그 초고는 편집자가 머리를 쥐어뜯고 싶어질 만큼 형편없는 초고일 때가 많았다. 2장 '가짜 뉴스의 시작'에서는 뉴스를 끝없이 갈망하는 우리의 욕구는 어디서 생겨난 것인지 알아본다. 죽었는데 죽지 않았던 한 남자의 이야기를 살펴보면서, 현대인이 뉴스 불신, 정보 과부하 등으로 겪는 불안감이 꼭 현대사회만의 특징은 아니라는 사실을 알아본다.

언론업은 비록 그 출발은 보잘것없었지만, 얼마 안 가 큰 산업으로 발전해 사회와 우리의 세계관에 막대한 영향을 끼치게 되었다. 그렇다고 해서 그렇게 크게 믿음직해졌나 하면, 그건 아니다. 1835년의 '엉터리 달나라 이야기(뉴욕의《선》지에서 유명한 천문학자 존 허셜 경이 달 표면에서 고도로 발달한 문명을 발견했다는 엉터리 날조 기사를 연재해 온 나라가 들썩인 사건)'부터 목욕통의 역사에 관한 정교한 구라, 히틀러의 일기장, 영국을 벌벌 떨게 한 고양이 연쇄 살해범에 이르기까지, 우리가 지면을 통해 읽었던 세상 이야기 중에는 황당무계한 낭설이 수두룩했다. 바로 그런 이야기들을 3장 '허위 정보의 시대'에서 알아본다.

우리는 세상 돌아가는 소식을 오해했을 뿐 아니라, 세상 그 자체에 대해서도 제대로 아는 게 없었다. 4장 '환상의 땅'에서는 몇 세기 동안 횡행했던 '지리적 창작'의 역사 속으로 들어가 본다. 실체가 없는 웅장한 산맥, 황당한 전설의 왕국, 가보지도 않고 가봤다고 주장한 탐험가들에 이르기까지, 머나먼 땅에 대해서는 헛소리를 지어내도 어차피 직접 가서 확인할 사람이 없다는 이유로 지도가 자유롭게 창작되어 온 역사를 살펴본다.

바로 그런 허점을 파고들었던 사람이 있다. 역대 최고의 사기꾼으로 꼽을 만한, 없는 나라를 통째로 만들어내서 한 나라 국민들을 대대적으로 속여먹은 인물이다. 5장 '사기꾼 열전'에서는 그런 식의 크고 작은 구라꾼과 과대망상가들을 만나보며, 시대를 초월해 우리의 흥미를 *끄는* 사기꾼들의 세계로 들어가 본다. 신용 사기꾼의 원조 윌리엄 톰프슨의 어처구니없이 단순한 사기에서, 경직된 관료주의를 역으로 이용한 소련 사기꾼, 그리고 내용물을 알 수 없는 수수께끼 금고를 밑천으로 수십 년간 호사스럽게 생활한 프랑스 여인에 이르기까지 역사상 가장 대단했던 허풍쟁이들을 살펴보고 이런 질문을 던져본다. 그들의 행각은 어디까지가 사기였고, 어디까지가 자신의 거짓말이 옳다는 확신이었을까?

정치인이라고 하면 누구나 거짓말을 떠올린다. 버젓한 나라를 이*끄는* 지도자들이 국민에게 항상 정직하지는 않다. 그렇게 뭉뚱그리면 억울한 정치인들도 있겠지만, 그래도 위정자들의 거짓말에 대해선 한 장을 할애할 만하다. 6장 '정치인의 거짓말'에서는 여론몰이, 음모론, 범죄 은폐 기도, 전시 흑색선전에 이르기까지 정치적 기만의 비열한 술책을 두루 살펴본다.

돈이 있는 곳에는 항상 진실을 왜곡해 돈을 벌려는 사람이 있기 마련이다. 7장 '장사꾼의 거짓말'에서는 특히 그런 일이 잦은 두 분야, 상업과 의료 분야를 살펴본다. 유사 이래 사업하는 사람들은 늘 크고 작은 기만행위에 의존해왔다. 고대 메소포타미아에서 구리 장사를 하면서 돈만 받아가고 구리는 내놓지 않았던 에아나시르라는 사람이 있었는가 하면(그래서 역사상 가장 오래된 고객 항의 편지를 받은 사람이 됐다), 19세기에 이런저런 사기를 줄줄이 벌여 갑부가 된 휘터커 라이트라는 사람도 있었다. 또 돌팔이 약장수들도 만나볼 텐데, 악명 높은 '염소 정소 의사(정치적 야망이 있던 뉴미디어 선구자로, 발기불능 남성에게 염소 고환을 이식하는 수술로 부자가 됐다)', 그리고 본의 아니게 어쩌다가 최면술을 발명하는 바람에 이름을 후대에 길이 남긴 의사 등을 소개한다.

　여기까지 읽고 나면 역사 속의 대단한 거짓말쟁이들을 숱하게 만나본 셈이 된다. 하지만 거짓말쟁이들이 유일한 문제라고 생각한다면 크나큰 오산이다. 알고 보면 인간이란 서로 모이기만 하면 아무것도 없는 무에서 괴담을 지어내는 재주가 있다. 8장 '흔한 집단 망상'에서는 사람들이 광풍이나 모럴 패닉, 집단 히스테리 따위에 휩싸여 온갖 터무니없는 이야기를 믿게 되는 현상들을 살펴본다. 그 사례는 영국을 공포에 몰아넣은 유령 비행선에서부터, 누가 남성의 성기를 훔쳐가려고 한다는 집단 공포, 미국 소나무숲에서 벌어진 괴물 사냥, 그리고 진짜 '마녀사냥'에 이르기까지 다양하다. 알고 보면 진실한 삶을 사는 데 가장 걸림돌이 되는 건, 바로 우리 자신이다.

　맺는 글인 '더 진실한 미래로'에서는 이런 질문을 던져본다. 그럼 이 모든 문제를 어떻게 해야 할까? 거짓말과 개소리가 유사 이래 끊인 적이 없었다면, 과학이나 역사나 또 그 밖의 방면에서 세상에 대한 사실을 정확히 알아려고 하는 '지식산업' 전반에는 어떤 시사점이 있는 것인가? 우리는 평생을 허위 정보의 안개 속에서 헤매며 살아야 할 운명인가? 아니면 조금이라도 진실 쪽으로 가까이 다가가기 위해 우리 모두가 할 수 있는 일이 있을까?

　이 책에서는 역사 속의 엄청난 거짓말, 터무니없는 개소리, 끈질긴 허위 정보 중에서도 대표적인 것들만 모아서 죽 살펴본다. 도저히 믿기지 않는 이야기도 많겠지만, 다 누군가가 믿었던 이야기다. 이 책을 읽고 나면 역사적으로 '진실 시대'란 없었다고 말하는 이유가 이해될 것이고, 인류가 지금까지 창안해낸 각양각색의 헛소리에 새로이 눈을 뜨게 될 것이다. 한마디로, 이 책을 읽으면 더 현명하고, 똑똑하고, 매력적인 사람이 된다.

정말이다. 내가 왜 거짓말하겠는가?

거짓의 기원

이 책은 진실에 관한 책이다. 좀 더 정확히 말하자면, 진실이 아닌 것들에 관한 책이다.

그러니 본격적으로 이야기하기에 앞서, 과연 '진실'이라는 게 무엇인지 생각해볼 필요가 있다. 아니, 진실이 아닌 게 무엇인지 생각해보는 게 더 중요하다.

이게 조금만 생각해도 금방 머리가 복잡해지는 문제다. 우리가 틀릴 수 있는 경우 자체가 참으로 다양하기 때문이다. 그런 말을 들으면 의아해하는 사람도 있을 것이다. '모든 건 그냥 참 아니면 거짓 아닌가' 하고 생각하는 사람이 많다. 게다가 그 둘을 구분하기도 쉽다고 생각한다. 안타깝게도 그건 그리 간단치 않다. 유사 이래 진실과 거짓의 본질을 파헤친 사람들은 모두 한 가지 핵심적인 원리를 거듭 발견했다. 우리가 옳을 수 있는 경우의 수는 극히 제한되어 있지만, 틀릴 수 있는 경우의 수는 무한에 가깝다는 것이다.

"진실은 아버지를 하나만 두었으나 거짓말은 수천 명의 사내가 낳는 사생아로서 여기저기 곳곳에서 태어난다"라고 1606년 엘리자베스 시대의 작가 토머스 데커는 한탄한 바 있다.[1] 또 16세기의 철학자 미셸 드 몽테뉴는 수필 「거짓말쟁이에 관하여」에서 이렇게 말했다. "거짓의 얼굴이 진실의 얼굴처럼 하나뿐이었다면 상황은 더 나았을 것이다. (…) 하지만 진실의 반대는 그 모습이 수십만 가지이며 펼쳐질 마당이 무한하니 거기엔 끝도 한계도 없다."

이 책은 그 수십만 가지 모습 중에서 단 몇 가지만이라도 수록해보려고 시도한 결과물이다.

진실의 부족과 거짓의 범람을 개탄한 것으로 말하자면, 우리 시대가 결코 처음은 아니다. 유럽에서는 자그마치 두어 세기 동안 어찌나 거짓말이 만연했는지 그 시기를 '위선의 시대'라고도 부른다. 1500년대부터 유럽은 종교적 갈등으로 사분오열이 되어 누구든 살아남기 위해 위장의 가면을 써야 했다.

오늘날 (상당히 억울한 면이 있지만) 거의 정치적 기만술의 대명사로 불리는 마키아벨리는 1521년에 이렇게 썼다. "오랜 세월 동안 나는 내가 믿는 바를 말하지 않았고, 내가 하는 말을 내가 믿지도 않았다. 그리고 간혹 진실을 말할 때도 수많은 거짓말 속에 숨겨 남들이 찾기 어렵게 만든다."[2] 생각해보면 우리도 직장에서 다 해본 경험이다.

유사 이래로 거짓말이 워낙 문제였기에 참으로 다양한 거짓말쟁이 판별법이 고안되었다. 고대 인도의 경전 베다는 보디랭귀지에 따른 판별법을 제창했다. 거짓말쟁이는 "질문에 답을 하지 않거나 답을 얼버무린다. 말이 안 되는 소리를 하고 엄지발가락을 바닥에 문지르며 몸을 떤다. 안색이 변한다. 손으로 머리를 긁적거린다. 그리고 무슨 수를 써서든 자리를 뜨려고 안달한다"라고 했다.[3] 그로부터 수백 년 후 역시 인도에서는 몸무게를 이용한 판별법이 등장했다. 거짓말 혐의가 있는 자를 저울에 올리고 추로 완벽하게 평형을 맞춘다. 그런 다음 저울에서 내려놓고 저울에게 진실을 밝혀달라고 짤막하게 호소한다. 그리고 용의자를 다시 저울에 올린다. 몸무게가 그전보다 가벼워져 있으면 무죄였고, 몸무게가 같거나 더 무거워져 있으면 유죄였다.[4]

(흥미롭게도 유럽에서 마녀재판에 많이 사용했던 방법과 비교하면 몸무게와 진실성의 관계가 정반대인 셈이다. 유럽에서는 몸이 이상하게 가벼워 보이면 마녀로 판결받기 딱 좋았는데, 인도에서는 가벼우면 결백하다고 보았으니까. 그러니 인도식 재판은 재판받는 도중에 오줌을 지리면 뜻밖에도 유리하다는 묘한 결론이 나온다.)

다른 문화권에서는 그보다 간단하고 직접적인 판별법을 선호했다. 가령 시뻘겋게 달군 부지깽이나 펄펄 끓는 물을 이용했는데 정확성이 더 높았는지는 알 수 없다.

사람들은 여러 가지 거짓을 분류하는 데 오랜 세월 노력을 쏟았다. 요즘 인터넷 신문에 많이 나오는 '……한 것 ○○가지' 식의 기사를 쓰는 것과 비슷하다. 일찍이 서기 395년에 아우구스티누스는 거짓말을 여덟 가지로 분류하여 가장 나쁜 것부터 순서대로 열거했다. 즉, 종교적 가르침에 관한 거짓말, 사람들에게 피해를 주고 아무에게도 도움이 되지 않는 거짓말, 사람들에게 피해를 주지만 누군가에게는 도움이 되는 거짓말, 거짓말 자체가 즐거워서 하는 거짓말, 대화를 원활히 하기 위해 남의 기분에 맞춰 하는 거짓말, 아무에게도 피해를 주지 않으면서 누군가에게 물질적 도움이 되는 거짓말, 아무에게도 피해를 주지 않으면서 누군가에게 정신적 도움이 되는 거짓말, 아무에게도 피해를 주지 않고 누군가를 '몸의 더럽혀짐'으로부터 지켜주는 거짓말이다. (마지막 것은 남의 성행위를 훼방 놓는 일을 가리키는 듯한데 100퍼센트 확실하지는 않다.)

물론 오늘날에는 거짓말을 그렇게 분류하지 않는다. 대신 독자도 잘 몰랐을 만한 나름의 미묘한 분류 체계가 있다. 일단 '하얀 거짓말'은 누구나 알 것이다. 우리가 사회에서 치고받으며 싸우지 않고 서로 잘 지내기 위해서 하는 무해한 거짓말이다. 그런데 다른 색의 거짓말도 있다는 걸 아시는지? '노란 거짓말'은 부끄럽거나 창피하거나 겁이 나서, 다시 말해 결점을 감추기 위해 하는 거짓말이다. 예를 들면 "컴퓨터가 다운되는 바람에 오늘까지 꼭 완성한다고 했던 보고서가 날아가 버렸다" 같은 것이다. '파란 거짓말'은 그 반대로, 겸손한 마음에서 잘한 것도 못했다고 하는 거짓말이다("아, 그 보고서 별거 아니야. 사실은 영희가 거의 다 썼어"). '빨간 거짓말'은 아마 가장 흥미로운 유형일 것이다. 기만하려는 의도가 전혀 없는 거짓말이다. 화자도 자기가 거짓말하고 있다는 것을 알고, 청자도 화자가 거짓말하고 있다는 것을 알고, 화자도 청자가 알고 있다는 것을 아는 경우다. 누구를 속이려는 게 아니라 대놓고 하기 어려운 말을 돌려 말하는 것이다. (그 메시지는 '엿 먹어'일 수도 있고 아니면 '못 본 걸로 하고 넘어들 갑시다'일 수도 있다.) 간밤에 동네가 떠나가라 부부 싸움을 벌인 사람들이 이웃 사람들에게 아무 일 없었다고 태연히 말하는 모습을 상상해보면 이해가 될 것이다.

흔히 말하길 "거짓말이 지구 반 바퀴를 돌 동안 진실은 아직 신발

끈을 매고 있다"라고 한다. (이 말을 누가 했느냐는 좀 까다로운 문제다. 마크 트웨인이라고도 하고 윈스턴 처칠이라고도 하고 토머스 제퍼슨이라고도 하고 그 밖의 다른 명언 제조꾼들을 들먹이기도 한다. 모두 거짓말이다. 그런 비슷한 말을 제일 처음 한 사람은 전설적인 아일랜드의 풍자가 조너선 스위프트인 것으로 보인다. 스위프트는 1710년에 "거짓은 날아가고 진실은 그 뒤를 절룩거리며 쫓아간다"라고 적었다.)

누가 그 말을 했든 허튼소리가 무섭도록 빠르게 전파된다는 건 틀림없는 사실이다. 인터넷에 떠도는 루머의 진위를 파헤쳐본 사람이라면 무슨 말인지 알 것이다. 사실은 그게 내 본업이다. 그래서 누구보다 더 잘 안다.

하지만 거짓이 진실보다 전파되기 유리한 이유는 전파 속도의 차이 때문이라기보다는, 또 진실이 신발을 빨리 못 신어서라기보다는, 거짓의 규모와 가짓수 자체가 너무나 방대하기 때문이다. 거짓말 하나가 지구 반 바퀴를 도는 동안 현관문을 나서지 못한 거짓말도 수천 가지가 있을 수 있다. 거짓말이란 현실에 부합해야 한다는 제약이 없으니 존재할 수 있는 가짓수 자체가 엄청나게 많다. 그래서 어마어마한 적자생존 경쟁을 통해 가장 강력하고도 생존력이 높은 놈이 출현한다. 그 좀비 같은 거짓말들은 죽지도 않고 끝없이 살아난다. 새끼 두 마리를 살리기 위해 알을 200만 개 낳는 물고기와 비슷하다고 할까.

그에 비하면 진실은…… 뭐라 할까, 좀 지루하다. 크기도 애매하고 색깔도 애매하고 어디서 많이 본 것 같으면서도 속을 알 수 없는 녀석이 덩그렁 가만히 앉아 있다. 좀 따분할 뿐 아니라 굉장히 속 터진다. 눈곱만 한 진실의 파편을 찾아 헤매어본 사람이라면 알겠지만,

요놈 잡았다 싶으면 꼭 미꾸라지처럼 손아귀에서 빠져나가곤 한다.

물론 세상에는 논쟁의 여지가 없는, 빼도 박도 못하는 진실도 있다. 불은 얼음보다 뜨겁고, 진공 속에서 빛의 속도는 일정하며, 인류 역사상 최고의 노래는 로빈이 부른 「댄싱 온 마이 오운」이라는 것 등이다. 하지만 이런 불변의 자연법칙을 논외로 하면, 모든 게 흐리멍덩하고 모호하기 짝이 없다. 우리도 모르게 "지금까지 나온 최선의 증거로 볼 때……"라든지 "그 말도 틀리진 않는데 좀 더 크게 봐야……" 같은 말을 입에 달고 살게 된다. 사실과 증거를 파헤쳐본 사람이라면 누구나 알겠지만 조그만 지식 쪼가리를 하나 알게 될 때마다 질문 열 개가 새로 생기기 마련이다. 무언가 깨달을 만하다 싶으면 진실은 수평선 너머로 한 발짝 더 물러나고, 우리는 제약과 예외의 바다에서 허우적거리기 일쑤다. 이렇게 보면 진실이란 어떤 단일한 실체라고 할 수 없다. 결코 도달할 수 없는 목적지를 향한 길고 짜증나는 여행쯤 된다고나 할까.

반면 세상에 널려 있는 무수한 거짓들은 유혹적이고 변화무쌍한 데다가―가슴에 손을 얹고 말하면―엄청 재미있을 때가 많다.

이 책에서 살펴보려는 것은 그 무수하고 다양한 거짓의 모습이다. 진실의 반대가 취할 수 있는 수십만 가지 모습 중에서 '거짓말'은 사실 딱 한 종류에 불과하기 때문이다.

그 밖의 종류로는 우선 '여론몰이'라는 게 있다. 정치인들의 기만술책 중 하나다. 여론몰이의 교묘한 점은 꼭 거짓말을 하지 않고도 거짓을 말할 수 있다는 점이다. 물론 대놓고 거짓말하는 정치인도 많지만, 여론몰이 기술의 정점은 진실만 말하면서도 완전히 거짓된 주장을 펴는 것이다. 정직의 벽돌을 가지고 허튼소리의 집을 짓는다고나 할까. 그다음으로는 '망상'이라는 게 있다. 틀린 생각을 하면서 스스로 옳다고 철석같이 믿는 능력으로, 그 형태는 자기 능력을 과대평가하거나 집단 히스테리에 빠지거나 대세에 굴종하는 식으로 나타난다. 그런가 하면, 아마도 가장 만연하게 퍼져 있고 피해도 가장 큰 형태가 되겠는데, '개소리'라는 게 있다.

개소리에 대해서는 철학자 해리 G. 프랭크퍼트가 탁월하게 설명한 바 있다. 그는 『개소리에 대하여』라는 역작을 통해 그 복잡한 주제를 진지하게 분석한 최초의 인물이다. (그렇다. 해리 프랭크퍼트는 철학자라는 직업을 엄청 즐기고 있는 게 분명하다.)

프랭크퍼트가 말하는 핵심은, 우리가 언뜻 생각하는 것과 달리, 거짓말과 개소리는 다르다는 것이다. 그는 이렇게 적고 있다. "거짓말이란 진실이 무엇인지 본인이 안다고 확신해야만 할 수 있다. 개소리는 그런 확신이 전혀 필요치 않다."

다시 말해, 거짓말쟁이는 진실에 아주 관심이 많다. 항해사가 빙산에 관심이 많은 것과 마찬가지다. 일단 진실이 어디에 있는지 그 위치를 정확히 알아야 용의주도하고 정밀하게 회피할 수 있다. 반면 개소리꾼에겐 진실이 하나도 중요치 않다. 맞든 틀리든 상관없다. 개소리는 가끔 뭔가가 우연히 맞더라도 그건 일종의 보너스다. 개소리로 창조한 세상이 실제 세상과 살짝 좀 겹치면 어떤가. 본인에게 득이 되면 됐지 해가 될 건 없다. 그러나 거짓말쟁이는 자칫 불리한 사실을 실수로라도 인정하면 치명타가 될 수 있다.

그런데도 앞뒤가 안 맞는 허황된 개소리가 꿋꿋이 살아남을 수 있는 이유는…… 듣는 순간에는 말이 되는 것처럼 들리기 때문이다. 그래서 프랭크퍼트는 "진실에 관한 무관심이야말로 개소리의 본질"이라고 평하기도 했다.

이런 이유로 거짓말과 개소리가 세상에 미치는 영향은 확연히 다르다. 거짓말이 날카로운 메스라면 개소리는 무지막지한 불도저다. 요즘 세상을 보면서 이런 의문을 가져본 사람도 있을 것이다. 도대체 저 거짓말쟁이들은 어떻게 저렇게 거짓말을 하고도 뻔뻔스럽게 활개 치고 다닐까? 왜 아무도 저들의 빤한 거짓말을 거짓말이라고 외치지 않을까? 답은 이렇다. 저들의 죄는 거짓말이 아니다. 거짓말은 교묘하고 섬세하며 분석적인 전문 기술로서, 우리의 가장 큰 문제는 그게 아니다. 가장 큰 문제는 개소리다.

그런가 하면 이런 여러 종류의 거짓 이외에 그냥 단순한 오해나 착각이라는 것도 있다.

앞서 말했듯이 나는 본업으로 팩트체킹 기관에서 일하고 있어서 갖가지 잘못된 사실이나 주장을 날마다 마주친다. 워낙 그 양상이 다양하다 보니 작년에 우리 회사에서는 일종의 사고실험을 하나 만들기까지 했다. 실험 목적은 세상에 과연 얼마나 다양한 오류가 있을 수 있는지 따져보는 것이다. 세상의 모든 이야기는 혼란스럽고 복잡한 나름의 맥락과 배경이 있지만, 그런 건 싹 무시하고 하나의 출처에서 나온 하나의 간단한 주장으로 단순화해서 보는 것이다. 오로지 주장 하나만 있고 반박할 근거도, 증명할 근거도 전혀 없는 상황이다. 이 실험의 이름을 '시계 게임'이라고 붙였다. 내용은 다음과 같다.

요란하게 울려대는 전화벨 소리에 당신은 화들짝 잠에서 깬다. 눈을 떠보니 낯선 방이다. 어두운 방 안에 희미하게 비치는 불빛은 욕실 문틈에서 새어 들어오는 듯하다. 가정집 비슷하면서 가정집 같지 않은 실내장식으로 미루어볼 때, 이곳은 호텔 방인 것 같다. 도대체 여기가 어딘지, 어떻게 왔는지 알 수 없다. 다만 정신이 몽롱한 것으로 보아 시차 증후군을 지독하게 앓고 있는 것 같다.

얼마나 오래 잤는지 도무지 알 수 없다.

뭐라도 단서를 얻기 위해 방 안을 둘러본다. 시계는 보이지 않는다. 창문에는 암막 커튼이 쳐져 있어 낮인지 밤인지 알 길이 없다. 침대 옆에 놓인 전화기는 아직도 울리고 있다. 무시하기엔 너무 요란하다. 더듬거리며 수화기를 집어 든다.

"이야, 해내셨네요!" 수화기 너머로 유달리 유쾌한 목소리가 들려온다. 어느 지역 말씨인지 콕 찍어서 말하기 어렵다.

"어…… 누구세요?" 당신이 대답한다.

"저 배리예요. 드디어 연결됐네요. 반가워요!" 배리가 누구인지는 알 수 없지만, 일단 대화를 이어가 보기로 한다.

"아, 어…….” 입은 뗐는데 뭐라고 더 할 말이 없다. 소심하게 고작 이렇게 묻는다. "어…… 지금 몇 신가요?"

"잠깐만요." 배리라는 사람이 말한다. "가서 시계 좀 보고 올게요."

수화기를 내려놓고 어디론가 멀어져가는 상대의 발걸음 소리가 들린다. 시간이 흐른다. 몇 초쯤, 아니 몇 분쯤 지났을까. 되돌아오는 발걸음 소리가 들린다.

"5시예요." 배리가 말한다.

"……그렇군요."

여기서 질문이 나간다. 현재 시각에 대한 당신의 믿음이 잘못될 수 있는 모든 경우를 꼽아볼 수 있겠는가? 살짝 스포일러를 하자면, 언뜻 생각하는 것보다 훨씬 많다. 우리 회사 사람들은 스무 가지 정도 생각해냈는데 그래도 빠진 게 분명히 있을 것이다.

독자도 잠깐 생각해보기 바란다. 편안한 배경 음악이 흐르고 있다고 상상해도 좋다.

(잔잔한 배경 음악이 흐르는 동안 독자는 시답잖은 시계 문제를 고민하면서 저자가 혹시 미친 게 아닌가 의심한다.)

자, 생각해보았는가? 좋다! 그럼 쉬운 것부터 먼저 가보자. 일단 배리의 시계에 문제가 있을 수 있다. 너무 빠르게 가거나, 너무 느리게 가는 시계일 수도 있고 아니면 멈춰 있을 수도 있다. 아니면 시계 자체는 문제가 없는데 시간이 잘못 맞춰져 있을 수도 있다. 아니면 읽기가 아주 힘든 시계일 수도 있다. 이를테면 일류 디자이너가 각종 폐품을 이용해 멋들어지게 만들어놓은 시계여서 시간을 제대로 읽기가 거의 불가능할 수도 있다. 어쩌면 시계라고 생각했던 게 시계가 아니었을지도 모른다. 그냥 벽에 걸린 시계 그림이었을 수도 있다. 혹시 배리는 시계가 없었는지도 모른다. 자기도 아까 다른 사람한테 물어봐서 시간을 어디에 적어놓고 그걸 다시 보러 갔는지도 모른다.

어쩌면 당신과 배리는 다른 시간대에 있을 수도 있다. 그래서 배리는 자기 쪽에 맞게 시각을 말해주었는데 당신 쪽에서는 틀린 시각이었을 수도 있다. 어쩌면 배리는 시각을 아주 대략 어림해 5시라고 했는데, 당신은 그것을 상당히 정확한 시각으로 받아들였을 수도 있다. 아니면 그가 시계를 보았을 때는 5시가 맞았는데 전화기로 되돌아왔을 때는 이미 5시가 아니었는지도 모른다.

어쩌면 배리가 의도적으로 거짓말을 했을 수도 있다. 배리가 무슨 꿍꿍이를 꾸미고 있는지는 모를 일이니까. 혹은 거짓말이 아니라 개소리를 했는지도 모른다. 즉, 시계를 볼 줄 모르는데 그 사실을 인정하고 싶지 않았던 것이다. 아니면 자기는 시계를 볼 줄 안다고 생각하는데 사실은 볼 줄 모를 수도 있다. 또 어쩌면 9시라고 말하려다가 말이 헛나왔는지도 모른다.

아니면 9시라고 말했는데 당신이 잘못 들었을지도 모른다. 어쩌면 당신이 시간에 대한 상식이 없어서 '아 5시란 말이지. 그럼 한밤중이군' 하고 오해했을 수도 있다. 어쩌면 당신은 배리가 전화기로 되돌아오는 데 걸리는 시간을 감안하지 않았을 것으로 생각해 지금 정확한 시각은 5시 5분쯤이라고 판단했는지도 모른다. 그런데 배리는 되돌아오는 시간을 이미 감안하고 말했기 때문에 당신이 과도하게 보정한 것일 수도 있다.

어쩌면 당신이 지금 살짝 피해망상에 빠져 있어서 배리가 거짓말을 한다고 의심할 수도 있다. 그래서 지금 시각이 절대 5시는 아니라고 생각하지만 그게 오해일 수도 있다. 배리는 거짓말 따위 하지 않는 착하고 믿음직한 사람이고 지금 시각은 정말 5시인데 당신이 믿지 못해 혼자 오판한 것이다.

아니면 당신과 배리는 서로 다른 시간 체계를 사용하고 있는지도 모른다. 배리는 NASA에서 화성 관련 프로젝트를 하는 엔지니어여서 시계를 화성의 하루 길이에 맞춰놓았는지도 모른다. 화성의 하루는 지구보다 37분이 길다.

아니면 "5시예요"라는 말은 지금 시각과 전혀 관련이 없는 암호인지도 모른다. 당신과 배리는 같은 비밀기관의 요원이지만 당신이 뭘가 큰 충격을 받아 기억을 잃는 바람에 그 암호를 잊어버린 것이다.

어쩌면 시간이라는 신비로운 흐름은 인간의 힘으로 측정한다는 게 애초에 불가능한지도 모른다. 시간을 측정하려는 우리의 모든 노력은 아주 대략적인 어림짐작에 불과한지도 모른다.

아니 어쩌면…… 배리는 오전 5시를 말했는데 당신은 오후로 알아들었는지도 모른다.

이게 다 무슨 헛소리냐고 생각할지도 모르겠다. 하지만 위의 이야기에서 당신이 시각을 착각할 수 있는 모든 시나리오는, 현실 세계에서 잘못된 정보가 출현하는 원리와 딱딱 들어맞는다. 그렇다, 배리가 화성의 시간 체계를 사용하고 있다거나 첩보원 간의 암호를 쓰고 있다는 황당한 시나리오조차도 말이다.

그중 몇 가지는 현실 세계와 어떻게 대응되는지 자명하다. 반올림을 너무 많이 한다든지, 오차를 보정하지 않는다든지(이를테면 시계와 전화기 사이의 이동 시간), 정보원 자체의 부정확성을 간과한다든지(이를테면 느리게 가는 시계) 하는 일은 아주 흔하다. 특히 데이터와 관련된 사실을 다룰 때 잘 일어나는 문제다. 멎어 있는 시계나 종이에 적힌 시간을 믿는 행위는, 딱히 도움이 될 만한 정보가 없는데도 왠지 강력한 확신을 품는 인간의 습성에 대응된다. 배리가 화성의 시계를 보고 있다는 시나리오는 뜻밖에도 굉장히 흔히 발생한다. 사람들은 아주 기본적인 개념조차 서로 다르게 사용하고 있다는 사실을 까맣게 모를 때가 많다. (크리스토퍼 콜럼버스는 문헌에 '아랍 마일'로 적혀 있는 거리 단위를 '로마 마일'로 착각하여 지구 둘레를 잘못 계산하는 바람에 아시아가 실제보다 가깝다고 생각하여 아메리카 대륙을 우연히 '발견'하기도 했으니까.)

이 책을 쓰면서 알게 된 사실이지만, 묘하게도 이런 사고실험은 우리 회사 사람들이 처음 생각해낸 게 아니었다. 빌햐울뮈르 스테파운손이라는 사람이 있었다. 용감무쌍한 북극 탐험가로 꽤 파란만장한 삶을 살았는데, 1936년에 본업을 잠깐 떠나『오류 탐험 Adventures in Error』이라는 책을 썼다. 이 책 첫머리에 실은 인용문도 그 책에서 가져온 것이다. 그 책에도 아주 비슷한 사고실험이 나오는데 시계가 아니라 암소가 등장한다.

그가 제시한 상황은 이렇게 시작한다. "한 남자가 집 밖에서 안으로 들어오면서 앞마당에 빨간 암소가 있다고 말한다."[5] 언뜻 듣기엔 거기에 모호할 게 얼마나 있나 싶다. 앞마당에 빨간 암소라면 있거나 없거나 둘 중 하나 아닌가. 하지만 스테파운손은 이 남자가 잘못 판단할 수 있는 시나리오가 "수없이 많다"라고 한다. 암소가 사실은 암소가 아닐 수 있다. 수소일 수도 있고 송아지일 수도 있다. 아니면 그 남자가 색맹이어서 암소가 사실은 빨간색이 아니었을 수도 있다. 아니면 남자가 그 말을 했을 때 이미 암소는 개에게 쫓겨 사라졌을지도 모른다.

지금까지 암소니 시계니 하면서 장황한 이야기를 늘어놓았지만 독자가 뭔가 깨달은 게 있으면 좋겠다. 한마디로, 살다 보면 거짓의 홍수에서 허우적대는 기분이 들 때가 있지만 그건 다 그럴 만한 이유가 있으니, 거짓은 그 수 자체가 워낙 많아서 본래 진실보다 유리하다는 이야기다. 그런데 그게 다가 아니다. 우리 뇌와 우리 사회가 가진 여러 가지 특성 때문에라도 거짓은 번성할 수밖에 없다.

인간은 거짓말이야말로 인간만의 독특한 특성이며 인간의 원죄라고 오랫동안 믿어왔다. 그런데 알고 보니 거짓말을 하는 생물은 인간뿐만이 아닌 것으로 드러났다. 우선 기만에 의존해 살아가는 많은 동식물을 예로 들 수 있다. 주머니쥐가 죽은 체한다든지 뻐꾸기가 다른 새의 둥지에 알을 슬쩍 낳는다든지 난초가 요염한 암벌 같은 모양을 하고 수벌을 유인해 꽃가루받이를 한다든지 하는 예들을 생각해보라. 하지만 그건 꼭 '거짓말'은 아니지 않냐, 살아남으려고 진화하다 보니 본의 아니게 그런 습성을 갖게 된 것이 아니냐고 반론할 수도 있겠다. 그 말도 맞다. 그러나 좀 똑똑한 동물들은 의도적으로 용의주도하게 기만을 저지른다는 증거 역시 넘쳐난다.

특히 흥미로운 예로는, 기호학자 토머스 A. 세복이 『동물도 거짓말할 수 있을까?Can Animals Lie?』라는 책에서 언급한 취리히 동물원의 '잘생긴 호랑이'를 들 수 있다. 이 호랑이는 "일련의 흥미로운 동작"을 수행하여 의도적으로 방문객들을 우리의 난간 쪽으로 유인하는 재주가 있었다.[6] 감탄한 방문객이 가까이 다가오면 호랑이는―이건 어떻게 완곡하게 말하고 싶어도 말할 방법이 없는데―강력한 오줌 줄기를 발사하여 홀딱 젖게 만들었다. 호랑이가 이 짓을 어찌나 즐겼던지 동물원 관리자는 결국 경고판을 내걸어 방문객들에게 호랑이의 꼬임에 빠지지 말라고 당부해야 했다.

이런 호랑이만 있는 게 아니다. 미시시피의 한 연구 시설에서 사육하던 돌고래는 생선을 주면서 풀장 바닥의 쓰레기를 집어오도록 훈련해놓았더니 쓰레기를 돌 밑에 숨겨놓고는 출출하면 물고 떠올라 생선을 타가곤 했다.[7] 또 침팬지의 기만행위는 이미 다양한 형태로 기록된 바 있다. 침팬지는 불안하면 자기도 모르게 씩 웃는 습성이 있다. 한 침팬지는 등 뒤에 있는 다른 침팬지에게 위협을 받고는, 일부러 입술을 내려 이빨을 덮고 돌아서서 겁먹지 않은 것처럼 허세를 부리는 모습을 보이기도 했다. 또 집단에서 서열이 가장 낮은 한 수컷 침팬지가 평소에는 자기가 넘보지도 못할 암컷을 몰래 유혹하려고 한 일이 있다. 서열 높은 수컷이 다가오자 그 침팬지는 자신의 발기한 성기를 손으로 얼른 가렸다. 마치 1970년대 영국 섹스 코미디의 한 장면 같다.[8]

이렇듯 속임수는 자연계의 일부이니 우리가 가끔 거짓말 좀 한다고 해서 너무 자책할 필요까지는 없을 것 같다.

기만은 자연적인 현상일 뿐 아니라, 진화 과정에서 점차 발전한 능력인 것으로 보인다. 한 연구에 따르면 모든 영장류를 관찰한 결과 대뇌 신피질(포유류에서 언어 등 복잡한 기능을 관장하는 뇌의 부위)의 크기와 그 종의 기만 빈도 사이에 밀접한 상관관계가 있었다.[9] 즉, 뇌가 클수록 거짓말을 많이 한다는 것. 복잡한 사회집단 속에서 살다 보면 남들을 속여야 한다든지 하는 여러 어려움이 있었을 테니, 그 때문에 뇌가 점점 크고 복잡해졌을 가능성이 크다.

그렇게 인지 능력과 기만 능력이 함께 발달하는 현상은 인간의 성장 과정에서도 반복된다. 인간의 아이는 보통 두 살 반쯤 되었을 때 처음 거짓말을 하기 시작한다. 말을 시작한 지 그리 오래되지 않았을 때다. 처음 하는 거짓말은 단순한 '소망 충족형' 거짓말이다. 예를 들면 '내가 과자를 먹은 사람이 아니면 좋겠다'와 같은 바람에서 나오는 것이다.[10] 하지만 아이는 지적 능력이 커가면서 타인의 마음이 존재한다는 것을 알게 되고 남들과의 상호작용에서 벌어지는 복잡한 현상을 이해하게 된다. 그러면서 거짓말 솜씨도 이에 발맞춰 일취월장한다.

그렇다면 우리의 생활 속에 거짓은 얼마나 깊이 뿌리를 내리고 있을까? 언뜻 생각하는 것보다 훨씬 깊다. 심리학자들의 연구에 따르면 우리는 처음 만난 사람과 10분 대화하는 동안 거짓말을 평균 세 번 한다고 한다.[11] 또 다른 연구에 따르면 우리는 평균적으로 거짓말을 하루 한 번 이상 한다고 한다. 그런데 여기서 주의할 점은 이런 연구 모두가 사람들에게 본인의 거짓말 횟수를 물어보는 방법으로 이루어졌다는 것이다. 그러니 피실험자들이…… 거짓말했을 가능성이 있다.

사람들에게 직접 거짓말 횟수를 묻는 방법의 문제는 그뿐만이 아니다. 나는 이 책을 쓰는 동안 처음에는 '거짓말 일기'라는 것을 써보려고 했다. 몇 주에 걸쳐 내 입에서 나오는 거짓말을 하나도 빼놓지 않고 다 적어보는 것이다. 그렇게 함으로써 스스로 정직하다고 믿는 사람조차도(아니 그런 사람이야말로) 얼마나 거짓이 생활 속에 만연해 있는지 들여다보려고 했던 것이다. 실험을 시작하기도 전부터 기대가 되기도 하고 불안하기도 했다. 그 결과를 책으로 써내고 나면 나는 도대체 얼마나 많은 친구를 잃게 될까?

그런데 해보고 나니 걱정할 필요가 전혀 없었다. 내가 진실과 순수의 아이콘이라는 사실이 밝혀져서가 아니라(뭐 꼭 그렇지 않다는 얘기는 아니지만), 거짓말을 아무리 열심히 적으려고 해봐도 하루쯤 해보니 도저히 안 되겠다 싶었기 때문이다.

한마디로, 내가 구라를 치는 순간을 자각할 수가 없었다.

물론 내가 그 기간 중 거짓말을 했다는 것은 확실하다. 그리 흉악한 거짓말은 없었다. 이 책을 쓰는 동안 내가 큰 범죄를 저지르진 않았으니까. 내 거짓말은 크게 세 가지 유형이었다. 내가 해놓은 일에 대한 거짓말, 내가 단시간 안에 할 수 있는 일에 대한 거짓말, 그리고 사회생활과 관련한 거짓말이었다.

첫 번째 유형의 거짓말은 주로 출판사와 에이전시 사람들에게 원고가 아주 잘 써지고 있고 벌써 많이 써놨다고 문자와 이메일로 알린 것이었다. (죄송합니다.) 두 번째 유형은 주로 직장 동료들에게 내가 맡은 일을 곧 하겠다, 내일까지는 뭔가 결과가 나온다고 자신 있게 말한 것이었다. (역시 죄송합니다.) 세 번째 유형은 이른바 하얀 거짓말로, 이런 것을 하지 않으면 사회생활이 삐침과 싸움으로 얼룩져 파국의 나락으로 떨어지게 되니 어쩔 수 없었다. 이를테면 모임에 참석 못 하는 이유를 꾸며서 말했고, 문자를 이제야 막 확인했다고 누가 봐도 뻔한 거짓말을 했고, 친구가 누구와 싸우고 있을 때 네 말이 백번 옳다, 재수 없는 자식이 헛소리를 지껄이고 있다는 식으로 위로해준 것이다.

(마지막 세 번째 유형은 내가 원고 집필에 매달려 있었기 때문에 그나마 많지 않았을 것이다. 그래서 몇 달 동안은 술 마시러 가자는 연락이 올 때마다 완벽하게 진실한 이유로, 다시 말해 글자는 한 자도 적지 않고 모니터만 멍하게 쳐다보는 중요한 할 일이 있다는 말로 거절할 수 있었다. 참고로 내향적인 사람을 위한 꿀팁 하나. 남들과 만나기 싫을 때는 임박한 원고 마감이야말로 완벽하고도 진실한 핑곗거리가 된다.)

이런 거짓말을 할 때 대부분은 거짓말인 줄 알면서 했다. 유일한 예외라면 가끔 뭔가를 하겠다고 약속할 때였다. (그때는 하루 36시간을 죽어라 달리면 정말 할 수 있을 거라는 순진한 망상에서 그런 경우가 많았다.) 그렇지만 거짓말이 입에서 나오는 순간, 내 뇌에서 뭔가 변화가 일어났다. 무슨 스위치가 꺼지기라도 한 것처럼, 내가 구라를 뱉고 있다는 사실을 순간적으로 까맣게 잊곤 했다. 내 입에서 나오는 하얀 거짓말을 전부 적어보겠다고 작정하기 전까지는 전혀 몰랐던 사실이었다. 즉, 거짓말을 하는 순간에는 내가 거짓말을 한다는 걸 알 수가 없었다. 내 뇌에 스스로를 고자질하지 못하게 하는 자기방어 기제라도 장착된 것인지?

다른 사람 뇌도 이런 식인지는 알 길이 없다. 본의 아니게 내가 사이코패스라는 사실이 밝혀진 것일 수도 있다. 하지만 굳이 추측해보자면, 남들도 이런 일을 상당히 겪고 있지 않을까 싶다.

어쨌거나 거짓말할 사람은 거짓말을 하고, 개소리할 사람은 개소리를 한다. 거기까지는 이해하기 어렵지 않다. 정말 흥미로운 문제는 사람들이 왜 사실과 다른 말을 하느냐 하는 것이 아니다. 그건 늘 그럴 수밖에 없다. 정말 흥미로운 문제는, 왜 어떤 거짓말은 오래도록 살아남느냐 하는 것이다. 우리는 그렇게 진실을 숭상한다고 외치고, 사회적으로도 각종 제도와 장치를 갖추어 거짓을 밝혀내고 뿌리 뽑으려고 애쓰는데, 왜 어떤 허위 사실은 이토록 널리 믿어지느냐 하는 것이다. 다시 말해, 구라꾼들은 어떻게 구라를 치고도 멀쩡히 잘 돌아다니는 걸까?

그 이유는 이렇다. 거짓은 진실보다 수적으로 우세할 뿐 아니라, 몇 가지 구조적인 이유로 진실보다 유리할 수밖에 없다. 이 책을 읽으며 앞으로 계속 확인하게 되겠지만, 허위 사실이 퍼져나가고 굳어지는 이치는 크게 보아 일곱 가지가 있다.

노력 장벽

'노력 장벽'이란 어떤 사안의 중요도에 비해 그것의 진위 확인이 상대적으로 어려운 경우를 가리킨다. 꼭 진위 확인이 대단히 어려워서 노력 장벽이 생기는 게 아니라는 점이 중요하다. 확인이 그리 어렵지 않지만 사소한 문제라서 굳이 확인할 필요를 못 느끼는 경우일 수도 있고, 반대로 꽤 중요한 문제이지만 확인하기가 굉장히 어려운 경우일 수도 있다. 16세기 탐험가들이 남아메리카 최남단 파타고니아에 키가 12척인 거인족이 산다고 떠벌리고 다닐 수 있었던 이유가 무엇이겠는가. 우리가 이력서에 학교 수학 성적을 B에서 A로 살짝 올려 적어도 대개 별 탈이 없는 이유와 같다. 누가 마음만 먹으면 확인해볼 수야 있겠지만, 누가 굳이 공을 들여 확인하려고 할까?

노련한 구라꾼은 그런 점을 본능적으로 잘 알고 있다. 허위 사실을 꾸며낼 때는 예상되는 검증의 강도를 버텨낼 만큼만 정교하게 꾸미면 된다. 그 이상은 기운 낭비다. 능숙한 거짓말쟁이는 큰 거짓말이든 작은 거짓말이든 손 닿지 않는 '노력 장벽' 살짝 너머에 슬쩍 가져다 놓는다.

정보 공백

우리는 진실과 거짓이 마치 끝없는 대결이라도 벌이고 있는 것처럼 생각하기 쉽다. 하지만 방금 말한 노력 장벽이라는 것 때문에 진실은 아예 대결장에 코빼기도 비치지 않을 때가 많다. 세상에는 우리가 모르는 게 너무 많다. 그렇게 정보 자체가 없는 상황에서 우리는 경계를 느슨하게 풀고 정보 비슷한 것이 눈에 띄기만 하면 딱히 믿을 만한 근거가 없어도 일단 받아들이고 보는 경향이 있다.

인간의 인지 편향 중에서 '기준점 효과anchoring'라는 것이 이 대목에서 딱 맞아떨어진다. 이는 우리 뇌가 무엇에 관해서든 처음 얻은 정보라면 일단 덜컥 물고 그 정보를 무엇보다 중요시하는 경향을 가리키는 용어다. 어떤 주제에 관해 좋은 정보가 없을 때는 언제나 형편없는 정보가 몰려들어 공백을 메우기 마련이고, 그런 식으로 우리 뇌리에 각인된 정보는 나중에 더 질 좋은 정보가 출현해도 꿈쩍 않고 자리를 지키는 경우가 많다.

개소리 순환고리

세상 모든 일을 혼자 깨우칠 수 있는 사람은 없다. 우리는 남들이 주는 정보에 의존할 수밖에 없다. 남들과 힘을 합치면 세상에 대해 훨씬 더 많은 것을 알 수 있으니 이는 물론 좋은 일이다. 하지만 여기엔 필연적으로 부작용도 따른다. 그중에서도 큰 부작용 하나가 '개소리 순환고리bullshit feedback loop'라는 것이다. 뭔가 수상쩍은 정보가 반복하여 출현할 때, 누군가의 주장이 검증 없이 앵무새처럼 반복되는 현상이라는 생각은 하지 못하고, 그 정보가 옳다는 확증으로 받아들이는 것이다. 이런 일이 오래 이어지면 문제가 점점 커진다. 단순히 같은 주장이 거듭되는 데 그치지 않고, 주장이 워낙 사실로 굳어지다 보니 그 의심스러운 사실에 맞추어 발언하는 사람들이 생겨난다. 모든 사람이 그게 맞다고 하니, 설령 그에 반하는 증거가 눈앞에 나타나도 내 눈이 뭔가 잘못된 거라고 생각하게 된다.

즉 이런 식이다. A라는 사람이 B라는 사람에게 뭔가 잘못된 정보를 전하고, C에게도 전한다. C는 의심하고 있다가 어느 날 B도 똑같은 말을 하는 것을 듣고는 '이 사람도 같은 말을 하네' 하면서 믿는 쪽으로 돌아선다. C는 D에게 그 흥미진진한 소식을 전하고, D는 다시 A에게 같은 소식을 전한다. A는 '역시 내 생각이 옳았군' 하고 더욱 확신한다. 그러는 동안 E, F, G, H, I도 똑같은 얘기를 복수의 사람에게서 들으면서 그 정보는 상식이 되기에 이른다. 이때 J라는 사람이 소심하게 "정말 그게 맞아?" 하고 질문을 던지지만, 나머지 알파벳들에게 이단으로 몰려 신속히 화형당한다.

또는 가까운 예로, 신문에서 위키피디아 내용을 베껴 쓰고, 그 기사가 위키피디아에 다시 근거로 제시되는 경우를 들 수 있다.

진실이라 믿고 싶은 마음

우리가 진실과 허위를 잘 가려내지 못하게 만드는 뇌의 작용은 여러 가지가 있다. '동기에 의한 추론motivated reasoning'이니 '확증 편향confirmation bias'이니 하는 다양한 용어로 불리지만, 본질적으로는 다 같은 이야기라고 할 수 있다. 한마디로 우리가 무언가를 참이라고 믿고 싶으면, 우리 뇌는 그 진위를 가리는 일에 굉장히 낮은 우선순위를 부여한다는 것이다. 그렇게 믿고 싶은 이유는 우리의 정치관과 잘 맞아서일 수도 있고, 우리가 가진 편견에 들어맞아서일 수도 있고, 아니면 단순히 소망을 충족해줘서일 수도 있다. ('혹시 내가 스페인에서 파는 복권에 당첨됐을지도 몰라. 구입한 적은 없지만' 하는 수준의 허황된 소망일 수도 있다.) 이유가 무엇이든 우리는 어떤 사실을 믿고 싶으면 뭔가 구실을 만들어서 허황된 주장도 그럴싸하게 포장하곤 한다. 주장에 들어맞는 증거만 취하고, 어긋나는 증거는 산처럼 쌓여 있어도 해맑게 무시한다.

자존심의 덫

심지어는 거짓이 거짓으로 드러난 후에도 진실이 퍼지는 데는 걸림돌이 있어서, 이미 퍼져나간 거짓을 따라잡기가 그리 쉽지 않다. 그 걸림돌이란 간단하다. 우리는 틀렸다는 사실을 인정하기 정말 싫어한다. 우리 뇌가 그걸 질색한다. 그리고 각종 인지 편향 때문에 자기가 잘못 짚었을 가능성을 좀처럼 인정조차 하지 않으려 한다. 거짓에 속았음을 용케 깨닫는다 해도 각종 사회적 압력 때문에 자신의 오류를 숨기고 싶어 한다. 구라의 마수에 일단 걸려들고 나면 빠져나오려는 의지를 잃기 쉽다.

무관심

우리는 허위 사실을 몰아낼 기회가 있어도 그 기회를 꼭 택하지는 않는다. 진위 자체가 중요하지 않아서일 수도 있다(특히 거짓말의 내용이 마음에 들 때). 아니면 애써봤자 소용없다 싶어 굳이 나서지 않는 것일 수도 있다. 만연한 거짓말의 스케일에 기가 질려 그냥 포기하는 것이다. 아니면, 누구나 그리 말하니 나도 묻어가자는 생각일 수도 있다.

　이해는 가지만 바람직한 현상은 아니다.

상상력 부족

어쩌면 거짓의 가장 큰 강점은 간단한 데 있는지도 모른다. 거짓이 얼마나 상상을 초월하는 다종다양한 모습을 띨 수 있는지 우리가 미처 깨닫지 못한다는 점이다. 그도 그럴 만한 것이, 우리는 세상을 살아가기 위해 세상에서 들려오는 이야기가 대부분 참이라고 전제할 수밖에 없다. 그러지 않으면 불안과 망상에 휩싸여 횡설수설하며 살게 될 테니까. 그러다 보니 우리는 무언가가 참이 아닐 가능성을 현격히 과소평가하는 경향이 있다. 우리는 뉴스에서 뭐라고 하면 그게 아마 사실이겠지 생각한다. 어떤 사람이 멀쩡하고 믿을 만하게 보이면 사기꾼은 아니겠지 생각한다. 여러 명의 목격자가 뭔가를 보았다고 하면 뭔가가 실제로 있었을 거라고 믿는다. 그러한 전제들은 하나같이 생각만큼 믿을 만한 게 못 된다.

기본적으로 우리는 거짓이라는 주제에 지금까지 관심을 충분히 기울이지 않았다. 진지하게 파고든 적도 없고, 그런 주제로 대화를 나누지도 않는다. 그래서 거짓이 눈앞에 나타나도 간파하지 못할 때가 많다.

이 책을 다 읽고 난 독자는 부디 그런 문제를 겪지 않기를 바랄 따름이다.

가짜-뉴스의-시작

타이탄 리즈는 죽은 게 분명했다. 그건 의심할 여지가 없는 사실이었다.

그는 미국 뉴저지주 벌링턴의 성공한 출판업자였고, 부지런하고 정직하게 살던 사람이었다. 사망 일시는 1733년 10월 17일 수요일 오후 3시 30분경이었다. 그의 죽음을 알리는 비보는 엄숙하게 활자화되어 온 세상에 배포되었다. "그가 죽고 세상에 없다는 것은 추호도 의심할 여지가 없다"라고 했다.[1] 그가 살 날이 얼마 남지 않았음은 이미 일전에 예고된 바 있었지만, 30대 초반이라는 젊은 나이에 그가 정말 세상을 떠났다는 소식은 많은 벌링턴 시민들에게 충격으로 다가왔을 것이다. 벌링턴은 50년 전 퀘이커 교도들에 의해 델라웨어강 유역에 세워진 도시로, 그간 급속히 성장하여 번화한 지역사회를 이루고 있었다.

그러나 그 소식에 가장 큰 충격을 받은 사람은 타이탄 리즈 본인이었을 것이다. 누가 뭐래도 자기는 두 눈 똑똑히 뜨고 살아 있었기 때문이다.

리즈가 당시 정확히 어떤 반응을 보였는지는 알 수 없다. 하지만 멀쩡히 살아 있던 사람이 본인의 때아닌 부고를 읽었을 때는 기분이 그리 좋지 않았으리라 충분히 짐작해볼 수 있겠다. 누구나 그런 일을 겪으면 좀 당혹스럽지 않겠는가? 기겁하여 펄쩍 뛰어도 이상하지 않다. 더군다나 당시는 1730년대였으니 그 당혹감이 더 컸을 만하다. 과거에 그런 사례가 별로 없었을 테니, 대체 이게 무슨 일인지 판단하기가 쉽지 않았을 것이다.

물론 오늘날도 자신의 사망 기사를 자기 눈으로 읽는다는 것은 흔치 않은 일이긴 하다. 하지만 적어도 그런 일이 있을 수 있다는 가능성쯤은 누구나 대략 알고 있다. 가령 시신의 신원을 잘못 파악했다든지, 부고 기사가 실수로 너무 일찍 나갔다든지 하는 이야기를 한 번쯤은 들어보았을 것이다. "내가 죽었다는 소식은 굉장히 과장된 것이다"라는 명언은 너무 유명해서 이제는 진부한 감마저 있다(일부 따지기 좋아하는 사람들은 마크 트웨인이 정확히 그런 말을 한적 없다고 지적하지만[2]). 1980년 《뉴욕 타임스》는 앨런 에이블Alan Abel이라는 악명 높은 농간꾼의 부고 기사를 실은 일이 있다.[3] 대상이 대상이니만큼 좀 더 잘 알아보고 썼으면 좋았을 텐데, 아닌 게 아니라 바로 다음 날 에이블은 기자회견을 열어 "세간의 관심을 끌기 위해" 자신이 사망한 것처럼 꾸몄노라고 발표했다.[4] (그로부터 장장 38년 후 에이블이 마침내 사망하자 《뉴욕 타임스》는 다시 부고를 내, 처음의 실수를 의식한 듯 "정말 실제로 사망한 것으로 보인다"라고 했다.[5])

가짜 뉴스의 시작

다시 말해, 때 이른 사망 통지라는 개념이 오늘날에는 그렇게까지 낯설진 않다. 어쩌다 일어날 수도 있는 일이라고 생각할 뿐 아니라, 그런 일이 자기에게 일어나면 어떻게 될까 상상해본 사람도 많을 것이다. (솔직히 말해, '내가 죽었다고 하면 사람들이 나에 대해 어떻게 생각하는지 알아볼 수 있겠지' 하는 음흉한 상상, 다들 한 번쯤은 해보지 않았나?) 2009년에는 한 패러디 웹사이트와 바람 잘 날 없는 트위터상의 루머 덕분에 배우 제프 골드블룸이 사망한 것으로 한동안 알려졌다. 결국 골드블룸은 시사 풍자 TV 토크쇼 「콜베어 르포」에 출연해 본인의 추도사를 읽기까지 했으니, 이러한 사태에 굉장히 품격 있게 대처한 사례로 꼽을 만하다.[6]

하지만 대중매체의 태동기에 살았던 타이탄 리즈로서는 이 모든 사태가 기이하고 낯설기만 했을 것이다. 한낱 잘못된 글 때문에 졸지에 죽은 사람이 된다는 것은 요즘 사람이 그런 일을 겪을 때보다 훨씬 더 어처구니없고 분통이 터졌을 만하다. 더군다나 오보를 바로잡으려는 그의 노력은 그리 성공적이지 못했으니 더욱 그럴 만했다. 리즈는 지면을 통해 자신이 멀쩡히 살아 있다고 항변했지만, 누가 뭐래도 그가 죽은 게 확실하다고 단언하는 보도들이 그 후 몇 년에 걸쳐 이어졌다. 심지어 그 보도들은 요즘 웬 사기꾼이 작고한 리즈의 이름을 도용해 자기가 살아 있다고 열변을 토하고 있는데 당장 그만두라며, 그런 짓은 고인에 대한 아름다운 추억에 먹칠만 할 뿐이라고 주장했다.

이런 일이 가능했던 이유는 리즈 사망 보도가 단순한 실수가 아니었기 때문이다. 업무상의 실수도 아니었고, 근거 없이 떠도는 루머의 재생산도 아니었다. 누군가가 용의주도한 꿍꿍이로 퍼뜨린 거짓이었으니, 그 동기는 두 가지, 이윤 추구와 장난질이었다. 한마디로 출판업계의 새 경쟁자가 물불 안 가리고 판매량을 끌어올리려고 벌인 수작이었다. 결과적으로 엄청나게 성공하기도 했다. 더군다나 리즈가 운이 나빴던 것이, 그 경쟁자가 남다르게 짓궂은 유머 감각의 소유자였다. 리즈는 안 그래도 짜증 났겠지만 남의 죽음을 날조하는 헛짓거리나 하던 그 듣보잡 장사꾼이 훗날 미국의 최고 지성이자 위인 취급을 받게 된다는 사실을 알았더라면? 아마 격분하지 않았을까 싶다.

한마디로, 타이탄 리즈는 요즘 말하는 '가짜 뉴스'에 일찌감치 호되게 당한 셈이다.

타이탄 리즈의 고난이 시작된 것은 델라웨어강 유역에 '책력(冊曆, almanac. 1년간 예상되는 해와 달의 운행, 조수의 시기, 기상 변동 따위를 날짜별로 적은 책―옮긴이)'을 만드는 경쟁업체가 하나 출현하면서였다. 1730년대 미국에서 책력은 큰 사업이었고, 타이탄 리즈는 책력 출판업계에서 최고로 잘나가고 있었다. 타이탄의 아버지 대니얼이 고령으로 은퇴하면서《리즈 책력》의 발행인 자리를 아들에게 물려주었다. 대니얼 리즈는 영국 리즈에 살던 퀘이커 가문 출신이었다.[7] 박해가 심해지자 리즈 가족은 1677년 미국으로 이민을 갔다. 구대륙의 종교적 억압을 피해 찾아간 신대륙이었지만 대니얼은 그곳에서도 종교적 억압에 정면으로 부딪치고 만다.

대니얼 리즈는 독학으로 공부한, 생각이 깊은 사람이었다. 젊은 시절에는 영적 환영을 본다거나 혼자 갑자기 울음을 터뜨리는 일이 잦았으며, 아주 독특하면서 뭔가 비정통적인 철학을 추구했는데, 이단적 기독교 신비주의와 과학에 대한 깊은 애정이 결합한 형태였다. 출판에 몸담기로 한 것도 자기가 생각하는 진리를 세상에 알리기 위해서였다. 첫 작업으로 시대를 앞서가는 책력을 출간했고, 이어서 일생의 연구를 집대성한 철학적·신학적 성격의 소논문을 펴냈다. 그러나 벌링턴을 세운 퀘이커 교도들은 그의 이단적 이론과 폭넓은 점성술 활용에 분개하여 그의 연구를 받아들이지 않았고, 첫 책력의 출판을 금지하고 인쇄본을 모두 파기했다.

하지만 대니얼 리즈는 굴복하지 않았고, 조용히 죽어지내기는커녕 책력 제작에 더욱더 열심히 매달렸다. 그러면서 지역 인사들과 장기간에 걸쳐 소책자 지면상에서 치열한 공방전을 벌이는 등 다툼을 거듭했으니, 한 숙적은(숙적이 한둘이 아니었다) 그를 가리켜 문자 그대로 악마라고 비난하기도 했다. 그가 "사탄의 전령"이라고 주장한 것이다. 18세기 퀘이커 교도들 눈 밖에 한번 나면 국물도 없었던 듯하다.

그의 악명은 벌링턴 도처에서 불편한 장면들을 연출하기도 했지만 사업에 꼭 해가 된 것만은 아니었다. 《리즈 책력》은 아메리카 식민지에서 거의 최초로 출간된 책력다운 책력이었고, 꽤 두터운 독자층을 확보하기에 이르렀다. 대니얼은 경솔한 정치적 연합을 시도하다가 된서리를 맞는 바람에 결국 1714년에 책력 출판업을 10대 아들 타이탄에게 넘겨주어야 했지만, 《리즈 책력》은 그때 이미 수십 년간 지역 내 책력의 선두 주자로 이름이 높았다.

물론 시장의 선두 주자는 늘 애로점이 있으니, 시장에 진입하려는 경쟁사가 다 그 회사를 표적으로 삼는다는 것이다. 벤저민 프랭클린이라는 이름의 야심만만한 청년도 책력 사업에 뛰어들면서 그 회사를 표적으로 삼았다.

오늘날 프랭클린이라고 하면 미국 건국의 아버지들 중에서도 일등공신이요, 미국 독립운동을 이끈 주역이자 지식인으로 추앙받는 위인이다. 그야말로 다재다능한 천재로서, 남긴 업적으로 말할 것 같으면 전기에 관한 선구적 실험에서 미국 최초의 공공 대출 도서관 설립, 미국 우편제도 창설과 이중초점 안경 발명에 이르기까지 참으로 다양하다. 이 책에서 앞으로 위키피디아 내용을 습관적으로 복사해 붙이는 일은 없을 것이라고 약속드리면서, 프랭클린이 얼마나 짜증 나는 과잉성취형 인간이었는지 엿볼 수 있는 대목을 위키피디아에서 살짝 인용하겠다. 그는 "탁월한 작가, 인쇄업자, 정치이론가, 정치가, 프리메이슨 회원, 우체국장, 과학자, 발명가, 유머 작가, 시민운동가, 외교가"였다고 한다.[8]

　　읽기만 해도 숨이 차다. 이 양반, 참 욕심 많은 사람이었다.

　　하지만 1732년의 프랭클린은 아직 20대였으니, 그 어느 분야에서도 탁월하지 못한 상태였다. 열일곱 살에 형의 그늘에서 벗어나려고 고향 보스턴을 도망쳐 나온 프랭클린은 벌링턴을 지나는 델라웨어강 하류에 새로 생긴 도시 필라델피아에서 얼마 전부터 인쇄소를 운영하고 있었다. (지금은 필라델피아가 수백 년간 확장해서 벌링턴을 외곽 도시로 두고 있다.) 프랭클린은 출판업에서 이미 두각을 나타내어 《펜실베이니아 가제트》라는 신문으로 돈도 잘 벌고 있었다. 하지만 당시 큰돈을 벌려는 언론사라면 사업을 다각화해 책력 분야에 뛰어들 필요가 있었다.

　　책력이란 것에 익숙지 않은 독자들을 위해 설명하자면, 책력은 쉽게 말해 이듬해에 알아두어야 할 유용한 정보를 모아놓은 참고서적이다. 훗날 신문에 스포츠 소식, TV 편성표, 약간의 논설, 날

씨 예보, 심심풀이 별점 등 온갖 잡다한 정보가 실린 것처럼, 책력도 비슷한 구실을 하였으니 그 내용인즉슨…… 약간의 논설, 날씨 예보, 심심풀이 별점 등이었다. (TV 편성표는 1730년대 사람들의 관심사가 아니었다.) 여전히 농업을 주력으로 하던 지역사회의 주민들에게 해가 뜨고 지는 시각, 밀물과 썰물 때, 계절이 바뀌는 시기 같은 지식은 더할 나위 없이 중요했다. 당시 주요 책력 중 하나로 매사추세츠의 너새니얼 에임스라는 업자가 내던 책력은 한 해 5만 부가 넘게 팔렸다. 당시가 출판 산업의 태동기였음을 고려하면 엄청난 숫자다.[9] 프랭클린이 왜 거기 한몫 끼고 싶었는지 충분히 이해가 간다.

1732년, 프랭클린은 '리처드 손더스'라는 필명으로 《가난한 리처드의 책력》 첫 호를 냈다. 그의 설명에 따르면 리처드 손더스는 가난한 점성가로 일하다가 돈 좀 벌어오라는 아내의 성화에 못 이겨 출판업에 뛰어든 사람이었다. (프랭클린은 가명을 엄청 좋아했다. 살짝 스포일러를 하자면, 이 책에서 벤저민 프랭클린의 가명이 중요한 역할을 하는 사건은 이번뿐만이 아니다.)

평소 특별한 불상사가 없던 미국 책력업계였지만 이 무렵에는 경쟁업체 간의 다툼이 이미 일상화되어 있어서, 일부 업체들은 1년마다 타 업체에 대해 맹렬한 독설을 쏟아내곤 했다. (1706년에는 보스턴에서 책력을 만들던 새뮤얼 클러프라는 사람이 경쟁자인 너새니얼 휘트모어에게 "꺼지라"고 훈계하기도 했다. 정확한 인용이다.[10]) 그러나 이런 독설은 대부분 한마디로 '네 책력은 쓰레기다'라는 주장이었던 반면, 프랭클린은 좀 더 교활한 방법으로 자신의 주목표를 공격하기로 했다. 교활할 뿐 아니라 훨씬 더 재미난 방법이었다. 프랭클린은 '손더스'의 이름으로 서문에 적기를, 사실 자신은 벌써 여러 해 전에 잘 팔릴 만한 책력을 얼마든지 낼 수 있었지만 그렇게 하지 않은 유일한 이유는 자기가 배려심이 너무 많아서 "좋은 벗이자 동학同學인 타이탄 리즈 씨"의 사업을 망치고 싶지 않았기 때문이라고 했다.

그러다가 이제 마음을 바꾼 이유는 너무나 안타깝게도 그 문제가 그리 오래가지 않을 것이기 때문이라고 했다. 다시 말해 타이탄 리즈는 곧 죽을 운명이라면서, 이렇게 적었다. "무자비한 저승사자는 본래 사람의 공적을 가리지 않는바 이미 죽음의 창을 집어 들었고, 운명의 누이는 이미 파멸의 가위를 내밀었으니, 우리는 그 재주 많은 사람을 곧 떠나보낼 수밖에 없으리라."[11] 잠깐 딴소리를 하자면 '운명의 누이가 파멸의 가위를 내밀었다'라는 문구, 헤비메탈 앨범 제목으로 아주 딱일 것 같다.

프랭클린은 타이탄 리즈의 사망 일시를 예측하기를, "내가 그의 요청을 받고 계산한 바에 따르면 1733년 10월 17일 오후 3시 29분, 곧 태양과 수성이 겹치는 순간"이라고 했다. 그러면서 더 재미를 가미하고 싶었는지 덧붙이기를, 정확한 날짜에 대해서는 리즈와 의견이 달랐다면서 "그의 계산에 따르면 자신은 같은 달 26일에 사망할 것이라고 한다"라고 했다.

꽤 재미있는 우스개였다. 그런데 프랭클린은 그 농담의 원작자가 아니었다. 예전에 조너선 스위프트가 했던 농담을 슬쩍 빌려왔을 뿐이었다. 스위프트는 1708년에 존 파트리지라고 하는 점성가 겸 책력 저자에게 완전히 똑같은 장난을 친 적이 있었다. 가명으로 펴낸 가짜 책력에 이런 예측을 실은 것이다. "그는 틀림없이 오는 3월

29일 밤 11시경에 극심한 열병으로 죽을 것이다."[12] 점성술을 신봉하지 않았던 프랭클린은 스위프트의 짓궂은 장난에 대해 분명히 알고 있었을 것이다(그리고 대니얼 리즈가 파트리지의 지지자였다는 사실도). 프랭클린은 그 원조 농담을 아는 독자들에게 한쪽 눈을 찡긋하고 있었던 것이다.

불행히도 타이탄 리즈는 그 농담을 전혀 이해하지 못했다. 아버지 대니얼은 유머 감각이 꽤 괜찮은 사람이었던 반면, 타이탄은 한 연구가의 말에 따르면 "진지하고 독선적이며 남의 말에 잘 속고 현실적인 사람으로, 매사를 액면 그대로 받아들이는 듯했다"라고 한다.[13] 그런 그였기에 최악의 선택을 하고 만다. 놀이터에서 다른 애들 괴롭히는 장난꾸러기가 제일 좋아하는 반응이었다. 미끼를 덥석 문 것이다. 타이탄 리즈는 이듬해인 1734년에 출간된 자신의 책력에서 '가난한 리처드'의 주장을 반박했다. (책력 지면상으로 진행되는 싸움은 트위터보다 속도가 좀 느렸다.) 타이탄은 리처드가 "터무니없는 허위 사실"을 주장했으며 "바보 거짓말쟁이"라고 단언하면서, 당당히 이렇게 선언했다. "그의 잘못된 예측에도 불구하고, 나는 하느님의 은총 덕에 1734년까지 멀쩡히 생존하여 그 오만한 저자의 어리석음과 무식함을 공표하는 바이다."[14]

프랭클린은 옳거니 걸려들었구나 하고 아예 한술을 더 떴다. 1734년판 책력에 적기를, 자신을 향한 심한 비방에 큰 충격을 받았으며, 그 비방의 강도로 볼 때 친애하는 오랜 친구 리즈는 죽은 것이 틀림없고, 누군가 더 야비한 자가 대신 책력을 쓰고 있는 것으로 짐작된다고 했다. 그리고 그다음 해 책력에서는 예상했던 날에 리즈가 실제로 죽었음을 확인했다면서 이렇게 한탄을 늘어놓았다.

"타이탄 리즈의 유령은 여전히 살아 있는 척하며 내 예측에도 아랑곳하지 않고 책력을 쓰고 있고, 내게 폭언을 퍼붓기까지 했다."

프랭클린이 자신의 책력에서 이런 식으로 리즈를 언제까지 놀려 먹었을지, 그리고 리즈가 거듭되는 자신의 사망설에 어떻게 반응했을지는 아쉽게도 알 수가 없다. 1738년, 이제 정말 뭐가 진실인지 헷갈리기 시작할 무렵, 타이탄 리즈가 실제로 사망함으로써 상황이 정리되었기 때문이다.

이쯤 되었으면 사태는 마무리되는 수순으로 갔을 만하다. 아니, 남의 죽음을 가지고 농담하다가 그 사람이 별안간 정말로 죽으면 웬만한 사람이라면 왠지 미안해서 입을 닫게 되지 않을까?

프랭클린은 그러지 않았다.

그러기는커녕 1739년, 타이탄 리즈의 유령이 썼다는 가짜 편지를 게재한다. 내용은 '가난한 리처드'가 한 말이 모두 옳았으며, 자신은 실제로 1733년에 죽었다는 것이었다. 그리고 타이탄 리즈의 이름으로 최근 몇 년간 출판된 책력은 사기꾼이 벌인 짓이라고 했다.

그렇다. 벤저민 프랭클린은 한마디로, 진짜 대단하다는 말밖에 안 나오는 도발꾼이었다. 요즘 인터넷 은어로 하면 '트롤', '어그로꾼'이었다.

게다가 성공한 도발꾼이었다. 소기의 목적을 달성했으니까. 《가난한 리처드의 책력》은 엄청난 히트를 쳤고, 《리즈 책력》은 쇠락의 길로 접어들어 10년쯤 후에는 폐간되었다. 프랭클린의 책력은 경쟁지보다 더 필치가 예리하고 재미있었으며, 프랭클린의 사업 방식은 더 무자비했다. 프랭클린은 점성술을 그저 빈정대며 놀려먹는 데 그치지 않았다. 리즈 가문 사람들이 기이한 사상을 믿었다거나

"사탄의 전령" 운운하는 비난을 받았던 일도 독자들이 잊지 않도록 상기시키곤 했다. 그런 의혹들이 사실이 아니라는 점은…… 프랭클린에게 별로 중요하지 않았던 것 같다.

여러모로 이 책의 주제와 통하는 지점이다. 앞으로 많이 살펴보겠지만, 유사 이래 인간은 진실과 재미있는 이야기 중에 선택하라면 늘 재미있는 이야기를 선택하는 성향이 있었으니까.

그러나 여기서 우리는 한 걸음 뒤로 물러나 당시의 시대적 배경을 살펴볼 필요가 있다. 타이탄 리즈 시대에 일어나던 그 기이하고도 혼란스럽던 대중매체의 새 물결은 어떻게 생겨난 것일까? 물론 '뉴스'라는 개념이나 뉴스에 대한 갈증은 새로울 게 없었다. 사람들은 늘 뭔가 알고 싶어 했고, 특히 남들이 모르는 것을 알고 싶어 했다. 먼 이국땅에서, 닫힌 문 뒤에서, 자신의 등 뒤에서 무슨 일이 일어나고 있는지 늘 궁금증을 품었다.

교통이 발달하지 않아 이동 자체가 드물었던 옛날에는 더욱 그랬다. 새 소식은 빨라야 말 달리는 속도로 전해졌고, 그나마 자주 전해지지도 않았던지라, 사람들은 새 소식에 항상 굶주려 있었다. 11세기 웨일스에서는 수백 킬로미터 떨어진 두 외딴 수도원의 수도사들이 세상 소식을 너무 알고 싶었다. 그래서 3년마다 서로 통신원을 교환했다. 통신원 역할을 맡은 수도사가 한 명씩 웨일스 북부의 험난한 산악지대를 넘어 상대방 수도원을 찾아가 일주일을 머물면서 최신 가십을 아는 대로 모두 전해주었다.[15]

그러다가 15세기 중엽부터 세상이 급변하기 시작한다. 유럽사에서 이 시절에 무엇이 무엇 때문에 일어났는지 사건 간의 인과관계를 일일이 밝히기는 쉽지 않다. 한마디로 여기저기에서 너무나 많은 일이 동시에 벌어졌다. 전쟁이 그칠 날이 없었고, 종교가 사분오열되었고, 신대륙이 발견되었고, 다른 문화권과의 교류가 더 빈번해졌고, 옛 문헌의 재발견이 이루어졌다. 하지만 설명을 간단히 하기 위해 이 시절에 일어난 변화를 크게 세 가지만 꼽아보자. 세 가지 모두 인간의 본능적인 호기심과 만나 엄청난 정보 폭발을 불러일으켜서 이후 세상을 송두리째, 그리고 희한하게 변모시키게 된다.

첫째는 우편망이 차츰 발달하면서 점차 안정화, 보편화된 것이다. 둘째는 국제 무역 확대에 따른 상인 계급의 부상이다. 유럽 전역을 무대로 활동할 만큼 발도 넓고 관심사도 넓었던 이들 신흥 엘리트 부유층에게 최신 뉴스는 단순히 흥밋거리가 아니라 사업 차원에서 극히 중요했다. 셋째는 물론 인쇄술의 혁명이다.

우편망이 자리 잡으면서 이제 새 소식을 직접 찾아가서 전하지 않아도 되었다. 개인도 집에 편히 앉아 소식을 주고받을 수 있게 되었고, 위험한 여행을 무릅쓸 필요도, 수많은 전달자에 의존할 필요도, 전달자의 안전을 보장하기 위해 군대를 동원할 필요도 없었다. 편지는 새 소식에 목마른 사람들이 가장 애호하는 매체가 되었고, 결과적으로 새로운 사업이 되었다.

16세기 말에 이르러 '뉴스레터 기자'라는 직업이 세상에 등장했다. 이탈리아의 몇몇 대도시에서 활동을 시작한 이 이야기꾼들은, 각지의 소식통으로부터 믿을 만한 최신 정보를 취합한 다음 손 편지로 써서 유럽 전역의 구독자에게 우편으로 부쳤다. 부유한 정치인이나 사업가들이 거액을 내고 그 편지를 받았다. 이 뉴스레터 기자들은 명민하고 인맥이 탄탄했으며 정보의 신뢰도로 먹고사는 업자들이었으니, (앤드루 페티그리가 『뉴스의 발명The Invention of News』

가짜 뉴스의 시작

에서 말하듯이) "최초의 언론"이라고 할 만했다.[16]

한편 1439년에 요하네스 구텐베르크가 활판 인쇄술을 유럽에 최초로 도입한 사건은 이후 수 세기에 걸쳐 유럽 전역에 급작스러운 예측 불허의 변화를 일으키는 기폭제가 되었다. 필경사를 여러 명 동원하지 않고도 대량으로 서적을 펴낼 수 있는 세상이 갑자기 펼쳐지면서, 정보의 취사선택과 검열을 독점했던 지배층의 영향력은 쇠퇴해갔다. 인쇄업이란 처음부터 대단히 자본주의적인 활동이었다. 대부분 사설 업체에 의해 영리 목적으로 이루어졌으며, 경쟁이 치열했지만 국가나 교회 권력의 규제는 거의 받지 않았다. (서적이 개신교 전파 수단이 되고 있다는 사실이 발각되면서 상황이 좀 바뀌지만.) 인쇄 혁명 이전에는 책 한 권의 가격이 수백 년간 거의 바뀌지 않았다. 한마디로 어마어마하게 비쌌다. 구텐베르크의 인쇄기 발명 이후 책 한 권의 값은 매년 약 2퍼센트씩 떨어지기를 100년 이상 거듭했다. 느리다고 생각할지도 모르지만 복리법으로 따져보면 엄청난 효과였다. 1450년에는 책 한 권을 사려면 당시 평균 임금을 여러 달 치 쓰지 않고 모아야 했다. 1600년에는 하루 임금보다 싼 값에 책을 살 수 있었다.[17]

이렇게 사업, 우편, 인쇄술 세 분야는 150년간 나란히 발전하면서 세상 곳곳을 뒤집어놓다가, 마침내 1605년 프랑스 스트라스부르에서 한줄기로 합쳐졌으니, 이는 요한 카롤루스라는 청년의 공이었다.

카롤루스는 원래 책을 만들어 파는 사람이었지만, 얼마 전부터 부업으로 뉴스레터 쓰는 일도 했다. 당시 스트라스부르는 상거래와 우편망의 중심지였으므로 뉴스레터 사업을 하기 딱 좋은 곳이었다.

그런데 손으로 쓰는 뉴스레터 사업은 규모를 키우는 데 명백한 한계가 있었다. 사람이 글을 쓰는 속도에는 한계가 있으니까. 카롤루스는 자신의 수입원 두 가지를 놓고 생각에 잠겼다. 하나는 책 인쇄였고, 다른 하나는 일일이 손편지로 뉴스 쓰기였다. 책 인쇄와 손편지 뉴스……

카롤루스는 머리를 굴린 끝에 신문을 만들기로 했다.

갓 시작한 언론 사업의 덩치를 빨리 키우려고 강력한 신기술의 힘을 빌린 것이었다. 그렇게 하여 탄생한 것이 세계 최초의 인쇄 신문으로 이름을 날린 《렐라치온 알러 퓌르네멘 운트 게뎅크뷔르디겐 히스토리엔Relation aller Fürnemmen und gedenckwürdigen Historien(특별하고 기억할 만한 모든 소식의 기록)》이었다. 물론 이 최초의 신문은 오늘날 신문과는 많이 달랐다. 4절판 크기의 소책자 형태였으며 사진도 없고, 기사 표제도 없고, 재미도 없었다. 《렐라치온》은 손으로 쓰던 뉴스레터의 형식을 그대로 답습했다. 어느 중요 인물이 현재 어느 도시에 머물고 있다는 사실을 건조하게 죽 나열해놓았을 뿐, 그 사람들이 누구인지는 알 만한 독자라면 이미 알 테니굳이 설명 따위 하지 않았다. (그런 점에서는 오늘날 신문의 연예 가십난과 크게 다르지 않은 것도 같다.)

그럼에도 《렐라치온》은 큰 성공을 거두었고, 몇 년 안에 유럽 북부의 여러 도시에서도 이를 본뜬 신문이 나오기 시작했다. 두 번째로 창간된 신문 《아비소 렐라치온 오더 차이퉁Aviso Relation oder Zeitung》은 1609년 독일 볼펜뷔텔에서 첫선을 보였다. 그 후 10년 안에 프랑크푸르트, 베를린, 함부르크에서 신문이 창간되었고,[18] 1619년 암스테르담에서는 두 개의 신문이 경쟁하기에 이르렀다.[19]

17세기에 독일에서만 약 200개의 신문이 창간되었다.

그러나 신문이라는 개념은 유럽 남부에서는 그리 인기를 끌지 못했다. 뉴스 손편지의 발상지인 이탈리아에서는 신문을 쓸데없는 발명품으로 치부하고 콧방귀를 뀌었다. 그런 반응은 이탈리아에만 국한되지 않았다. 17세기 초 신문 창간으로 인한 뉴스의 폭증은 정보에 굶주렸던 시민들에게 단비와도 같았지만, 동시에 조롱과 멸시, 경고를 자아내기도 했다. 오늘날에 빗대어 봐도 전혀 낯설지 않은 풍경이다.

더 이상 정보의 관문 역할을 할 수 없게 된 지배층에 특히 만연한 거짓 뉴스에 대한 불안. 전문 언론 매체에 대한 불신 및 개인적 경로로 얻은 정보에 대한 과신. 정보 과잉의 부작용에 대한 공포. '뉴스 중독'에 대한 경멸. 모두 21세기에 만연한 '정보 공포증'의 대표적인 특징이면서 하나같이 17세기에도 흔히 볼 수 있는 현상이었다. 비방에 사용한 표현들조차 지금이나 그때나 거의 똑같았다.

우선 뉴스 중독을 예로 들어보자. 독일에서는 '노이이크카이트수흐트Neuigkeitssucht'라는 말을 재빨리 만들어냈다. 그 뜻은 말 그대로 '뉴스 중독'이다.[20] "새 소식을 읽고 들으려는 일부 사람들의 지독한 호기심"을 가리키는 말이라는 설명도 있었다.[21] 네덜란드에서는 최신 뉴스에 집착하는 사람들을 중독자라며 조롱했다. 남부의 한 소책자 제작인은 북부 사람들을 가리켜 뉴스를 아무리 보아도 성에 차지 않는 사람들이라며, "우리는 새 소식을 읽지 않으면 답답해 참을 수 없다"라는 식이라고 빈정거렸다. 영국의 극작가이자 풍자가 벤 존슨은 뉴스의 생산과 소비를 싸잡아 조롱하는 작품을 1620년대에 몇 편 썼다. 이를테면 「달에서 발견된 신세계에서

온 소식News from the New World Discovered in the Moon」,「신문 제작소
The Staple of News」같은 작품이다.

당시엔 뉴스를 갈구하는 사람들을 이처럼 어이없게 바라보는 시
선이 팽배했을 뿐 아니라, 인쇄물의 폭증이 인간과 사회에 악영향
을 끼치리라는 불안감도 만연했다. 오늘날과 마찬가지로 정보 과부
하에 대한 우려가 심각했고, 불길한 말들이 나돌았다. 1685년 프랑
스 학자 아드리앵 바예는 이렇게 암울하게 예측했다. "하루가 다르
게 엄청난 기세로 폭증하는 서적으로 인해 앞으로 다가올 수백 년
은 로마제국 멸망에 뒤이은 수백 년에 못지않은 야만시대로 퇴보
하리라 충분히 우려할 만하다."22

(한 가지 더 오늘날과 똑 닮은 점은, 그러한 정보 과잉이 마치 그 시대
의 특징이자 완전히 새로운 현상인 양 이야기한다는 점이다. 사실 인류는
읽을거리가 너무 많다는 하소연을 수천 년간 해왔다. 심지어 성서에도 그
런 말이 등장한다. 구약의 전도서 12장 12절에는 "책을 쓰려면 한이 없는
것이니, 너무 책에 빠지면 몸에 해롭다"라는 글귀가 나온다. 서기 1세기의
로마 철학자 세네카는 "책이 넘쳐나면 정신이 산만해진다"라고 불평하기
도 했다.)

읽지 않고 쌓여가는 책 무더기에 그런 자괴감을 느끼는 것이야
자고로 인지상정이라 하겠지만, 뉴스의 초창기에 살던 사람들에게
는 뭔가가 너무 심하다고 느낄 만한 이유가 충분히 있었다. 우선,
실제로 너무나 많은 일이 벌어지고 있었다.

로버트 버턴이 1621년에 쓴 감수성 넘치는 고전,『우울의 해부
The Anatomy of Melancholy』의 한 대목을 살펴보자.

날마다 새 소식이 들려오고 여느 때처럼 소문이 떠도니, 그 내용은 전쟁, 역병, 화재, 수해, 도난, 살인, 학살, 유성, 혜성, 유령, 기현상, 환영 또는 프랑스, 독일, 터키, 페르시아, 폴란드 등지에서 마을이 점령되고 도시가 포위된 일과 매일같이 군대가 소집되고 집결한 일 등 격랑의 현시대에 흔히 접하는 사건들, 그리고 각지에서 벌어진 전투와 수많은 군인의 죽음, 결투, 난파, 해적질, 해전, 아니면 평화, 동맹, 책략, 위험 경보 등이다. 무성하게 난무하는 맹세, 소망, 조치, 칙령, 탄원, 소송, 진술, 법률, 선포, 항의, 불평의 소문이 날마다 귀에 들려온다. 매일같이 새 책과 소책자, 소식지, 기사, 온갖 종류의 서적이 나오는가 하면 철학적·종교적인 궤변, 견해, 분파, 이교, 논란이 새로 불거진다. 한때는 결혼식, 가장무도회, 무언극, 공연, 축제, 외국 사절 접견, 마상 시합, 전승 기념식, 개선식, 축하연, 여흥 및 오락의 소식이 들려오다가도, 마치 연극의 장면이 바뀌듯 반역, 사기, 강도질, 온갖 극악무도한 소행, 장례식, 매장식, 왕의 서거, 새로운 발견, 탐험의 소식이 전해지며 희극과 비극이 엇갈린다. 오늘은 고관대작이 새 자리에 오르고, 내일은 높으신 분이 자리에서 쫓겨나고, 그다음 날엔 또 새 인물이 임명되었다고 한다. 누구는 풀려나고 누구는 투옥되었다고 한다. 누구는 큰돈을 벌고 누구는 망했다거나, 어떤 자는 번성하고 그 이웃은 파산했다고 한다. 풍족했다가도 흉년과 기근이 들었다고 하고, 누구는 뛰는가 하면 누구는 말달리고, 다투고, 웃고, 울고 한다고 한다.[23]

아마 로버트 버턴은 신경이 너무 예민한 상태에서 글을 쓴 것 같기도 하다. 어디 좋은 데 가서 좀 푹 쉬면서 머리도 식히고 건강도 챙기는 게 좋지 않았을까.

버턴의 넋두리는 거기서 그치지 않는다. 아드리앵 바예가 그랬던 것처럼, 로버트 버턴도 인쇄물의 갑작스러운 범람을 목도하며 장차 책으로 인해 파국이 도래하리라 점쳤다. "누가 그리도 책을 게걸스럽게 탐독할 수 있단 말인가? 누가 그걸 다 읽겠는가? 지금도 그렇지만, 장차 책으로 인해 엄청난 혼돈과 혼란이 닥칠 것이니, 이미 우리는 책에 짓눌려 있으며, 눈은 책을 읽느라, 손가락은 책장을 넘기느라 쑤시고 아프다."[24]

그런가 하면 버턴이 같은 책에서 '낚시성' 또는 '도발성' 글의 범람에 쓴소리를 하는 듯한 대목도 눈에 띈다. "요즘은 약속이라도 한 것처럼 책을 팔려고 내놓을 때 기상천외한 제목을 붙이곤 한다. (…) 스칼리제르가 한 말을 빌리면, '예기치 못하고 생각해보지 못한 주장만큼 독자의 구미를 당기는 것도 없고, 악의적인 소책자만큼 잘 팔려나가는 것도 없다.'"[25] (트위터가 회사 슬로건을 혹시 새로 만들 생각이 있는지 모르지만, '누구도 예기치 못한 주장'이라고 하면 어떨까 싶다. 꽤 잘 어울릴 듯.)

사실 '악의적인 소책자'에 대한 비판은 17세기에 흔했다. 소수의 엘리트 계급을 대상으로 했던 초창기 뉴스레터는 정보의 신뢰성에 근거한 평판으로 먹고살았다. 하지만 당시 쏟아져 나오던 인쇄물은 꼭 그렇다고 할 수 없었다. 최신 뉴스에 중독된 사람도 많았지만, 그에 대한 불신 역시 만연했다.[26] 인쇄물에 적힌 내용이라고 하면 의심의 눈초리로 보기 일쑤였고, 여전히 손으로 쓴 편지가 근본적으로 더 믿을 만하다고 보는 사람이 많았다. 아는 사람이 직접 전해준 정보야말로 가장 믿을 만한 정보라고 생각했다.[27]

한마디로, 가짜 뉴스가 넘쳐난다고 생각하는 사람이 많았다.

가짜 뉴스의 시작

틀린 생각이 아니었는지도 모른다. 한 예로 1614년에 간행되어 유명했던 어느 소책자를 살펴보자. 그 제목이 자그마치 「진실과 경이: 기괴한 뱀 또는 용이 최근 발견되어 아직 살아 있으며 강력한 맹독으로 주민과 가축을 살육하여 큰 골칫거리를 안기고 있다는, 호샴에서 2마일 떨어진 서식스의 세인트레너드 숲에서 바로 이달, 1614년 8월에 일어난 사건 이야기」였다.

언뜻 생각하기에도 호샴은 용 사냥에 나서기에 그리 적합한 장소가 아니었다. 호샴이라고 하면 영국 남부의 작고 예쁜 소도시다. 사람들이 열차를 잘못 타서 남해안 휴양지로 가다가 보통 정신을 차리곤 하는 곳 아닌가. 영국에는 용이 숨어 있을 법도 한 울창하고 음침한 천연림이 많지만, 세인트레너드 숲은 아무래도 그런 숲과는 거리가 멀다.

그럼에도 아랑곳하지 않고 존 트런들이라는 출판업자는 그곳에서 키가 9척인 용이 나타났다는 "틀림없는, 엄연한 실화"를 당당히 게재했다. 용은 몸이 검은색과 붉은색 비늘로 덮여 있으며, 사람만큼 빠르게 달렸고, 마치 달팽이처럼 가는 곳마다 독으로 흔적을 남겼으며, 독을 20미터나 내뿜을 수 있어 그 독에 벌써 두 사람이 죽었다고 했다. 게다가 불길하게도 용의 양 옆구리에선 뭔가가 돋아나고 있었으니, 날개가 나고 있는 것으로 짐작된다고 했다.[28]

트런들은 당시 사람들이 뉴스라면 의심부터 하게 만든 출판업자의 표본이었다. 그는 아무리 봐도 쓰레기에 불과한 글을 오랜 세월 꾸준히 출판해 악명이 높았다. 황당하고 시선을 끌 만한 내용이면 무조건 출판했다. 그래서 논평가와 경쟁업자들에게서 비난을 숱하게 받았지만, 그렇게 선정적이고 엽기적인 이야기로 장사하는 출판업자들은 그 말고도 허다했다. 1617년에 한 소책자의 저자는 시중의 인쇄물을 맹비난하며 "하늘을 나는 뱀 따위의 허황된 낭설이라거나 사람을 잡아먹는 용, 사람들이 몸에 불이 붙지 않았는데 타죽은 사건, 죽은 자가 무덤에서 걸어 나온 사건 따위의 허황된 농간"이 넘쳐난다고 했다.[29] (그렇게 비판을 토해낸 소책자의 본문 내용은 "거대한 바다 괴물 혹은 고래"가 영국 남동부 에식스 해변에 떠밀려왔다는 소식이었다.)

17세기에 가짜 뉴스에 가장 불안해했던 이들은 다름 아닌 기득권 세력이었다. 기득권자들은 사람들이 뭐든 마음대로 찍어서 퍼뜨릴 수 있게 된 것이 마음에 들지 않았다. 잉글랜드에서 그 문제가 크게 불거진 것은 1600년대 말, 잉글랜드 내전(일명 '청교도혁명'—옮긴이)과 왕정복고를 치른 후 나라가 아직 혼란에서 벗어나지 못하고 있던 때였다. 인쇄기를 규제하는 법이 도입되면서 왕의 군대에 불법 인쇄기를 적발하기 위해 시설물을 수색할 권한이 주어졌다. 지배층이 골치 아프게 생각한 것은 인쇄물뿐만이 아니었다. '커피하우스'라는 이름으로 불리던 커피점도 눈엣가시였다. 메시지가 마음에 들지 않는다고 매체를 억압하려 한 전형적 사례라 할 만하다.

커피는 신문과 마찬가지로 공포의 신문물이었다. 1652년 한 그리스 출신 이민자가 런던에는 없던 커피하우스를 처음 차렸는데 순식간에 대성공을 거두었다. 비슷한 시설들이 곳곳에 우후죽순처럼 생겨났고, 수십 년이 채 지나지 않아 커피는 런던 시민의 일상에서 뺄 수 없는 한 부분으로 자리 잡았다. 사람들은 커피하우스에서 커피만 마시는 것이 아니라 정치 토론에 열을 올려 기득권층을 경악케 했다. 더군다나 일부 커피하우스는 그 과정에서 가짜 뉴스를 퍼뜨렸다는 혐의도 받고 있었다. 커피하우스를 이렇게 내버려둘 수는 없었다.

1675년 12월 29일, 더는 안 되겠다 싶었던 찰스 2세는 "커피하우스 금지에 관한 성명"을 발표했다. 내용 중에는 이런 문구가 있었다. "그러한 시설 내에서 그러한 이용자들이 갖는 모임으로 인해, 온갖 그릇되고 악의적이며 비방적인 소식이 만들어지고 널리 퍼짐으로써 영국 정부의 명예가 실추되고 왕국의 평온이 어지러워지고 있다."[30] 성명에 따라 잉글랜드와 웨일스의 모든 커피하우스는 단 12일 후인 1월 10일까지 강제로 문을 닫아야 했다. 카페인에 중독된 런던 각계의 명망가들은 곧바로 불만을 표출했다. 무슨 일이 있어도 커피만은 절대로 뺏길 수 없다고 했다. 찰스 2세는 한발 물러설 수밖에 없었고, 커피 금지령을 발효 예정일 며칠 전에 철회하고 만다.

1688년 10월, 이번에는 제임스 2세가 메시지에 초점을 두어 비슷한 시도를 다시 벌인다. 이른바 "허위 소식 전파 억제"에 관한 성명을 발표한 것이다. "허위 소식을 전파하는 자 또는 악의적인 중상모략을 자행하는 자", 특히 "사람들을 선동하고 부추겨 국왕 또는 정부 체제에 증오나 반감을 갖게 하고자 말글이나 매체를 발화 또는 출판하는 자"에게는 처벌을 내리겠다는 내용이었다.[31] 제임스 2세가 초조할 만도 했던 것이, 당시 네덜란드 함대가 잉글랜드를 침공하려고 준비 중이기도 했다. 그러나 허위 소식을 통제하려는 시도는 별 소득을 보지 못했고, 제임스 2세는 한 달 남짓 후 딸에게 쫓겨나 나라를 떠나야 했다('명예혁명'으로 불리는 사건 ─ 옮긴이).

1695년 무렵 잉글랜드의 인쇄업 허가제는 유명무실해졌고, 이는 언론사의 2차 폭증으로 이어졌다. 오늘날까지 계속되는 언론의 고질적인 문제들이 모두 등장한 것도 이때였다. 1734년《크라프츠 먼》은 벌써 언론의 구조적 문제점 한 가지를 간파하기에 이른다. 언론이란 서로 마구 베끼는 습성이 있어, 앞서 설명한 '개소리 순환 고리'를 형성하게 된다는 것이었다. "그릇된 정보가 한번 어느 신문 에 실리면, 사정을 잘 아는 누군가가 신속히 반박하지 않는 한 나머 지 신문에도 모두 실리는 게 보통이다."**32**

바다 건너 미국에서도 언론업이 흥하면서 사태는 더 악화되었다. 영국과 식민지 사이에 정보가 교류되면서 서로 뉴스를 베껴 쓸 기 회는 더 많아졌지만, 바다 건너에서 실제로 무슨 일이 일어나고 있 는지 확인한다는 것은 그리 쉽지 않았다. 영국에서나 미국에서나 서로에 대한 터무니없는 루머와 순전한 날조가 판을 쳤고, 그것이 또 상대편으로 넘어갔다가 다시 돌아왔다가를 거듭하면서 그때마 다 조금씩 더 부풀려졌다.

그러한 사례의 최고봉으로는 아마 '폴리 베이커' 이야기를 들 수 있을 것 같다. 부당함을 호소했던 한 여성의 법정 변론이 1700년대 중반 수십 년 동안 대서양을 이리저리 건너며 수없이 기사화되는 과정에서, 내용이 여러 차례 변형되고 그 역사적 맥락이 바뀌며 점 점 더 그럴듯한 메시지로 바뀌어간 사례다.

폴리 베이커의 이야기는 오늘날 우리가 보기엔 마치 누가 SNS 에서 잘 퍼지도록 꾸며낸 이야기 같다. 실제로도 18세기 나름의 방 식으로 성공리에 퍼져나갔다. 처음 기사가 실린 곳은 런던의《제너 럴 애드버타이저》지 1747년 4월 15일 자였다. 베이커라는 여성이 미국 뉴잉글랜드 코네티컷의 법정에서 변론한 내용을 그대로 옮겨

실은 기사였다. 베이커는 사생아를 낳은 혐의로 재판을 받고 있었는데, 처음도 아니고 다섯 번이나 같은 혐의로 법정에 선 상황이었다. 그러나 폴리 베이커는 부끄러워하기는커녕 당당했다. 자신은 사생아를 낳았다는 이유로 지금까지 여러 차례 유죄 선고를 받았는데 아이들의 아버지들은 하나같이 털끝만 한 처벌도 받지 않았으니, 그것이 어찌 공정한 처사라 할 수 있느냐고 했다. 그녀는 이렇게 말했다. "저는 생명의 위험을 감수하고 다섯 아이를 훌륭하게 출산했습니다. 그리고 혼자 힘으로 모두 먹여 살렸습니다. 남들의 손가락질을 견뎌야 했고, 오욕과 처벌을 감내해야 했습니다. 그러므로 제 좁은 소견으로는 저에게 채찍질을 내리실 것이 아니라, 저를 기리는 동상을 세워주셔야 마땅합니다."

기사의 도입부에 따르면, 그녀의 웅변이 어찌나 설득력이 강했는지 그녀에게 무죄판결이 내려진 것은 물론이거니와, 판사 중 한 명이 워낙 크게 감동해 바로 다음 날 그녀와 결혼했다는 것이다. 요즘 SNS에서 잘 공유되는 기사 제목 스타일로 적어보면 이렇게 될 것 같다. "한 여성이 소신 발언으로 여성 비하에 맞서 법정을 잠잠하게 만들었다. 그런데 그다음에 벌어진 일…… 충격."

누가 봐도 먹힐 만한 콘텐츠였다. 영국의 언론들은 베껴 쓰기 경쟁에 돌입했다. 이 베이커라는 여성의 이야기가《제너럴 애드버타이저》지에서 첫선을 보인 이튿날, 런던에서 다섯 개 이상의 신문이 같은 내용의 기사를 실었다. 기사는 곧 노샘프턴, 바스, 에든버러, 더블린 등 다른 도시의 신문으로도 퍼져나갔다. 몇 주 지나자 반응이 좀 굼뜬 시사주간지들도 기사를 게재했다. (그중 어느 언론사도 코네티컷까지 직접 가서 기사를 검증할 시간은 없었던 듯. 이번에도 '지리적 노력 장벽' 덕분에 거짓이 쉽게 퍼진 셈이다.) 이제 언론들은 기사를 베껴 쓰는 데 그치지 않고, 실수인지 고의인지 기사 내용을 조금씩 바꾸기 시작했다. 가장 특기할 만한 것은 《젠틀먼스 매거진》에 실린 기사로, 베이커가 판사와 결혼하는 것만으로는 좀 부족하다 싶었는지 두 사람이 슬하에 자녀를 열다섯 명 두었다고 선언했다. 언제 그 열다섯 아이를 다 낳았는지는 알 수 없었다. 사건의 시기 자체가 아리송하게 언급되어 있었다.

몇 달 후인 7월, 급기야 기사는 대서양을 건너 신문 시장이 태동하던 식민지 미국에 상륙했다. 보스턴에서 첫선을 보인 베이커 이야기는 해안을 따라 남하해 뉴욕과 메릴랜드로 전해졌다. 물론 미국 언론으로서는 이야기의 진위를 조사하기가 좀 더 쉬웠겠지만 누구도 그런 것에 신경을 쓴 흔적은 없는데, 사실 그리 놀랄 일은 아니다. 전화와 구글이 있는 오늘날도 어떤 사건이 '일어나지 않았음'을 확인한다는 것은 생각보다 까다로운 일이다. 하물며 나라 안에 신문이라곤 열두 개밖에 없고, 용감한 탐사 보도라는 개념이 나오려면 아직 100년도 더 남은 상황에서, 언론사들이 '우리가 굳이 그런 수고까지 해야 하나'라는 식이었다 해도 놀랄 일은 아닐 것이다. 당시 미국 언론에서 상대적으로 진보한 영국 언론의 기사를 받아 적는 것은 너무나 일반적인 관습이었다. 진위 확인을 가로막는 노력 장벽은 낮아졌을지 몰라도, 영국 언론의 명성을 등에 업은 암묵적인 권위가 그 자리를 대신해 확인 의지를 꺾었다. 이는 언론의 구조적 문제 몇 가지가 하나로 합쳐진 현상이기도 했다. 영국 언론이 믿을 만하다는 전제는 상상력 부족의 소산이었고, 이는 거대한 개소리 순환고리를 완성하는 데 이바지했다.

가짜 뉴스의 시작

그리하여 성차별적인 이중 잣대에 맞선 폴리 베이커의 외침은 아무런 후속 조치(가령 심층 취재라든지 허위 폭로)를 낳지 못하고, 조용히 집단의식 속에 자리 잡아갔다. 대중의 머릿속 어딘가에 각인되어 무언가 주장할 일이 있을 때마다 속담처럼 인용해 쓰는 일화가 되었다. 그 후 베이커 이야기는 수십 년에 걸쳐 수없이 등장한다. 신문, 잡지, 서적에 거듭 실렸고, 스웨덴어와 프랑스어로 번역되기도 했다. 평범한 개인이 부당한 법에 맞선 행동의 상징으로, 이신론理神論 신자들에게 큰 영향을 미치기도 했다. 이신론이라 하면 세상일에 개입하는 하느님의 존재와 교회의 자의적 권위를 부정하는 신학 사상으로, 프랑스 혁명과 미국 독립 혁명의 주요한 사상적 토대가 되기도 했다.

폴리 베이커의 이야기가 처음 세상에 알려진 지 20여 년 후에 다시금 큰 인기를 얻게 된 것은 바로 그런 역사적 배경에서였다. 이는 그 이야기의 진실이 마침내 밝혀지는 계기가 되기도 했다. 1770년, 폴리 베이커의 일화는 훨씬 더 통속극에 가까운 형태로 개작되어 어느 베스트셀러 프랑스 역사서에 소개되었다. 저자인 기욤 레날은 한때 가톨릭 신부였으며, 역사에 대한 이해는 짧았지만 정치적 선동에는 능한 사람이었다. (적어도 책의 일부는 본인이 쓴 것이 맞다. 다만 상당 부분은 좀 더 유능했던 철학자 드니 디드로 등 공동 필자가 썼다. 디드로는 폴리 베이커의 이야기를 좋아했던 것으로 보이므로, 책에 그 이야기를 수록한 사람은 디드로였을 가능성이 있다.)

혁명을 목전에 둔 프랑스의 열광적인 분위기 속에서, 뉴잉글랜드 입법자들의 압제에 저항한 폴리 베이커의 이야기는 프랑스 민중의 공감을 샀고 엄청나게 유명해졌다. 레날의 역사서는 정식판으로, 또 무허가판으로 판을 거듭했고, 폴리 베이커 이야기는 1770년 대부터 1780년대까지 여러 형태로 프랑스 매체에 실렸다. 그러다가 미국 독립 혁명이 한창이던 1777년 또는 1778년의 어느 날, 레날이 프랑스에 파견된 미국 공사를 방문할 일이 있었는데, 마침 미국 공사는 레날의 유명한 역사서에 관해 코네티컷에서 온 방문객과 이야기를 나누고 있었다.

그 자리에서 만난 세 사람 중 누구도 그 만남에서 어떤 일이 있었는지 기록을 남기지 않았다. 후에 미국 대통령이 되는 토머스 제퍼슨이 전해 들었다는 이야기가 전해질 뿐이다. 제퍼슨은 그 만남이 있은 지 몇 년 후에 그날 있었던 일을 들어서 알게 되었다고 한다. 역사라는 게 대부분 그렇긴 하지만, 조금 에누리해서 들을 필요는 있겠다.

대략 다음과 같은 일이 있었다고 한다. 두 미국인이 레날의 책이 얼마나 엉터리인지 이야기하고 있었는데, 마침 그때 뜻밖에도 레날이 방에 들어왔다. 코네티컷에서 온 사일러스 딘이라는 사람은 레날을 보자마자, 지금 막 레날의 책에 얼마나 오류가 많은지 이야기하고 있던 참이라고 해맑게 말해주었다. (참고로, 나도 책의 저자로서 독자에게 당부하자면, 인간적으로 그건 좀 그렇다. 예의가 아니다. 그런 얘기는 가벼운 잡담이라도 좀 나눈 다음에 꺼내자.) 레날은 자기 책에 오류는 전혀 없다며 맞섰다. 책에 적힌 사실들은 출처의 신뢰성을 모두 철저히 확인했다고 했다.

그러자 딘이 물었다. "그렇지만 폴리 베이커는요? 폴리 베이커 이야기도 실려 있던데, 그건 실화가 아닐 텐데요."

레날이 반박했다. "그렇지 않습니다. 그것도 완전히 확실한 출처가 있어요. 뭐였는지는 지금 생각이 안 나는데, 여하튼 있습니다."

그 순간, 미국 공사 벤저민 프랭클린은 더는 참을 수 없었는지 폭소를 터뜨리고 말았다.

30년 전에 폴리 베이커 이야기를 지어내 영국 신문에 실리게 만든 사람이 바로 그였기 때문이다. 그렇다. 벤저민 프랭클린의 날조 이력은 타이탄 리즈의 때아닌 사망 선언으로 그치지 않았던 것이다.

사실 타이탄 리즈 사건이 처음도 아니었다.

프랭클린이 언론업에 몸담으며 사기 행각을 벌인 역사는 1722년 10대 시절로 거슬러 올라간다. 발단은 형 제임스가 자기가 출판하던 신문《뉴잉글랜드 쿠란트》에 동생 벤저민의 글을 실어주지 않은 것이었다. 글솜씨를 뽐낼 기회를 빼앗겨 잔뜩 열받은 열여섯 살의 벤저민은 대범하게도, '사일런스 두굿'이라는 이름의 중년 과부를 창조해내 그녀의 이름으로 기사를 투고했다(니콜라스 케이지 주연의 「내셔널 트레저」라는 영화를 본 독자라면 알고 있는 사실일 것이다). 제임스 프랭클린은 필자의 신원을 짐작도 하지 못한 채 편지 열네 통을 신문에 실었고, 수많은 독자가 두굿 여사의 팬이 되었다. 그중 몇 명은 두굿 여사에게 청혼까지 했다.

첫 사기 시도를 보란 듯이 성공시킨 프랭클린은 기분 좋게 그다음 행각을 이어나갔다. 1730년에는 자신이 필라델피아에서 간행하던 신문《펜실베이니아 가제트》에 한 마녀재판에 관한 기사를 완전히 지어내서 실었다. 실제로는 당시 미국에서 수십 년간 이렇다할 마녀재판이 열린 적은 없었다. 그런 다음《가난한 리처드의 책력》으로 옮겨가서 ― 또다시 가상의 인물이 되어 글을 쓰면서 ― 불쌍한 타이탄 리즈를 죽은 사람으로 만든 것이다.

프랭클린이 사소한 장난질에도 얼마나 공을 들였는지 짐작할 수 있는 일화가 하나 있다. 1755년의 일인데, 한 도도한 영국 숙녀와의 논쟁에서 이기려는 목적 하나로, 실제로는 존재하지 않는 창세기 51장을 가짜로 완벽히 인쇄해 성서에 끼워 넣었다.[33]

프랭클린이 폴리 베이커라는 인물을 창조한 것은 혁명의 열기를 부추기려는 뜻은 전혀 없었다. 그저 재미 삼아 벌여본 일이라고 해야 할 것이다. 단순한 농담으로 시작했던 것이 그만…… 일이 좀 커진 것이다.

이 모든 사건은 대중매체의 초창기에 벌어진 일들이다. 우리에게 익숙한 모습의 언론 산업은 그 후 수십 년이 지나서야 본격적으로 등장한다. 그럼에도 그 시절의 여러 특징은 오늘날 우리에게도 낯설지 않다. 이를테면 뉴스를 검증하지 않고 아무 생각 없이 받아적는 관행, 불신과 맹신이 불안하게 뒤섞인 독자들의 태도, 너무 그럴싸해서 의심스러운 기사도 잘만 퍼져나가는 현상 등이 그것이다. 이후 언론 산업이 덩치를 계속 키우며 콘텐츠를 쏟아내는 거대 괴물로 변해가는 과정에서도 그러한 현상들은 한결같이 계속된다. 바로 다음 장의 주제다. 농담으로 시작한 일이 걷잡을 수 없게 커진 사태는 비단 폴리 베이커 사건뿐만이 아니다.

허위-정보의-시대

1835년 8월 초의 뉴욕시에는 호사가의 입에 오르내릴 만한 뉴스가 넘쳐났다.

우선 한 달 내내 폭염이 좀처럼 사그라지지 않았다. 맨해튼 중심가에 큰불이 나기도 했다. 노예제도를 둘러싼 논란에 휘그당과 민주당의 격렬한 대립까지 겹쳐 정치권의 갈등이 고조되고 있었다. 그해에는 최초로 미국 대통령 암살 미수 사건이 일어나기도 했다. 한편 과학 애호가들 사이에선 핼리혜성의 귀환이 임박했다는 예측으로 기대감이 들끓고 있었다. 그런가 하면 유명 공연장 '니블로스 가든'에서는 기이한 전시회가 열리고 있었으니, 나중에 다시 나오겠지만, 이는 훗날 흥행업자로 이름을 떨치는 P. T. 바넘이라는 야심찬 청년이 기획한 것으로 8월 10일 첫선을 보인 이래 센세이션을 일으키고 있었다.

뉴스거리가 넘쳐났을 뿐 아니라, 그런 뉴스들을 접할 수 있는 매체에도 큰 변혁이 일어났다. 뉴욕시에서는 지난 2년간 '페니신문 penny newspaper'이라 불린 1센트짜리 신문들이 앞다투어 창간되어 홍수를 이루고 있었다. 페니신문은 기존 신문과 차별되는 염가와 대중성을 앞세워 기삿거리와 독자를 놓고 서로 치열하게 경쟁했다.

한마디로, 그해 8월 초에는 사람들이 입에 올릴 만한 이야깃거리 가 넘쳐났다.

하지만 8월 말 즈음, 사람들은 오로지 달에 사는 박쥐인간 이야 기에 여념이 없었다.

이렇게만 말하면 달나라에 빨간 머리 박쥐인간만 살았던 것으로 오해할 수 있겠다. 그럴 리가 있겠는가. 달나라에는 그 외에도 생동 하는 복잡한 생태계가 구축되어 있었으니, 그중 몇 가지 예만 들자 면, 거대한 비버들이 두 발로 서서 새끼를 품에 안고 다녔고, 동그 란 공 모양의 양서류들이 드넓고 풍요로운 강과 호수를 쏜살같이 굴러다녔으며, 염소 얼굴을 한 조그만 파란색 유니콘들이 다홍색 꽃이 만개한 푸르른 초원 위를 즐겁게 노닐고 있었다.

달나라의 이 신비한 소식이 처음 전해진 것은 뉴욕의 《선》지를 통해서였다. 《선》은 8월 말에 일주일에 걸쳐 공개된 연작 기사에서 《에든버러 과학 저널》의 부록에 처음 실린 소식을 미국 독자들에게 전해주었다. 이 경이로운 달나라 모습은 위대한 영국 천문학자 존 허셜 경이 새로 개발된 강력한 배율과 해상도의 망원경을 이용해 남아프리카 희망봉에서 최근에 관측한 내용이라고 했다.

달나라 소식은 뉴욕시는 물론 전 세계에 큰 충격을 던졌다. 신문 사 편집실에 인파가 구름처럼 몰려들었고, 경쟁 신문들은 기사 받 아 적기 경쟁에 돌입했으며, 달나라 이야기가 사람들의 대화 주제는 물론 대중문화까지 점령했으니, 보도가 나온 지 한 달도 채 안 되어 그 이야기를 배경으로 한 연극까지 바워리 극장에서 초연되면서 엄청난 성공을 거두었다. 이 보도를 계기로, 창간한 지 고작 2년 된 《선》이 전 세계에서 가장 많이 팔리는 신문의 자리에 오른 것으로 추정된다.

그런데…… 너무 충격받지 말기 바란다. 그 모든 이야기는 단 한 개도 사실이 아니었다.

미안하다. 너무 심한 급반전이어서. 하지만 믿어주기 바란다. 과학자들이 아주 잘 확인해본 결과, 달에 황갈색 박쥐인간 따위는 살고 있지 않았다. 염소 얼굴을 한 유니콘 같은 것도 없었다.

1835년의 이 '엉터리 달나라 이야기'는 《선》지의 주장처럼 "최근 몇 년간 존 허셜을 긴밀히 보좌한 앤드루 그랜트 박사"가 쓴 글이 아니었다.[1] 그 기사는 영국에서 이민 온 리처드 애덤스 로크라는 청년의 작품이었다. 로크는 고작 두 달 전에 《선》지의 편집자로 채용된 사람이었다. 편집을 맡은 지 얼마 되지 않아 크게 한 건 터뜨린 것이다.

현대 언론 산업이 탄생한 시기와 장소를 역사 속에서 꼭 집어 말하라고 한다면, 1830년대 중반의 뉴욕이야말로 좋은 정답 후보일 것이다. 이 시기 이전의 신문들은 오늘날 우리가 사서 보는—아니 가끔 웹사이트에 찾아가서 읽는—신문과는 매우 달랐다. 우선 거의 사치품에 가까워서 부유한 상인과 정치인 계층만을 대상으로 했고, 더 넓은 독자층의 관심을 끌려는 시도는 거의 없었다. 1830년대 초 뉴욕의 기존 신문들은 한 부에 값이 6센트였으므로, 한창 성장하던 도시인 뉴욕의 주민 대부분에게는 감당하기 어려운 가격이었다. 종이 한 장을 반으로 접은 네 면짜리였는데, 오늘날 신문에서 가장 귀하게 치는 첫 면과 마지막 면을 통째로 짧은 광고에 할애하여 보일락 말락 한 작은 글씨로 꽉 채웠다.

언론 재벌 루퍼트 머독이 20세기 중반에 영국 신문에 도입한 혁신 덕분에 영국의 신문 애호가들은 '3면page three'이라고 하면 반라의 여성 사진을 자동으로 떠올린다. 하지만 1830년대 초 뉴욕의 신문들은 3면에 지루한 정보를 죽 나열하는 게 보통이었는데, 이를테면 각국 환율이라든지 새로 입항한 선박 정보 같은 것이었다. 즉, 상인들에게는 귀중한 정보였지만 성적 취향이 굉장히 독특한 사람이 아니고서야 선정적으로 느낄 구석이 전혀 없었다. 실제 뉴스 기사는 죄다 2면으로 밀려났는데, 2면이라면 오늘날 신문에서는 '사람들이 잘 안 읽는 내용'을 싣는 면이다.

아무리 봐도 '이 신문을 사시오!' 하고 외치는 듯한 구석은 없었다. 하지만 이렇게 매력 없는 모양새가 신문 판매에 별문제가 되지 않았던 것이, 이 신문들은 거리 판매가 아니라 주로 구독에 의존했다(가판대라는 것 자체가 없었다). 또 후원에 크게 의존했는데, 특히 정치적 후원에 의존했다. 당시는 미국 언론 역사에서 이른바 '당파지party press' 시절이 저물기 직전이었다. 다시 말해 그때까지는 대부분의 언론사가 대놓고 특정 정파 지지자에게 소유되어 있거나, 특정 정치인이 베푸는 특혜에 의존했다. 이를테면 정치인을 전폭적으로 밀어주는 대가로 돈 되는 정부 계약을 수주한다거나 하는 식이었다.

이는 좋게 말하면 '신생국 미국 앞에 가로놓인 중대한 정치문제에 관해 대중의 열렬한 토론을 이끄는' 결과를 낳았고, 좀 덜 좋게 말하면 '한 무리의 자기우월증 환자들이 사실 여부는 아랑곳하지 않고 서로 욕지거리만 퍼붓는' 광경을 낳았다.

그 '열렬함'이라는 것이 실제 물리적인 행동으로 번지는 경우도 적지 않았다. 1835년의 뉴욕은 오늘날의 화려한 대도시와는 많이 달랐다. 유리로 지은 마천루 같은 건 당연히 없었고, 집 나온 돼지들이 똥 덮인 거리를 돌아다녔다. 그럼에도 오늘날 뉴요커들에게 익숙한 특징 몇 가지는 그때부터 있었다. 여름만 되면 악취가 코를 찌른다거나, 제대로 된 지하철이 없다거나, 소수의 유력 언론인들이 자기들끼리의 개인적 감정을 엉뚱하게 비화시키곤 한다는 것 등이었다.

당시 신문 편집인이라고 하면 그가 편집하는 신문과 거의 같은 존재로 여겨졌다. 그도 그럴 것이 그 시절 편집인은 그 신문에 실리는 글 대부분을 써냈다. 지금은 기자의 역할(나가서 뉴스거리를 찾아오는 일)과 편집인의 역할(사무실에 앉아 스파이더맨 사진을 가져오라고 호통치는 일)이 다르지만, 그때는 아직 명확히 구분되지 않던 시절이다. 그러다 보니 정치적 성향이 다른 매체들 사이에는 사적인 감정의 골까지 깊은 경우가 많았고, 경쟁 관계의 편집인 둘이 길에서 마주치기라도 하면 서로 흠씬 두들겨 패주는 것이 보통이었다. 한 편집인은 일주일 동안 세 번이나 같은 경쟁업자에게 폭행을 당하고 나서 권총을 가지고 다니기까지 했다.

이렇게 갈등이 첨예하던 상황에서 1833년 뉴욕의 《선》지가 부상해 언론 산업의 풍경을 완전히 바꾸어버린 것이다. 《선》을 비롯해 이른바 '페니신문' 시대를 연 신매체들은 그야말로 획기적인 전략을 취했다. 신문 한 부의 값은 종전의 6센트에서 파격적으로 인하된 1센트였다. 구독과 후원에 의존하지 않고 독립적인 행보를 했으며, 판매는 길거리에서 그날의 머리기사를 외치는 신문팔이 소년들이 맡았다. 판매 부수가 획기적으로 늘면서 돈은 주로 광고로 벌었다. 이제 신문은 소수 특권층의 전유물인 고급 특화 상품이 아니었다. 대중의 관심에 어필하는, 대중 영합적인 매체였다. 그리고 무엇보다도, 독자 수에 절대적으로 의존한 매체였다.

다시 말해 《선》지는 물량 위주의 사업 모델에 착안한 것이다. 그 후 170년 동안 언론업계는 거의 한결같이 그 모델을 택해왔다. 수십 년 전 헤지펀드의 자산 수탈과 인터넷의 출현으로 호시절이 지나갈 때까지 그 모델은 계속되었다. (잠깐 딴 얘기를 하자면, 최근 언론업계는 이전 모델로 필사적으로 복귀 중이라는 관측이 많다. 소수의 엘리트 독자층에 구독형 상품을 팔거나, 권력을 갈구하는 특정 집단의 후원에 의존하는 형태로 바뀌고 있다는 것이다. 어느 쪽이건 간에 재미있는 현상이 아닐 수 없다.)

《선》은 범죄, 재난, 휴먼 드라마야말로 사람들의 관심을 끈다는 공식을 발 빠르게 도입하여 사상 유례없는 판매고를 올렸고, 이는 향후 긴 세월 동안 불패 공식으로 자리 잡는다. 1835년 8월 초에는 판매 부수 26,000부를 기록했다고 하는데, 《선》지가 등장하기 전까지 아마 세계 최다 판매 신문이었을 런던의 《더 타임스》를 가뿐히 뛰어넘는 숫자였다. 그러한 기록이 가능했던 데는 아무래도 8월 12일에 일어난 대화재의 공이 컸을 것이다. 맨해튼 중심가 인쇄소 밀집 구역의 상당 부분을 휩쓸어간 큰불은 《선》지의 판매 부수에 두 가지 면으로 보탬이 되었다. 독자들의 관심과 흥미를 끄는 훌륭한 뉴스거리를 제공했을 뿐 아니라, 고맙게도 《선》의 가장 강력한 경쟁사였던《모닝 헤럴드》의 인쇄소를 태워버렸기 때문이다. 《선》지처럼 혜성같이 나타난 페니신문《모닝 헤럴드》는 당시 창간한 지 고작 3개월 된 신생 신문이었다.

바야흐로《선》지가 또 한 번 돌풍을 일으킬 최적의 조건이 무르익어 있었다. 그러나 '달나라 인간' 이야기의 시작은 소박했다. 8월 21일 금요일 자 신문 제2면에 "천체 발견 소식"이라는 제목 아래 짧은 문단 하나가 실린 게 다였다. 희망봉에서 존 허셜 경이 "혁신적 원리로 제작된 거대 망원경을 사용해 더없이 경이로운 천문학적 발견"을 해냈다는 내용이었다.

그 짧은 기사는 요즘 말로 하면 티저 예고편이었다. 본격적인 기사가 공개된 것은 며칠 후인 8월 25일 화요일부터였다. 하지만《선》지는 여전히 뜸을 들이며 밑밥부터 깔았다. 절대 가장 충격적인 내용은 터뜨리지 않았다. 첫 회분 기사는 거의 따분할 정도였다. 7톤짜리 렌즈를 장착했다는 '거대 망원경'의 작동 방식을 설명하는 내용이 주를 이루었다.

그런데 이 전략이 주효했다. 만약 첫 기사가 "충격! 달에 박쥐인간 살아"로 나갔더라면 의심의 눈초리를 피할 수 없었을 게 뻔하다. 대신 진지한 분위기로 권위 있는 학술지《에든버러 과학 저널》에 실린 내용을 옮겨 싣는 형식을 취하면서 뭔가 상당히 그럴듯한 분위기를 풍겼고, 독자들은 계속 다음 기사를 기대했다.

이튿날인 수요일, 드디어 달나라의 신비가 공개되었다. 달에 동물과 식물이 넘쳐난다는 놀라운 소식이었다. 양귀비꽃을 닮은 붉은색 꽃이 들판에 피어 있고, 양서류가 공처럼 굴러다니고, 염소처럼 생긴 파란색 유니콘이 있다고 했다. 하지만 셋째 날 기사는 한술 더 떴다. 자그마치 직립보행하는 비버가 관측되었는데, 어느 정도 지능을 갖춘 게 틀림없다고 했다. 비버들은 "마치 사람처럼" 새끼를 품에 안고 다녔으며, "웬만한 미개인 부족보다 더 크게 잘 지은" 오두막에 살았다.

이쯤 되니 이미 기사는 선풍적 반응을 일으켰다. 그러나 8월 28일 금요일에 선보인 네 번째 기사는 세상에 더 큰 충격을 안겼다. 달에 무려 박쥐인간이 살고 있다는 사실이 공개된 것이다. 기사에 따르면 허셜은 생명체의 이름을 '베스퍼틸리오 호모'라고 붙였다. '인간박쥐'라는 뜻이었다. 키는 "약 1.2미터"에, 몸은 "윤기 나고 짧은 구릿빛 털"로 덮여 있으며, 황색 얼굴은 "큰 오랑우탄보다 약간 더 나은 수준"이라고 했다. 무엇보다 큰 특징인 날개는 "얇은 막으로 이루어졌고 (…) 등에 아담한 크기로 달려 있으며 어깨 위부터 종아리까지 이어져 있다"라고 했다.

이 인간 비슷한 생명체들은 날아다닐 수 있을 뿐 아니라, 지능까지 대단히 높은 것이 틀림없었다. "서로 대화를 나누는 것이 분명"하고, "손동작은 열렬하고 간곡해 보였다"라고 했다. 이렇게까지 해도 관심을 안 보이는 독자가 혹시 있을까 봐 그랬는지, 기사의 필자는 다음 설명을 덧붙였다. "우리는 암컷과 수컷으로 나뉘는 이 생명체들의 습성을 계속 관찰하던 중 괄목할 만한 결과를 얻었으니, 이는 허셜 박사가 본인의 저작을 통해 직접 대중에 공개해야 마땅하다고 생각한다. (…) 그들은 비록 우리 지구인의 예절 개념에는 부합하지 않는 유희를 일부 즐기고 있긴 하나, 천진무구한 생명체들인 것만은 틀림없다." 그리고 기사에서 그 '유희'를 묘사한 부분은 누가 봐도 검열하여 삭제한 것처럼 처리되어 있었다.

맞다. 빙빙 돌려 말했지만 무엇을 말하는지는 명백했다. 달나라의 박쥐인간들이 섹스를 했다는 것이었다.

충격의 정점을 찍은 금요일 자 기사에 이어진 마지막 두 회분의 기사는 다소 김빠지는 감이 있었다. 그래도 이미 완전히 낚여든 독자들의 관심을 지속시키기엔 충분했다. 토요일 자 기사는 달 위에 사파이어로 거대하게 지은, 신전 모양의 경이로운 건축물을 소개했고, 일요일 하루를 쉬고 이어진 월요일 자 기사는 박쥐인간 중에서도 발달된 변종을 선보였다. 그 우월한 박쥐인간들은 "이 풍요로운 골짜기에 사는 동물 중 가장 고도화된 형태"로서, 둥글게 모여 앉아 대화를 나누는 모습이 관찰되었으며, "이전에 관찰된 개체들보다 키가 크고, 피부색이 옅으며, 어느 모로 보나 더 발달된 변종"이라고 했다.

그렇다. 달나라 박쥐인간 이야기가 처음 나오고 단 나흘 만에, 극도로 인종차별적인 언급이 나온 것이었다.

《선》지 편집실에는 인파가 몰려들어 새 소식을 내놓으라고 성화했고, 인쇄기를 아무리 빨리 돌려도 신문이 없어서 못 팔 지경이었다.

대중은 정보를 갈구했을 뿐 아니라 허위 정보 재생산에도 적극적으로 가담했다. 거짓 기사를 쓴 필자 로크의 친구였던 윌리엄 그리그스의 말에 따르면 당시 일부 사람들은 "지칠 줄 모르는 맹신"에 빠진 나머지, 기사를 뒷받침하는 증거라며 뭔가 주장을 내놓기도 했다고 한다. "고급 퀘이커 예복 차림의 대단히 점잖아 보이는 노신사"는 허셜의 망원경을 직접 보았다고 주장했다. 런던의 동인도 부두에서 정박한 배에 실리는 모습을 보았다는 것이었다. 또 "무엇 하나 부족해 보이지 않는 외양"의 신사는 자신이 《에든버러 과학 저널》에 실린 보고서의 원본을 가지고 있다며,《선》지에 실린 내용은 정확하다고 주장했다. 그리그스는 사람들의 이런 행위를 가리켜 "자발적 기만"이라 불렀다.[2]

《선》의 발행인 벤저민 데이는 약삭빠르고 사업 감각이 좋은 사람이었다. 돈 벌 기회를 놓치지 않았다. 기사 연재가 끝나기도 전에 그 내용을 따로 소책자로 내서 한 부에 12.5센트를 받고 팔았는데 순식간에 수만 부가 팔려나갔다. 달나라 생명체들을 묘사한 그림을 화가들에게 의뢰하기도 했다. 또 새로 개발된 증기 구동 인쇄기를 사들여 앞으로는 신문이 없어서 못 파는 일이 없게 했다. 뉴스의 산업화 시대가 열리는 순간이었다.

당시 사람들이 달나라 허위 기사를 널리 믿었음은 의심할 여지가 없는 듯하다. 뉴욕 시민들이 당시에 적은 일기를 보면 의심을 표한 경우는 거의 없어 보인다. 당시에 쓰인 여러 글을 보아도 사람들 대부분이 그 기사에 속아 넘어갔다고 되어 있다. 작가 에드거 앨런 포도 훗날 이렇게 적었다. "믿지 않는 사람은 열 명 중 한 명도 되지 않았다. (…) 버지니아의 어느 대학에서 수학을 가르치던 근엄한 교수도 내게 진지하게 말하기를, 그 모든 이야기의 진실성을 전혀 의심하지 않는다고 했다."[3] 포 본인은 당시 그 기사에 엄청나게 분개했는데, 속아서 그런 건 아니었다. 자신도 바로 몇 달 전에 달나라 여행에 관한 거짓 기사를 써서《서던 리터러리 메신저》지에 실었고, 한창 속편을 기획하고 있었는데 그만《선》의 야심작에 보기 좋게 완패한 것이다.

그러나 결국은 의심을 공공연히 표하는 사람들이 생겨났다. 거의 제일 먼저 나선 사람이 제임스 고든 베넷이라는《모닝 헤럴드》의 편집인이었다. 그는 《선》의 거짓 기사가 처음 나오고 일주일 동안은 그냥 두 손 놓고 바라만 보아야 했다. 그달 초에 났던 화재를 복구하느라 아직 신문을 발간할 수 없는 상황이었으니, 경쟁사가 승승장구하는 것을 보고 이를 부드득 갈았을 법하다.

그러던 8월 31일 월요일, 《헤럴드》지는 마침내 신문 발간을 재개했다(그리고 이름에서 '모닝'을 뺐다).[4] 베넷은 즉각 맹공격에 나섰다. "천체 관련 농간의 전말"이라는 제목의 기사를 내고, 특히 《에든버러 과학 저널》은 이미 2년 전에 폐간되었으니 기사의 출처가 될 수 없다고 지적했다. 그리고 몇 주에 걸쳐 비판을 이어가며 《선》지를 가리켜 "대단히 부도덕하고 무도할뿐더러 사실상 뻔뻔한 사기에 다름 아닌" 행위를 벌인 것이며, "돈을 벌려고 허위 사실을" 찍어낸다고 비난했다.

(독자가 혹시 궁금해할까 봐 첨언하자면, 영국 영어에서 '이런 망할' 정도의 뜻으로 쓰이는 속어 '고든 베넷Gordon Bennett'의 기원은 이 사람이 아니다. 그렇지만 관련은 있다. 그 속어의 기원이 된 주인공은 바로 이 사람의 아들, 제임스 고든 베넷 2세다. 아들 베넷은 《더 뉴욕 헤럴드》라는 이름으로 후에 유명해진 신문의 발행인 자리를 아버지에게서 물려받았다. 그런데 망나니짓과 기행을 어찌나 밥 먹듯 했는지 이름이 결국 그런 뜻이 되고 말았다.)

베넷의 비난은 맞는 말이었을까? 《선》은 순전히 돈 벌 생각으로 허위 사실을 유포한 것이었을까? 물론 로크가 그런 걸출한 허위 기사를 쓸 생각을 하기까지는 판매 실적의 압박이 상당히 작용했을 것이 틀림없다. 또 발행인 벤저민 데이는 기사가 일으킨 선풍을 등에 업고 한 푼이라도 더 뽑아내려고 혈안이 되었던 것도 맞다. 하지만 로크에게는 다른 동기도 있었던 것으로 보인다. 훗날 본인이 허위 기사를 썼음을 시인하면서 설명한 바에 따르면, 자신이 그런 거짓 이야기를 썼던 이유는 다름 아니라 거짓말쟁이들이 너무나 짜증스러웠기 때문이라고 했다. 그 기사는 독자를 속이려고 쓴 것이 아니라, 당시 인기를 끌던 '자연신학'의 패러디였다는 것이다. 자연신학은 하느님의 계획을 탐구하는 데 있어 과학의 역할을 부수적인 것으로 폄하했기에 과학 신봉자이자 지질학과 천문학의 애호가였던 그로서는 그런 사고방식에 경악을 금할 수 없었다. 그래서 그 사기성을 만천하에 드러내고 싶었다는 것이다.

로크는 딱히 거짓부렁이를 퍼뜨릴 생각은 없었다. 엄청 공들여서 농담을 했는데 이해한 사람이 거의 없었을 뿐이다.

안타깝게도 그 농담은 그에게 부메랑으로 돌아오고 만다. 로크는 여생을 '달' 그림자에서 벗어나지 못했다. 1년 후에 《선》에서 새 신문사로 자리를 옮겨, 보다 세상에 이로운 일을 해보려고 했지만 실패했다. 거기서 몇 년을 다니다가 또 한 번 장난 기사를 썼는데, 멍고 파크라는 스코틀랜드 탐험가의 사라진 일기장에 관한 내용이었지만 아무도 관심을 보이지 않았다. 사람들은 로크가 쓴 글이라면 의심부터 했다. 로크는 점점 폭음을 일삼았다. 결국 달나라 기사를 쓴 지 10년이 안 되어 언론계를 떠났고, 그 후 30년간 관세청에서 일하며 조용히 여생을 보냈다.

그러나 그의 유산은 오늘날까지 이어지고 있다. 신문사들의 판매부수 경쟁, 뉴스 유통의 산업화, 정확성보다 자극성을 추구하는 경향. 모두 그 후 200년 가까이 언론업계를 지배해온 요소들이다. '농간 박물관The Museum of Hoaxes'이라는 이름의 훌륭한 인터넷 사이트에 따르면, 로크의 달나라 연작 기사는 "대중매체의 위력을 진정으로 센세이셔널하게 보여준 최초의 사건"이었다.[5]

그리고 언론인의 농담으로 시작했던 것이 일이 커져버렸다는 점에서는 앞서 소개한 프랭클린의 경우와 같았다. 물론 그런 사건이 이번이 마지막도 아니었다.

이쯤에서 내 개인적 관심사를 털어놓아야 할 것 같다. 나 역시 언론인이면서, 농담을 했다가 일을 키워버린 경험이 있다. 나는 한편으로는 뉴미디어의 별난 특성 덕분에, 다른 한편으로는 《버즈피드》의 너그러운 편집장들 덕분에 두 가지 임무가 섞인 좀 혼란스러운 업무를 여러 해 동안 맡았다. 우선 언론인으로서 인터넷에 퍼지는 허위 정보를 가려내 보도했고, 언론사의 부도덕한 행위를 폭로했으며, 러시아 정부와 연계된 봇(bot: 인터넷과 SNS상에서 자동화된 작업을 실행하는 프로그램— 옮긴이) 계정을 추적하기도 했고, '홍수에 잠긴 도심 속을 헤엄치는 상어'의 포토샵 조작 사진을 수없이 가려내기도 했다. 그런가 하면 유머 작가로서 가공의 사건을 전하는 패러디 뉴스를 정성 들여 제작하기도 했다.

그런데 그렇게 패러디를 만들어놓으면 진짜로 받아들이는 독자들이 아무리 소수일망정 꼭 있었다. 아픈 경험을 통해 나름대로 깨달은 사실인데, 그건 도무지 피할 방법이 없다. 재미가 좀 없어지는 걸 감수하고 "여러분, 이거 다 농담입니다"라는 문구를 여기저기 박아놓으면 모를까. 아무리 뻔하디뻔한 농담도 사실로 착각하는 사람이 꼭 있다. 한번은 말도 안 되는 소리를 트위터에서 공유하는 사용자들 이야기를 지어내서 올렸는데 트위터 사용자들이 1년 후에 그걸 실화인 양 공유하고 있을 때도 있었다. 사람이 살다 살다 그렇게 허탈한 경우도 많지 않을 것이다.

그런 점에서 이 기회를 빌려 처음으로 BBC 앵커 닉 로빈슨 씨에게 공개적으로 사과를 드리면서 동시에 분명히 밝혀두고자 한다. 로빈슨 씨는 데이비드 캐머런 전 총리와 이튼 칼리지를 같이 다닌 적도 없고, "난 가난한 사람들이 싫어"라는 발언을 하여 녹취된 일 따위도 전혀 없다.[6] 그건 농담이었다. 정말이다. 그걸 사람들이 앞뒤 맥락 다 잘라먹고 트위터에 올릴 줄은 몰랐다.

어쨌거나 나는 그런 이력을 가지다 보니, 상반된 언론관을 동시에 갖고 있기도 하다. 언론인이라면 누구나 그렇듯 나 역시 언론이 숭고하고 용감한 사명을 맡고 있다고 굳세게, 당당하게 외친다. 언론이야말로 민주사회를 떠받드는 기둥이자, 진실을 드러내고 권력자에게 책임을 묻기 위해 꼭 필요한 수단이라고 믿는다. 빈말이 아니다. 세계 곳곳에서 부정을 폭로하고 암흑 속에 한 줄기 빛을 비추려는 일념으로 구금과 파멸과 죽음마저 무릅쓰는 동료 언론인들의 모습은 내게 매일같이 감화를 준다. 그들은 영웅이다.

그러나 다른 한편으로는, 언론업계가 내놓는 보도의 상당 부분은—비록 정도의 차이는 있지만—헛소리라는 것도 잘 알고 있다.

그런데 어느 정도는 그럴 수밖에 없는 게, 사실관계를 파악해 빠듯한 마감 시한에 맞춰 글로 써낸다는 것이 꽤 힘든 일이다. 그렇다고 꼭 탄광 노동처럼 힘든 일은 아니고, 말하자면 이런 식이다. 건초더미 속에서 바늘을 찾아야 하는데, 건초더미는 태풍에 휘날리고, 건초더미 속에 애초에 바늘이 있긴 있는지 확실치도 않고, 농부는 건초더미 관련 질문은 모두 변호사에게 하라고 하는데, 로이터 기자는 이미 두 시간 전에 와서 바늘 가족의 독점 인터뷰를 따낸 그런 상황을 생각하면 된다.

한마디로 인간사란 본래 어수선하고 난잡해서, 아무리 작은 사건이라도 몇 시간 안에 진상을 파악해 800단어로 깔끔하게 압축해낸다는 건, 솔직히 말해 생각만큼 쉽지 않다.

이 점을 더없이 잘 보여주는 사례가 바로 1904년 뉴욕의 어느 아파트에 뱀 한 마리가 난데없이 출현했다는 사건 이야기다.

우선 분명히 해두자면, 이 사건은 역사적으로 그리 중요한 사건이었다고는 할 수 없다. 정권이 무너진 것도 아니고, 민중 항쟁을 촉발한 것도 아니며, 역사에 발자취를 남기지도 않았다. 뮤지컬로 만들어진 적도 없다. 사건의 유일한 희생자인 뱀은 기사가 활자화되기 한참 전에 이미 죽고 없었다.

뱀이 출현한 곳은 맨해튼의 음침한 우범지대, 이스트 33번가 22번지의 어딘가 불길해 보이는 아파트였다(세월이 흐른 후 그 주소에는 사무실이 들어섰고, 앤디 워홀의 작업실 '팩토리'가 한때 위치하기도 했다).

한 사내아이가 못 보던 장난감을 가지고 노는 모습이 가족들의 눈에 띄었다. 무슨 장난감인가 하고 들여다봤더니, 살아 있는 뱀이었다.

가족들은 당연히 기겁했고, 신속히 뱀을 찍어 죽였다. 그러고는 죽은 뱀을 들고 몇 블록 떨어진 허름하고 꾀죄죄한 동네 경찰서로 갔다. 아마 그곳 경찰이 이색적이고 감동적인 기삿거리가 있다며 신문기자에게 제보하였으리라 추측된다.

이 사건이 기자들의 관심을 끈 것은 이상할 게 없다. 지역신문에는 원래 그런 류의 기사가 실리니까. 하지만 이 사건이 우리의 관심을 끄는 이유는 그다음에 벌어진 일이다. 이 사건을 여섯 신문이 보도했는데, 단 한 가지 사실도 똑같이 보도한 신문이 없었다.

이 사소한 사건을 놓고 당시 언론들이 얼마나 각양각색의 오보를 냈는지 그 실태를 파헤친 학자가 있다. 언론인 출신이자 뉴욕 컬럼비아대학교 언론대학원의 역사학 교수인 앤디 터커다.[7] 그의 연구에 따르면,《선》,《헤럴드》,《더 타임스》,《트리뷴》,《월드》,《아메리칸 앤드 이브닝 저널》의 여섯 신문이 제각기 다른 정보를 형형색색의 색종이처럼 뿌려댔다.

뱀의 길이(3피트에서 5피트까지 다양), 뱀의 색깔(황색, 갈색, 녹색, 흑색, 다양한 색의 점박이), 아이의 나이(3세, 4세, 5세, 기타), 아이의 이름(피에어, 앨버트, 젤트럽, 걸트렙, 블랜페인), 뱀의 주인으로 추정되는 이웃집 사람의 성명(이름이 구스타브라는 것은 일치했지만, 성은 허틸랜드 아니면 스벤슨이라고 했는데 실제로는 둘 다 아니었음) 등 서로 일치하는 보도가 하나도 없었다. 그뿐 아니라 가족 중 누가 뱀을 죽였는지(아이의 아빠, 할아버지, 삼촌, 보모), 무슨 도구를 썼는지(부엌칼, 긴 칼, 삽, 망치), 뱀을 몇 조각냈는지도(두 조각 또는 무수히 많은 조각) 이야기가 다 달랐다.

한마디로, '뱀이 나타났다'는 것 말고는 확실한 게 하나도 없었다.

이 이야기는 당시 뉴욕의 19번 관구를 담당했던 기자들을 흉보려는 것이 아니라, 인류 역사상 '사실'과 '보도'는 따로 놀 때가 많았음을 잘 보여주는 사례로 든 것이다. 애초에 이 보도는 다른 보도에 비하면 문제가 생길 만한 요인도 거의 없었다. 관련 인물 중 누구도(뱀의 출처로 지목된 이웃 주민 구스타브 정도를 제외하면) 진실을 왜곡해야 할 동기가 없었으니까. 진실을 은폐하려는 이도 없었고, 영화를 홍보하려는 이도 없었고, 뱀을 정치적 구실로 삼아 제3세계 국가를 침공하려는 이도 없었다.

물론 위의 부정확한 기사 중 일부는 기자가 좀 게을렀거나, 무능했거나, 아니면 운이 안 좋아서 그렇게 된 것도 있을 것이다.

하지만 한편으로 생각해보면, 다들 평소에 늘 하던 식으로 최선을 다해 쓴 기사인지도 모른다.

요즘은 '가짜 뉴스fake news'라는 말이 어디서나 흔히 들린다. 그리고 그 말뜻도 단기간에 어이없이 바뀌어버렸다. 원래는(2016년까지) '클릭을 유도하기 위해 뉴스처럼 가장한 허위 기사'를 뜻했다면, 지금은(2017년부터) '정치인에 관한 내용인데 그 정치인의 마음에 들지 않는 모든 글'을 뜻하고 있다(2017년은 트럼프 대통령이 임기를 시작한 해—옮긴이). 그렇지만 'fake'라는 단어가 언론 분야에서 의미가 바뀌어버린 건 이번이 처음이 아니다. 그 단어가 언론계에 처음 등장했던 19세기 말에서 20세기 초 사이에도 아주 비슷한 일이 일어난 적 있다.

보통 '날조, 위조, 가장'을 뜻하는 'faking'이라는 단어는 그 이전까지 주류 담론에서 다루어지는 개념이 아니었다. 기껏해야 도둑, 사기꾼, 배우 등 일부 불미스러운 직업군에서 쓰이는 은어였을 뿐이다. 앞서 뱀 기사를 연구했던 언론사학자 터커에 따르면,[8] 그 용어는 1880년대 말 바야흐로 새로운 직업군으로 발돋움하고 있던 언론인 업계에 상륙했다. 그런데 그 말뜻이 꼭 나쁜 것만은 아니었다. '저지르면 업계에서 매장당하는 죄악' 같은 개념이 아니었다. 몇몇 연구자들에 따르면 'faking' 즉 '꾸며내기'는 언론인의 필수 능력으로 여겨졌다.

1887년에 창간된《더 라이터》라는 잡지가 있었다. 당시 급속히 늘어나던 '글쟁이'들을 대상으로 한 잡지였는데, 편집장 윌리엄 힐스는 신문이란 매체에 대해 높이 평가하면서, 신문기자는 "일을 잘하려면 훌륭하게 '꾸며낼' 줄 알아야 한다"라고 했다.[9] 이어서 몇 달후에는 "모름지기 기사란 어느 정도는 '꾸며내어' 작성될 수밖에 없다"라고 주장하면서,[10] 그 행위를 이렇게 설명하기도 했다. "상식과 건전한 상상력을 발휘해 중요치 않은 세부사항을 채워 넣는 것으로 (…) 그 내용은 사실에 의해 뒷받침되지 않을 수도 있으나, 기자의 심증에 부합한다." 그 목적은 기사를 보다 "생생하게" 만들어주는 것이라고 했다. 그리고 '꾸며내기'는 "엄밀히 말해 거짓말과는 다르다"라고 했다.

그 '중요치 않은 세부사항'이라는 게 과연 무엇인지 짐작해볼 만한 자료로, 1894년에 언론인 지망생들을 대상으로 나온 교본이 있다. 저자 에드윈 슈먼은 시카고의 언론인이었다. 언론학 학위란 게 없던 시절, 언론인 되는 법을 주제로 강의를 하기도 했다. 슈먼은 저서에서 이렇게 경고한다. "사소한 것을 피곤할 만큼 일일이 밝혀 지루하고 따분하게 만드는 실수를 피해야 하며, 여기서 사소한 것이란 이를테면 분초 단위의 시간, 기상 상태, 화자의 정확한 발언 내용 등이다."[11]

독자 중에 신문 편집자가 있다면 위의 마지막 항목에 경악을 금치 못할지도 모른다. 하기야 그 시절엔 주머니에 쏙 들어가는 녹음기라는 게 없긴 했다(당시에도 '구술 녹음기'라는 장치가 있긴 했지만 덩치가 거대했다). 하지만 아무리 그랬다 해도, 화자의 정확한 발언 내용이 '사소한 것'이라니!

이렇듯 그 시절에 '꾸며내기'는 예삿일이었다. 그렇게 하면 기자들은 마치 고뇌하는 소설가처럼 글솜씨도 발휘할 수 있었고, 경쟁사보다 특종을 한발 먼저 터뜨리는 데도 유리했다. 기자로서 특종을 빼앗긴다는 건 거짓말보다 훨씬 더 큰 죄였다. 편집자들도 재기 발랄한 원고가 술술 나오니 '꾸며내기'를 반겼다. 독자들도 그런 신문을 좋아했고 더 많이 구매했다. 너무 흥미로워서 의심스러운 기사를 아무리 연일 쏟아내도 누가 뭐라 할 사람은 없었다. 특히 벽촌이나 오지에서 온 소식이라서 사실 확인을 가로막는 '노력 장벽'이 너무 높으면 더욱 그랬다.

루이스 T. 스톤이라는 사람이 딱 그런 식으로 기자 생활을 했다. 스톤은 코네티컷주의 윈스터드라는 촌마을에서 태어나 죽 살던 야심 찬 청년 기자였는데, 그곳에서 써 보내는 기사를 여러 신문에서 어찌나 열심히 실어주었는지 단숨에 미국에서 알아주는 인기 기자가 되었다.

'윈스터드 거짓말쟁이'라는 별명으로 불린 스톤은 1895년부터 1933년 사망할 때까지 수십 년간 기자로 활동하며 말도 안 되는 헛소리를 꾸준히 생산해 편집자들의 마음을 사로잡았다.

그중에서도 눈에 띄는 기사 몇 가지를 꼽아보면 다음과 같다. 미국 독립기념일에 암탉이 붉은색, 흰색, 파란색 무늬의 알을 낳은 사건, 구운 사과가 열리는 나무, 유명한 곡조의 군가 「양키 두들」을 휘파람으로 부는 고양이, 암소가 손목시계를 삼켰는데 암소가 숨 쉴 때마다 태엽이 감겨 몇 년 동안 배 속에서 정확히 잘 가고 있었다는 이야기, 자기 머리에 거미를 그려 파리를 쫓은 대머리 남자……[12]

들기만 해도 황당한 얘기들인데, 더군다나 이게 다 같은 사람이 같은 촌마을에서 써 보낸 기사라면 누가 한번쯤은 의심을 했을 법도 하다. 이 스톤이라는 기자가 공갈을 치고 있거나, 아니면 가능성은 좀 희박하지만 윈스터드란 마을이 꿈과 환상의 요술나라이거나 둘 중 하나 아니겠는가. 이걸 곧이듣는 사람이 한 명이라도 있긴 했을까? 그런데 1940년에 이 기사들을 연구한 언론학자 커티스 D. 맥두걸의 주장에 따르면, "사실상 모든 사람"이 믿었다. "다만 예외적으로, 연륜 있는 편집자들은 스톤이 보낸 소식이라면 나중엔 다 의심했으나 판매 실적 때문에 그냥 기사를 싣곤 했다"는 것이다.[13]

의심을 받았든 안 받았든, 어쨌든 스톤은 승승장구했다. 대도시의 일자리 제안을 수없이 거절한 끝에 자기가 운영하는 지역 신문사의 총책임자가 되었다. 그는 황당한 뉴스를 마음대로 만들어낼 수 있는 시골 생활이 좋았다. 그가 죽자 마을 사람들은 엉터리 기사에 불평하기는커녕 "윈스터드라는 마을을 널리 알린" 그의 공로를 칭송하면서 다리 하나에 그의 이름을 붙여주었다. 다리가 놓여 있던 강의 이름은 공교롭게도 '서커 브룩Sucker Brook'이었다(sucker는 '호구'란 뜻이 있으니 우리말로는 '호구천'이라 할 수 있다—옮긴이).

스톤은 다리 하나에 이름을 남기고 구라쟁이 언론인의 전당에 이름을 올리긴 했지만, 후세 사람들에게 기억되는 작품을 남겼다고는 할 수 없다. 그와는 달리 오늘날까지도 회자되는 작품이 바로 19세기의 가장 주목할 만한 농간인, '잭 더 리퍼Jack the Ripper'의 전설을 낳은 편지들이다.

런던의 빈민가 화이트채플에서 일어난 이 연쇄살인 사건만큼 대중문화사에 길이 남은 유명인을 배출한 사건도 많지 않다. 연쇄살인범을 '대중문화사의 유명인'이라고 부른다는 게 유쾌하지는 않지만, 사실이 그러니 어쩌겠는가. 이 살인사건을 주제로 수많은 영화, TV 드라마, 소설, 노래, 만화, 전시회, 그리고 최소 한 편의 뮤지컬이 만들어졌다. 주말에 이스트 런던의 일부 구역은 걸어 다니기 힘들 만큼 인파로 붐비곤 한다. 이른바 '리퍼 투어'라는 것 때문이다. 음산한 밤거리에 어슴푸레한 그림자들이 출몰하는 오싹한 이야기를 아르바이트 배우들이 불경 외듯 읊조리고, 관광객들은 귀를 쫑긋 기울이며 눈앞의 펍 안에서 전자담배 연기로 묘기 부리는 사람들을 무시하려고 애쓴다.

　그러나 오늘날 '살인마 잭'과 그 희생자들에 대해 상식처럼 알려진 사실들의 대부분은 진실과 추측, 그리고 진실보다 흥미만 좇았던 당시의 보도가 막연하게 뒤섞여 만들어진 결과다. 최소한 다섯 건의 살인을 한 명의 살인마가 저질렀다는 통념조차 아마 예외가 아닐 것이다. '잭 더 리퍼'라는 인물 자체에 대한 속설이 거의 그렇다. 심지어 '잭 더 리퍼'라는 별명조차 말이다.

　'잭 더 리퍼'라는 이름은 1888년 9월과 10월에 런던의 중앙통신사Central News Agency에 접수되었다고 하는 세 통의 서신에서 비롯된 것이다. '디어 보스Dear Boss' 편지와 '음탕한 재키Saucy Jacky' 엽서, 그리고 '모아브와 미디안Moab & Midian' 편지다. 모두 붉은 글씨로 적혀 있고 ("예명만 알려준 것에 섭섭해 마시길"이란 문구와 함께) '잭 더 리퍼'라고 서명된 세 통의 서신은, 이후에 나온 모든 대중 스릴러 소설에서 경찰을 조롱하는 연쇄살인마의 기본 틀을 만드는 데 한몫했다. 우선 범행 동기를 밝혔고("나는 창녀가 싫어"), 향후 범행을 예고했으며("내 칼이 워낙 예리하고 잘 들어서 기회만 되면 바로 작업에 착수하고 싶어"), 범인을 체포하지 못하는 경찰을 조롱했고

("경찰이 나를 잡았는데 아직은 손봐주지 않을 거라는 이야기가 자꾸 들리더군"), 범행 기념품을 챙기는 오싹한 행위를 언급했다("적당한 붉은색의 것들을 진저비어 병에 좀 모아놓았지").

이 서신들은 어느 한 언론인이 만들어낸 작품이 거의 확실하다는 게 오늘날 전문가들의 중론이다. 스토리를 계속 이어나가려는 마음에서 그랬다는 것이다. 필적과 언어 분석으로 볼 때 동일한 사람이 쓴 것으로 추측되며, 그 장본인으로는 보통 프레드 베스트(프리랜서 기자로, 수십 년 후에 자기가 쓴 글이라고 자백했다고 하는데 그 출처가 매우 의심스럽다) 아니면 토머스 풀링이 지목된다. 풀링은 당시 중앙통신사에서 일하면서 문제의 서신들을 경찰에 전한 사람이다. 그런데 뭔가 의심스럽게도, 마지막 편지는 옮겨 적은 사본만을 전했다. 원본은 발견되지 않고 있는데, 그것만 봐도 '농간일 가능성이 큰 사건'으로 분류되기에 충분하다.

20세기에 들어서는 언론업계가 차츰 더 전문화되면서 일상적으로 기사를 꾸며내던 관습은 차츰 백안시되기에 이르렀지만, 그렇다고 완전히 사라진 것은 아니었다. 언론의 현대사는 저명한 기자들이 글을 대부분 또는 전부 지어서 쓴 게 발각된 사건들로 얼룩져 있다. 그때마다 언론계 내에서는 자성의 바람이 불고 다시는 그런 일이 재발하지 않도록 하겠다는 약속이 쏟아졌다. 그런 사건에 연루되었던 제이슨 블레어, 스티븐 글래스, 재닛 쿡 같은 이름들은 우리 귀에 익숙하다. 쿡의 경우는 여덟 살짜리 헤로인 중독자 지미의 이야기를 날조해 1981년 퓰리처상을 받았다. 2018년 12월, 독일의 《슈피겔》은 수상 업적에 빛나는 기자 클라스 렐로티우스를 해고했다. 렐로티우스는 미국의 멕시코 접경 지역에서 일어난 사건들을 완전히 날조해 보도한 것으로 드러났다. 지리상으로 거리가 좀 멀면 거짓말 확인이 어렵다는 사실을 이용한 또 하나의 사례라 할 수 있다.

그런 허위 기사 중에는 문화사에 큰 발자취를 남긴 것도 있다. 1977년작 영화 「토요일 밤의 열기」는 영화적·음악적으로 워낙 기념비적인 작품이고, 영화가 바탕으로 삼은 기사가 날조되었다는 사실이 후에 밝혀졌지만, 그러한 위상엔 큰 변화가 없다.《뉴욕》지에 "새로운 토요일 밤의 부족 의식"이라는 제목의 기사를 썼던 영국 언론인 닉 콘은 기사 전체가 지어낸 이야기였다고 후에 실토했다. 콘에 따르면, 자신은 미국의 생동하는 디스코 문화를 취재하려고 브루클린의 한 클럽으로 택시를 타고 갔다. 그런데 택시 문을 여는 순간 길거리에서 싸움질하던 한 남자가 콘의 다리에 토를 했고, 콘은 바로 택시 문을 닫고 맨해튼으로 되돌아 갔다. 그리고 미국의 생동하는 디스코 문화에 대해서는 그냥 지어서 쓰기로 했다. 영화에서 존 트라볼타가 연기한 주인공은 이탈리아 출신 이주민 노동자의 고된 삶을 적나라하게 보여주었지만, 그의 이야기는 사실 콘이 10년 전 런던에서 만난 크리스라는 모드족(1960년대 영국 청년들 사이에 유행한 도시적·반항적 문화—옮긴이) 청년에게서 들은 이야기였다.

콘은 2016년《가디언》과의 인터뷰에서 밝히길, 자신의 기사가 출간된 것에 놀라긴 했지만 충격받지는 않았다고 했다. "내가 보기엔 명백히 픽션으로 읽힌다. (…) 지금 같으면 절대 데스크를 통과하지 못할 기사다. 1960년대에서 70년대에는 사실과 픽션의 경계가 모호했다. 주간지 필자들은 픽션 작법으로 사실인 양 기사를 쓰기 일쑤였다. 그야말로 마음껏 자유롭게 썼다. 까다롭게 따지는 편집자는 거의 없었다. 거의 '묻지도 않고 얘기하지도 않는다'는 분위기였다."**14**

기자들이 이야기를 지어내는 것만이 문제가 아니다. 때로는 신문사가 농간에 넘어가기도 한다. 한 예로, 언론은 가짜 나치 이야기라면 사족을 못 쓰고 덜컥 걸려드는 경향이 있다. 가장 유명한 사례라면 물론 1983년의 히틀러 일기장 위조 사건이다. 나치 유물을 밀거래하던 어느 잡범의 작품이었는데, 여기에 독일의《슈테른》, 런던의《더 타임스》같은 근엄한 매체들뿐 아니라, 걸출한 역사학자 휴 트레버로퍼까지 넘어갔다. 또 하나 빼놓으면 섭섭한 사례가 영국《데일리 익스프레스》가 1972년에 터뜨린 특종이었다. 히틀러의 보좌관 마르틴 보르만이 남아메리카 모처에 살아 있다는 "반박할 수 없는 증거"를 입수했다는 내용이었다. 그 반박할 수 없는 증거란, 알고 보니 한 아르헨티나 교사의 사진이었다.《데일리 익스프레스》지에 그 정보를 제공한 사람은 라디슬라스 파라고라는 이름의 미덥지 않은 헝가리계 미국인 역사학자이자 나치 추적자였는데, 그런 사소한 실수쯤 개의치 않고 2년 후에 자신의 보르만 추적기를 책으로 써냈다.

신문이 농간에 넘어간 사건의 역사는 아주 길다. 그중 특히 재미있는 사례의 주인공은 (이번에도) 영국의 권위 있는 신문,《더 타임스》다. 1856년 10월,《더 타임스》는 미국 조지아주에서 일어난 충격적인 폭력 사태를 보도했다. 장거리 기차 여행 도중 실랑이가 몇 차례 오간 끝에 최소 다섯 건의 결투가 벌어져 총 여섯 명이 사망한 사건이었다.《더 타임스》는 "이들은 총성이 나지 않는 몬테크리스토 권총을 들고 총격전을 벌였다"라고 사고 소식을 엄중히 전하며, 옛 영국 식민지의 남부 주들이 끔찍한 야만 상태로 타락한 현실을 개탄했다. "사망자 여섯 명 중 두 명은 아버지였으며 두 명은 아들들이었다. 한 아버지는 아들의 죽음을 복수하려다 죽었고, 한 아이는 아버지의 죽음을 슬퍼하다 살해되었다"면서, 한 소년은 울음을 그치지 않는다는 이유로 목이 칼로 베어져 죽은 것으로 보인다고 했다.[15] 이어서 그다음 날 《더 타임스》는 (기사 내용은 틀림없이 정확하다고 주장하면서) 이러한 만행으로 미루어볼 때 "미국의 앞날에 대해 대단히 진지한 성찰이 요구되는 바이니, 본지가 전한 광경이 그곳에선 '일상사'인 것으로 보이기 때문이다"라고 했다.[16]

일주일 남짓 후에 이 기사가 미국에 전해졌다. 미국 언론은 순순히 믿지 않았다. '몬테크리스토 권총 사건'은 대서양을 사이에 둔 욕설 대결에 다시금 불을 붙였다. 조지아주에서 발간되는 《콘스티튜셔널리스트》, 《크로니클 앤드 센티널》, 《리퍼블리컨》 등의 신문은 《더 타임스》가 "더할 나위 없는 순진함"으로 "도무지 가당찮은" 이야기를 지면에 실었다고 비난했다.[17] 《뉴욕 타임스》도 런던의 동명 신문이 "엄청난 농간"을 부렸다고 선언하면서 이렇게 꼬집었다. "그 기사는 괴상한 헛소리와 터무니없는 망언이 워낙 가득하니, 《더 타임스》의 편집자는 기사의 작성자가 제정신이고 진실하다고 강변할 일이 아니라 그런 헛소리 범벅을 지면에 실어준 본인이 제정신인지부터 입증했어야 마땅하리라 본다."

논쟁은 대서양을 사이에 두고 몇 달을 이어지다가 정치 문제로까지 비화했다. 《더 타임스》는 끝까지 물러서지 않고 기사를 옹호하며 그 내용이 사실임을 주장했지만, 주미 영국 공사가 센트럴 조지아 철도회사 사장의 항의 편지를 신문사에 전달한 후인 12월 중

순께, 자신들의 정보원이 "헛짚었을" 가능성을 마침내 인정했다.

그러나 이 사건의 결정적인 웃음 포인트는 1857년 여름에야 세상에 드러났다.《더 타임스》가 직접 미국에 파견한 루이스 필모어라는 특파원이 사건에 관한 추가 정보를 용케 입수한 것이다.[18] 필모어는 우연히 해당 지역을 지나가던 차에 열차 승객 몇 명을 인터뷰했지만, 그런 비슷한 일도 없었다고 모두가 답했다. "터무니없는 허구투성이" 보도였다고 필모어는 적었다. 그런데, 흡연이나 식사 장소로 곧잘 이용되는 수하물차에서 인터뷰에 응한 승객들이 한 가지 중요한 사실을 그에게 알려주었다. '몬테크리스토 권총'이란 사실 '샴페인 병'을 가리키는 현지 속어라는 것이었다. 그리고 빈 샴페인 병은 '죽은 사람dead man'으로 불린다고 했다. 필모어는 이렇게 냉소적으로 적었다. "열차 여행 중에 수하물차에서 몬테크리스토 권총을 마주치는 일은, 내가 알기론 전혀 드물지 않다."[19]

물론 누가 일부러 속이려고 의도하지 않았어도 일이 뜻밖에 커지는 경우가 있다. 지금까지 살펴본 사례들은 대부분 누가 대놓고 농간을 부렸거나 최소한 기사를 고의로 윤색한 경우였다. 하지만 때로는 아무도 농간 따위 부리지 않았는데도 사실을 다룬 기사가 터무니없이 부풀려지는 일이 있다. 같은 이야기를 신문마다 게재하면서 매번 자극적인 요소를 조금씩 추가하다 보니 벌어지는 일이다.

1910년에 바로 그런 일이 벌어졌다. 1835년에 마지막으로 출현해 세상을 들뜨게 했던 핼리혜성이 되돌아올 때가 되자, 뉴욕 신문들의 관심은 다시금 하늘에 쏠렸다. 그런데 이때《뉴욕 타임스》에 실린 더없이 정확한 보도 하나가 세상의 종말이 임박했다는 공포를 불러일으키고 만다.

기사는 제1면 중간쯤 "혜성의 유독한 꼬리"라는 짧은 제목 아래 실린 세 문단짜리 단신이었다.[20] 내용은 천문학자들이 새로 개발된 분광법으로 분석한 결과, 핼리혜성의 꼬리에 "치명적 유독 물질" 시아노겐이 다량 포함되어 있음이 발견되었다는 것이었다. 그래서 "만약 지구가 혜성의 꼬리를 통과하게 된다면" 어떤 효과가 일어날 지를 놓고 천문학자들이 "많은 논의"를 하고 있다고 했다. 그러면서 둘째 문단 끝에서 카미유 플라마리옹이라는 프랑스 천문학자의 견해를 대수롭지 않게 언급했는데, "시아노겐 가스가 대기에 퍼져 지구의 생명을 절멸시킬 수도 있다"라는 의견이었다.

신문 기사는 이렇게 관심을 끌 만한 정보를 기사 중간에 '묻어놓는' 경우가 있다.

어쨌거나 그 문구는 플라마리옹의 의견을 정확히 그대로 보도한 것이었다. 《뉴욕 타임스》는 심지어 바로 다음 문단에 "천문학자들의 대다수는 플라마리옹의 견해에 동의하지 않는다"라고 밝혀놓았지만, 그걸로는 부족했다. 어쨌거나 종말론은 세상에 공개되었다. 그리고 자고로 인간의 특기가 하나 있다면, '이렇다 할 이유 없이 공황 상태에 빠지기' 아닌가.

혜성이 지구에 접근할수록 멸망의 공포는 커져갔다. 당시 보도에 따르면 집집마다 유독 가스를 차단하려고 문과 창문을 봉쇄했고, 방독면이 불티나게 팔려 나갔으며, 일부 사기꾼들은 혜성의 꼬리에 휘말려도 먹으면 살아남을 수 있다는 알약을 팔기까지 했다. 5월 19일 자《뉴욕 타임스》는 시카고 주민들의 반응을 기사화했는데, 제목이 "비관한 자살자 다수 발생"이고 부제는 "혜성 공포로 일시적 정신착란 증세 나타나기도"라고 되어 있다.[21]

혜성은 아무런 치명적 사고를 일으키지 않고 지나갔다. 유일한 예외는 브루클린의 한 16세 소녀가 지붕에서 친구들과 혜성을 관찰하며 놀다가 떨어져 죽은 일이었다.

이렇게 일을 터무니없이 부풀리는 재주, 그리고 착각으로 밝혀진 개념도 끝까지 붙잡고 놓지 않는 완고함이야말로 언론이 오보를 내는 원리다. 꼭 의도적인 조작까지 가지 않더라도 언론이라는 집단 지성은 독자들의 열띤 반응에 힘입어 특정한 인식에 사로잡히면 거기서 벗어나지 못하는 경우가 많다. 이렇게 현 상황을 어떤 틀에 넣어 바라보면서 '스토리'가 한번 만들어지게 되면 그 스토리는 맹렬한 기세로 달려간다. '스토리'에 맞지 않는 이야기는 세상의 빛을 보기조차 어렵다.

한 예로, 영국 독자들은 아마 최근의 '크로이던 고양이 살해범 Croydon Cat Killer' 이야기를 기억할 것이다. 런던 남부 크로이던 지역에서 한 정신이상자가 고양이 수백 마리를 죽이고 사체를 훼손했다고 하는 사건이다. '크로이던 고양이 살해범'을 다룬 보도는 2015년에 처음 등장했다. 걱정한 주민 몇 명이 《데일리 메일》에 제보한 것이 시초였다. 그러자 모든 언론이 경쟁적으로 기사를 쏟아냈다. 크로이던 고양이 살해범의 다음 범행은 언제일까? 경찰은 왜 범인을 잡지 못하고 있는 것인가? 그리고 이 가학적인 살해범이 고양이에 싫증 나면 인간을 공격 대상으로 삼는 건 시간문제라는 경고도 잇따랐다.

이윽고 크로이던을 벗어난 지역에서도 고양이 사체들이 발견되었다. 영국에 고양이라면 숱하게 많고 고양이는 가끔 죽기도 하니 당연한 일이었지만, 이런 기사까지 나왔다. "최근 1년간 고양이를

100마리 이상 살해한 것으로 추정되는 살해범이 이제 '활동 반경을 대폭 넓힌' 것으로 보인다."²² 살해범의 이름은 이제 넓어진 행동반경에 맞게 런던 외곽 순환 고속도로 이름을 따서 'M25 고양이 살해범'이 되었다. 살해 행각을 급기야 멀리 맨체스터에서도 벌이자, 이제 그는 그냥 '고양이 살해범'이 되었다. 1년 넘게 대다수의 영국 언론은 이 살해범 이야기에 집착적으로 매달렸다.

그러던 2018년 9월, 런던 경찰청이 드디어 범인을 찾아냈다고 공표했다. '크로이던 고양이 살해범'의 정체는 바로…… 자동차와 여우들이었다. 그렇다. 고양이들은 그저 차에 치여 죽었을 뿐이고, 때로는 죽은 후에 여우의 먹잇감이 되기도 했던 것이다. 그 사실을 밝히기까지 경찰은 2,000시간 이상을 들여 사건을 수사해야 했고, 고양이 부검에만 6,000파운드(한화 약 1,000만 원) 이상의 비용이 들어갔다.

이렇게 무에서 유가 창조되고 이야기가 눈덩이처럼 불어나서 폭주하는 현상은 전혀 새롭지 않다. '크로이던 고양이 살해범' 소동은 그로부터 70년 전에 있었던 '머툰 미치광이 가스 살포범' 소동과 놀랄 만큼 닮았다. 통속극 스타일로 쓰인 단 한 건의 뉴스 기사 때문에 일리노이주의 머툰이라는 조용한 도시 전역에서 여러 주에 걸쳐 공황 사태가 이어졌던 일이다.

그 발단이 된 사건 자체는 아주 단순했다. 1944년 9월 1일, 제2차 세계대전이 한창이고 나치의 침공에 대한 공포가 만연하던 무렵, 얼린 커라는 여성이 뭔가 이상한 냄새를 맡았다. 그런 직후에 어지럽고 다리가 마비되는 의문의 증상을 겪었다. 경찰을 불렀지만 수상쩍은 점을 발견하지 못했고, 여성은 30분 만에 회복했다. 그런데 한 시간쯤 지나 여성의 남편이 귀가하면서 집 근처에서 어슬렁거리는 사람의 형체를 얼핏 보았다. 또 경찰을 불렀지만 여전히 침입자의 흔적은 없었다.

그다음 날, 《머툰 데일리 저널 가제트》지는 1면에 톱뉴스를 대문짝만 하게 실었다. 제목은 "'마취제 살포범' 출현하다", 부제는 "첫 피해자는 커니 씨 모녀"였다.

너무나 속이 빤하지 않은가? 막연한 의심에 불과한 사건을 계획적인 범죄로 탈바꿈시킨 것이다. 누군가가 마취 가스를 집 안에 몰래 살포해 가족들을 실신시킨 후 침입하려고 했다고 보도했다. 게다가 "첫 피해자"라는 문구를 달아서, 기사를 보는 사람은 누구나 이번이 마지막이 아니겠구나 하고 짐작하게끔 했다.

이는 자연스럽게 자기충족적 예언이 되고 말았다. 최근에 불현듯 어지럼증을 느낀 적이 있었던 사람들은 갑자기 의심에 빠졌다. 나도 이 가스 살포범의 표적이었는지 모른다! 《데일리 저널 가제트》지는 그런 사람들의 이야기를 또 열심히 보도했고, 이는 위험한 자가 활개 치고 돌아다닌다는 심증을 더욱 굳힐 뿐이었다. 그 후 며칠에 걸쳐 후속 보도가 잇따랐다. 일주일이 안 되어 지역의 다른 신문들도 보도에 동참했고, 최초 보도의 정확성을 조금이라도 의심하는 신문은 없었다.

대문짝만 한 기사들이 줄을 이었다. "'미치광이 마취범' 재출현! 밤중에 또 두 집 방문", "'미치광이 가스 살포범' 피해자 6명 추가! 여성 5명과 남자아이 중독돼". 기사 내용도 제목 못지않게 자극적이었다. 9월 10일, 《시카고 헤럴드 아메리칸》지는 머툰에서 벌어지고 있는 광경을 다음과 같이 묘사했다. "독일군의 장기 공습에 시달리는 런던 시민들처럼 피폐한 이곳 주민들은 오늘 미치광이 마취범의 공격이 수차례 재발한 가운데 충격에 휩싸였다. 마취범은 지금까지 13곳의 가정집에 치명적인 신경가스를 살포했고 알려진 실신 피해자만 27명에 이른다."[23]

심지어 아무 기삿거리가 없는 날도 상황을 기정사실화하는 논조는 변함이 없었다. 가령《데일리 저널 가제트》의 머리기사는 이런 제목이었다. "미치광이 살포범 하룻밤 새 잠잠해"

이제 머튼시 전체가 집단 공황에 휩싸였다고 해도 과언이 아니었다. 누군가가 가스 살포범을 보았다고 하면 인파가 거리로 몰려나왔다. 그러면 꼭 이상한 냄새가 난다는 사람이 나왔고, 군중 가운데 다수는 자신들도 가스에 중독되었다고 철석같이 믿었다. 입원하는 사람들도 있었다. 규모도 크지 않은 지역 경찰은 폭증하는 업무를 감당하지 못했다.

그전까지 보도를 사실로 받아들였던 시 당국이 그제야 반박에 나섰다. 첫 범행이 있고 열흘 정도 지난 후였다. 당국은 주민들의 공포를 '집단 히스테리'라고 공표했다. 이제 '스토리'가 바뀌자, 언론 역시 보도 행태를 바꿨다. 공공연하게 공황 사태를 조롱하기 시작했고, 심리학자들을 인터뷰하면서 사람들이 어떻게 '가스 살포자 괴담'에 속아 넘어갔는지 설명했다. 엄청난 '잘못 떠넘기기' 신공을 펼치면서 집단 히스테리를 일으킨 책임을 인근 공장에서 배출한 화학 가스에 뒤집어씌웠다.

공황을 부추긴 언론 자신의 역할에 대해선 모르쇠로 넘어갔다.

어쩌면 다 세월이 약일지도 모르겠다. 옛말에 '오늘 신문은 내일 튀김 포장지일 뿐'이라고 하지 않는가. 그런데 그렇지가 않다. 한번 언론을 탄 이야기는 사라지지 않고 살아남는 경향이 있다. 또 다른 옛말에도 '저널리즘은 역사의 초고'라고 하지 않는가. 문제는, 세월이 흘러도 그 초고를 고쳐 쓸 생각을 아무도 안 하는 경우가 허다하다는 것이다.

그 점을 우려스러울 만큼 잘 보여주는 사례가 하나 있는데, 이번에도 언론인이 장난을 좀 쳤다가—그다음 말은 하지 않아도 알겠지만—일이 꽤 커져버린 사건이다.

미국 언론 역사상 가장 유명한 허위 기사는 '엉터리 달나라 이야기'라고도 할 수 있겠으나, 그 왕좌에 도전하는 작품이 또 하나 있으니, 그 창작자가 바로 말도 많고 탈도 많은 미국 언론 역사 속에서도 가장 주목할 만한 언론인 가운데 하나로 꼽히는 H. L. 멩켄이다.

멩켄은 20세기 전반의 언론인을 통틀어 가장 칭송받는 인물 가운데 한 사람이었다. 정치는 물론 사회 전반에 대해 풍자적이면서도 신랄한 논평을 쏟아냈으며,《뉴요커》에 따르면 "미국이 낳은 가장 영향력 있는 언론인"이었다.[24] 그가 한때 몸담았던 《볼티모어 선》의 편집실 벽에는 그가 남긴 명언이 수십 년 동안 큼지막하게 붙어 있기도 했다. (그 문구는 한마디로 언론인들이란 없는 소리를 잘 지어낸다는 내용이다. 2018년에《볼티모어 선》은 사무실을 이전하고 나서, 사실 그 문구에 연도가 잘못 적혀 있었다는 고백을 트위터에 올렸다.[25])

뿐만 아니라 멩켄은 참 재수없는 인간이었다는 사실을 언급하지 않을 수 없다. 성질 더러운 반골에 특권의식에 찌든 속물이었던 데다가, 무엇보다 무지막지한 인종차별주의자였다. 가난한 사람도 싫어하고, 흑인도 싫어하고, 유대인도 싫어했다. 이러한 면이 다음에 서술할 그의 소행과 큰 관계가 있는 것은 아니지만, 그래도 언급은

해둘 만하다. 이 책에서 주연급으로 활약하는 다른 두 농간꾼 언론인들은 사실 당시 기준으로는 꽤 점잖은 사람들이었기에 더욱 그렇다. 멩켄은 아니었다. 인간성은 고약하면서 언변만 좋았다.

어쨌거나 하려던 이야기는 이렇다. 제1차 세계대전의 포화가 한창이던 1917년 12월, 멩켄은 미국의 목욕통 역사에 관해 잔잔하면서 흥미로운 칼럼을 썼다. 미국에 목욕통이 최초로 등장했던 날의 "잊혀진 기념일"을 기리고자 쓴 글이라고 했다. 미국 최초의 욕조는 1842년 12월 애덤 톰프슨이라는 진취적인 상인이 신시내티의 자기 집에 설치한 것이라고 했다.

칼럼에 적힌 내용은 (멩켄 본인이 8년 후에 허탈한 어조로 고백했듯이) "순 허튼소리"에 "황당한 이야기투성이"였다.[26] 애덤 톰프슨이라는 사람은 존재하지 않았고, 존 러셀 경이 1828년에 영국에 목욕통을 도입한 일이(그런 일 자체가 없었다) 참고 사례가 되지도 않았을 뿐더러, 밀러드 필모어 대통령이 논란을 무릅쓰고 백악관에 욕조를 설치한 후에야(헛소리였다) 비로소 미국인들이 목욕이라는 것을 하게 되었다는 말도 사실이 아니었다.

멩켄은 이 글을 단순히 "전쟁의 중압감을 덜어주기 위한" 농담으로 생각하고 썼다. 독일을 열렬히 추종하고 미국의 제1차 세계대전 참전을 반대했던 그는, 대중적이지 않은 어떤 의견을 글로 쓰려다가 거부당했고, 전쟁 소식을 전하는 신문 기사들이 거짓투성이라고 생각해 점점 불만이 쌓여가고 있었다. 훗날 그 시절을 회고하며 이렇게 적기도 했다. "당시 세계의 신문 독자들이 열심히 읽던 기사 중에서 정말 사실이었던 게 얼마나 있었을까? 아마 1퍼센트도 안 될 것이다."[27] (당시 전쟁을 보도하던 언론인들에게는 너무 박한 평가이겠지만, 아주 많이 틀린 말은 아닌데, 왜 그런지는 이 책의 나중 장에서 살펴보겠다.)

이 엉터리 목욕통 기사는 멩켄이 그저 쌓인 화를 좀 풀려고 쓴 글이었다. 그런데 너무 기막히게 잘 써버린 게 문제였다. 수많은 정보가 빼곡히 들어 있었는데, 어딘지 그럴듯해 보여 독자의 흥미를 끄는 구석이 많았다. 마치 실제 역사처럼, 예측을 불허하는 갈지자 행보로 사건들이 일어나는 모습이었다. 기사에 따르면 톰프슨은 욕조를 "니카라과 마호가니"로 만든 것으로 추정되며, 안쪽은 납으로 마감했고, "무게는 약 1,750파운드(약 800킬로그램)"였다.[28] 그러나 이 욕조는 곧바로 논란을 불러일으켰다. "폐결핵성 또는 류머티스성 발열, 폐렴, 각종 급성 감염병"을 유발할 수 있다는 우려가 일었기 때문이다. 필라델피아와 보스턴에서는 목욕을 거의 금지하기에 이르렀고, 버지니아에서는 목욕세를 도입했다. 필모어 대통령의 정적들은 백악관에 욕조를 놓은 대통령의 결정을 비판하며, 그러한 방식의 목욕 행위는 프랑스식이라서 보기가 영 불편하다고 주장했다.

멩켄은 이 칼럼을 쓰고 나서 처음엔 흡족해했지만, (본인이 「우울한 회상」이라는 제목의 1926년 회고문에서 밝힌 바에 따르면) 금세 "만족감은 큰 실망감으로 바뀌고" 말았다. 글이 농담이란 걸 사람들이 알지 못했던 것이다. 다른 신문들이 멩켄의 글을 그대로 싣거나 고쳐 싣기 시작했다. 기사를 진지하게 읽은 독자들도 멩켄에게 편지를 보내왔고, 심지어 엉터리 역사를 뒷받침하는 증거를 내놓기도 했다. 윌리엄 그리그스가 말한 "자발적 기만"의 또 다른 사례였다.

멩켄은 이렇게 회고한다. "얼마 지나지 않아 내가 지어낸 허황된

'사실'이 다른 필자들의 글에 등장하기 시작했다. 학술지 지면에까지 실렸고, 의회 회의장에서도 언급되었다. 바다 건너 영국과 유럽 대륙에서도 진지하게 논의되었다. 마침내는 널리 쓰이는 참고 서적에까지 등장하기 시작했다."

그 모든 이야기가 허구였다는 멘켄의 고백은 1926년 5월 23일, 약 30개 신문의 지면에 실렸다. 언론업계의 오류 취약성을 신랄히 지적한 그 칼럼은 지금도 개소리 연구 분야의 고전으로 꼽힌다. 멘켄은 이렇게 적었다. "나는 다년간 언론인으로 활동하면서 역사의 현장에 가까이 있었던 경험이 많다. 그러나 시대와 장소를 불문하고 실제로 일어났던 일이 훗날 일반적으로 알려지고 믿어진 경우는 기억에 전혀 없다. 때로 진실의 일부가 알려지는 일은 있었지만, 전부가 알려지는 일은 결코 없었다. 설령 알려진다 할지라도 분명하게 이해된 경우는 거의 없었다."

현실을 상당히 잘 요약한 글이 아닐 수 없었다. 하지만 멘켄은 이 글을 쓸 당시, 자신이 창조한 전설이 그 현실의 얼마나 강력한 예시가 될지는 알 수 없었을 것이다. 멘켄의 목욕통 농간에서 가장 주목할 점은 그 농담을 사람들이 믿었다는 것도 아니요, 인용하고 반복했다는 것도 아니다. 지금까지 살펴봤듯이 그런 일은 거의 기본에 속한다.

유구한 개소리의 역사 속에서도 이 사건이 특별한 이유는 따로 있다. 농간의 장본인이 여러 신문의 지면을 통해 직접 농간을 시인하였건만, 거짓말이 퍼지는 것을 막는 데는 전혀 도움이 되지 않았다는 점이다.

멘켄이 뒤늦게나마 사태를 수습하려고 직접 나섰음에도, 욕조 도

입의 선구자 애덤 톰프슨의 이야기는 수그러들 기미가 없었다. 사람들은 이야기 속에 등장했던 정보들을 계속 입에 올렸다. 그게 모두 엉터리라는 사실은 모르거나 개의치 않는 듯했다.

멘켄의 고백이 신문 1면에 실린 후 10년이 지나, 탐험에 별 소질이 없던 북극 탐험가 빌햐울뮈르 스테파운손은 저서 『오류 탐험』에서 이 상황을 언급했다. 그리고 그 10년 동안 엉터리 욕조 이야기가 다시금 저명한 매체에 실렸던 사례를 30건 넘게 기록해놓았다.[29] 그 면면을 보면, 미국 신문으로 《뉴욕 타임스》, 《볼티모어 이브닝선》, 《클리블랜드 프레스》, 《뉴욕 헤럴드》(수차례) 등이 있었고, 외국 매체로 멜버른의 《오스트레일리아 에이지》와 런던의 《뉴 스테이츠먼》이 있었으며, 학자들도 예외는 아니어서 하버드 의대 교수한 명과 전 뉴욕시 보건국장 등이 이름을 올렸다. 어쩌면 가장 눈에띄는 사례로, 미국 정부 기관 두 곳도 이름을 올렸으니, 그중 연방주택청은 전국의 신문사에 배포한 보도자료에 엉터리 욕조 이야기를 싣기도 했다.

그러나 쟁쟁한 매체들 중에서도 영예의 대상 수상자를 꼽는다면아마 《보스턴 헤럴드》가 되어야 할 것 같다. 《보스턴 헤럴드》는 욕조 이야기의 허위성을 시인한 멘켄의 글 「우울한 회상」을 지면에게재한 지 단 3주 후인 1926년 6월 13일, 그 욕조 이야기를 사실인양 진지하게 보도했다.

이런 식으로 이야기는 끝없이 회자되었다. 이미 대중의 뇌리에단단히 박혀버린 이 낭설의 파편을 빼낼 방법은 없는 듯했다.

엉터리 욕조 이야기는 처음 세상에 공개된 지 수십 년 만에, 이제미국 대통령까지 철석같이 믿는 사실이 되었다. 1951년, 해리 S. 트루먼 대통령은《뉴요커》의 존 허시와 다방면에 걸친 인터뷰를 하면서, 필모어 대통령이 백악관에 처음 욕조를 설치했다는 이야기를 꺼냈다.[30] (인터뷰 기사는 이 주간지에 무려 5회에 걸쳐 연재되었다. 이는 분량 제한 따위는 하찮은 매체나 신경 쓰는 일로 여기는《뉴요커》지의 오랜 전통에 따른 것이다.)

그러자 보좌관이 끼어들어 대통령에게 잘못을 지적해주었는데, 인터뷰 기사가 전하는 당시의 대화 장면을 한번 살펴볼 만하다. 다른 이유가 아니라, 개소리 위에 또 개소리가 겹쳐서 층을 이룬, 특별한 광경이 연출되었기 때문이다.

보좌관이 이렇게 말한다. "그건 사실이 아닙니다. 멘켄이 지어낸 이야기입니다."

하지만 트루먼은 그 말을 곧이듣지 않는다. "대통령은 자신의 믿음을 쉽사리 포기하지 못하는 모습이었다"라고 인터뷰를 진행했던 존 허시는 완곡하게 전한다.

트루먼은 그게 거짓일 리가 없다며, "미국 의사협회에서 작성한 보고서를 봤는데, 욕조에서 나오는 증기가 필모어 대통령의 건강에 해로웠다고 써 있었다"라고 주장한다.

트루먼 대통령은 실제로 일어나지 않았던 일을 다룬, 존재했을 리가 없는 문서를 직접 보았다고 주장한 것이다.

"아닙니다. 그것도 멘켄이 지어낸 이야기일 겁니다." 보좌관이 재차 조언한다.

그렇지 않았다. 멘켄도 미국 의학협회 운운하는 거짓말은 한 적이 없다. 그것은 대통령의 머릿속에서 새롭게 탄생한, 완전히 독창적인 허구였다.

대통령은 보좌관의 지적에 다소 당황한 모습을 보인다. "의협 보고서에는 그게 농간이라는 식으로 언급되어 있지 않았소. 확실하오." 역사상 핵무기 공격을 명령한 유일한 지도자 트루먼은 이렇게 말하며, 새로 알게 된 정보를 자신의 상상 속 의학 보고서에 담겼던 논조와 어떻게든 양립시키려고 애쓰는 모습이었다. 그의 머리는 34년 전 신문 기사가 전한 욕조 관련 거짓말을 워낙 철석같이 믿게 된 나머지, 현실을 좀 왜곡해서라도 그런 증거를 창조해내야 했던 것이다.

"저도 그게 사실이 아니라니 허탈합니다." 보좌관이 대화를 마무리한다.

물론 이 대화 내용은 전적으로 존 허시가 쓴 글에 따른 것이고, 이 장에서 숱하게 살펴보았듯 언론 보도란 아무리 사실인 척해도 정확하다는 보장이 없다. (사실 솔직히 말해 몇몇 대사는 좀 부자연스럽게 들린다.) 하지만 그럼에도 불구하고, 그냥 사실이라고 치고 넘어가려 한다. 왜냐고? 어허, 다른 매체도 아니고 권위 있다는 《뉴요커》 아닌가. 그리고 우리가 결국에는 누구 말을 믿어야지 어쩌겠는가. 그 잡지사는 팩트체킹하는 인원만 해도 수두룩하게 넘쳐나고, 내 전화기엔 출판사에서 온 원고 독촉 문자가 수두룩하게 넘쳐난다.

어쨌거나 《뉴요커》에 자기 인터뷰가 실린 지 1년 후, 트루먼은 필라델피아에서 연설하던 중 그 욕조 이야기를 또 했다.[31] 아니, 자기가 알던 게 사실이 아니라는 지적을 듣고, 그 대화가 미국에서 손꼽히는 권위지에 실려서, 자기가 엉터리 이야기를 믿고 있었다는 게 온 세상에 알려졌는데…… 그래도 트루먼은 그 이야기에 대한 미련을 도저히 버릴 수 없었나 보다.

엉터리 욕조 이야기는 그렇게 그 후로도 수십 년간, 여러 세대에 걸쳐 순조롭게 명맥을 이어나갔다. 심지어 21세기에도 건재를 과시했으니,《워싱턴 포스트》는 2001년과 2004년 두 차례에 걸쳐 욕조 이야기를 역사적 사실로 언급하는 기사를 내보냈다. 그리고 매번 모양새 구겨가며 정정 보도를 해야 했다.[32]

이쯤 되면 허구도 너무 그럴듯하면 사람들이 절대 허구 취급을 안 해준다고 할 수밖에.

그렇다면 이 모든 사례로부터 우리는 언론업계에 대해, 그리고 언론의 숭고한 진실 추구 노력에 대해 무슨 교훈을 얻어야 할까?《보스턴 헤럴드》가 망신을 톡톡히 당하고 난 1926년 7월, 멘켄은 거기에 착안해 후속 기고문을 썼다. 거기서 그가 남긴 말로 답을 대신하는 게 최선일 듯하다. 멘켄이 남긴 말은 언론업의 생리를 꽤 신랄하게 꼬집으면서, 동시에 또 한 가지 중요한 사실을 꿰뚫고 있다. 거짓이란 현실의 따분한 제약에 얽매일 필요가 없기에 본래 진실보다 유리하다는 것.

멘켄은 이렇게 적었다. "진실의 문제는 대체로 불편한 데다가 따분하기 일쑤라는 것이다. 인간의 심리는 뭔가 더 재미있고 위안을 주는 것을 추구한다. 욕조의 실제 역사가 어떻게 되는지 나는 알지 못한다. 그것을 파헤치는 일은 끔찍한 작업일 테고, 그렇게 고생해봤자 나오는 건 아마 일련의 평범한 사건들일 것이다."

"내가 1917년에 지어낸 허구는 최소한 그보다는 나았다."[33]

환상의 땅

전 세계를 통틀어 아프리카의 콩산맥Mountains of Kong만큼 장엄한 풍광을 자랑하는 곳은 많지 않다.

서아프리카를 가로지르는 장대한 그 산맥은 서쪽으로 세네갈의 평원에서부터 솟아올라 눈 덮인 봉우리로 우뚝우뚝 치솟다가, 다시 완만하게 뻗어 내려가 말리와 기니 북부를 관통한다. 고고히 솟은 산봉우리들은 척박하고 황량한 경관 속에 유달리 푸른빛으로 도드라져 절경을 이룬다. 굽이굽이 유장하게 흐르는 나이저강을 비롯하여 일대의 여러 강이 시작되는 발원지도 이곳이니, 아찔한 화강암 봉우리에서는 얼음 같은 융수가 콸콸 쏟아져 울퉁불퉁한 석영 산등성이 사이를 흘러 내려간다. 강줄기들은 산 아래 펼쳐진 평원에 생명의 젖줄이 되어줄 뿐 아니라 산꼭대기에서 침식되어 섞여든 사금을 가득 머금고 있어, 기나긴 세월 콩산맥의 골짜기를 터전으로 살아온 주민들에게 막대한 부와 격심한 갈등의 원천이 되어왔다.

그곳에서 콩산맥은 다시 2,000킬로미터 가까운 거리를 뻗어나가, 부리키나파소와 가나를 가로지르고 토고와 베냉을 지나 나이지리아에까지 이어짐으로써, 일대의 나지막한 평원과 완만한 구릉지대를 매몰차게 둘로 가르고 있으니, 그 위용을 19세기의 한 지리학자는 이렇게 묘사했다. "우뚝 솟은 화강암 덩어리 (…) 마치 폐허가 된 성당과 성채처럼 불쑥 솟은 노두, 어마어마한 크기의 거석, 1,000피트[305미터] 높이로 솟은 각뿔과 거대한 볼링 핀처럼 이따금씩 솟아 있는 원뿔들."[1] 산줄기는 그곳에서 또다시 힘차게 내달려, 남으로 굽이지는 해안선에서 멀어지며 동으로 내륙 깊숙이 뻗어나간다. 콩산맥은 마침내 아프리카의 또 다른 등줄기이자 나일강의 발원지이기도 한 '달의 산맥'과 만남으로써, 대륙 전체를 허리띠처럼 남과 북으로 양분하는 험준한 장벽을 이룬다.

　좋다. 여기서 잠깐 멈춰보자.

　이쯤 되면 독자들은 좀 궁금해졌을 법도 하다. 독자가 만약 위에 언급한 나라 중 한 곳에 살거나 가보았다면 물론이겠고, 아니더라도 기초적인 지리 지식이 좀 있다면 머리에 질문이 하나 떠오를 것이다. 예컨대 뭐 이런 것일 듯하다. "엥?" "뭐라고?" "그 동네에 산이 어디 있어, 도대체 뭔 소리야?"

　그렇게 물으신다면 이렇게 답해드리고자 한다. 그곳에 산이 없다면, 왜 19세기에 제작된 아프리카 지도마다 거의 빠짐없이 '콩산맥'이 나와 있겠는가? 심지어 20세기까지도 말이다. 어찌하여 거기 가봤다고 하는 유럽 탐험가들 한 명도 아니고 여러 명이 장엄한 화강암 봉우리와 황량한 풍광을 묘사하고 있을까? 생각해보자, 과연 누구 말이 옳겠는가? 몇몇 백인들 말이 맞겠는가, 아니면 실제 그곳에

사는 수많은 주민들 말이 맞겠는가?

군이 말하지 않아도 그 답이 뭐가 되어야 할지는 다들 아시리라 생각한다.

하지만 그 앞에 나온 질문은 참 생각해볼 만하면서도 흥미로운 질문이다. 아니, 어떻게 유럽과 미국의 거의 모든 전문가들이 100년이 넘는 세월 동안, 전혀 존재하지 않는 장대한 산맥이 존재한다고 철석같이 믿을 수 있었던 걸까? 다른 것도 아니고 '산'인데 말이다. 산이란 있는지 없는지 헷갈리기도 쉽지 않다. 있거나 없거나 둘 중 하나 아닌가.

그 질문에 대한 답은 아직도 좀 신비에 싸여 있다. 그렇지만 바로 그 질문을 통해 우리가 그토록 크게, 자주, 현실을 착각하는 원리를 살짝 들여다볼 수는 있다.

무슨 말이냐 하면, 이 장에서 살펴보겠지만, 인간은 기나긴 역사를 통틀어 그저 '세상에서 일어났던 일'을 날조하는 데 만족하지 않았다. '세상' 그 자체에 대해서도 허튼소리를 잘 지어냈던 것이다. 상상의 산맥부터 철저한 허구의 나라와 황당무계한 이국땅에 이르기까지 역사 속의 구라꾼들은 잘도 구라를 쳤으니, 그 비결은 간단했다. 누가 세상 반대편에 대해 무슨 얘기를 한들, 직접 가서 확인해보기는 굉장히 어렵다는 점이었다.

세계 지리에 대한 허튼소리의 역사는, 무엇보다도 '노력 장벽'과 '정보 공백'이 대규모로 나타난 결과라 할 수 있다. 인류사 대부분을 통틀어 장거리 여행이란 느리고 위험하고 드문 일이었다. 사람들은 태어난 곳에서 멀리 떠나지 않고 평생 사는 경우가 많았다. 게다가 비행기를 타거나 위성을 띄우거나 하여 하늘에서 지상 사진을 찍을 방법도 없었다.

그런 한계가 있었으니, 인간이 자기들 사는 땅에 대해 아는 지식이 좀 짧았다고 해도 충분히 이해는 간다. 지도 제작자들은 사실 참고할 만한 자료 자체가 많지 않아서, 빈 여백은 상상력으로 메꿔야 할 때가 많았다(비록 미개척지에 '용이 사는 곳'이라고 적었다는 속설은 사실이 아니지만).[2]

하지만, 아무리 정보가 부족해 어쩔 수 없는 면이 있다 쳐도, 그 빈자리가 터무니없이 황당한 허구로 채워진 경위는 살펴볼 필요가 있다. 개소리가 퍼져나가는 원리를 잘 보여주기 때문이다.

콩산맥의 전말에 대해 알려진 사실은 이 정도다. 그 모든 착각이 시작된 것은 1798년, 제임스 레널이 「북아프리카 지리상의 발견 및 개척 현황도」라는 제목의 지도를 펴내면서였다.[3] 레널은 최초로 서아프리카에 거대한 산맥을 갖다놓고 '콩산맥'이라고 이름 붙인 장본인이다. 그러자 곧장 모든 사람이 그 얼토당토않은 아이디어를 전격 수용하여 당연시하기 시작했다. 그 후 100년 가까이 유럽과 미국에서 만든 주요 지도 대부분에는 콩산맥이 등장했다. (콩산맥의 등장과 소멸에 관한 정확한 연구에 따르면 80퍼센트 이상이다.[4]) 또 수많은 탐험가들이 그 지역을 탐험하고 와서는 있을 리 없는 산맥을 직접 보았다거나 심지어 등반했다고 주장했다.

여기서 묘한 건, 레널이 여느 평범한 지도 제작자가 아니었다는 사실이다. 강이며 산을 쓱쓱 멋대로 그려 넣고는 "됐어, 그럴듯해" 하며 술 퍼마시러 가는 그런 사람이 아니었다. 레널은 당시 지도 제작업계에서 최고 수준의 실력자로 널리 인정받았다. 지리학, 지질학 지식을 활용해 지도를 만드는 게 주특기여서, 탐험가들이 단편적이면서 서로 모순되는 정보를 알려와도 제대로 해석하는 능력이 뛰어났다. 아닌 게 아니라, 그 재주가 그의 발목을 잡았는지도 모른다.

당시는 아프리카 대륙에 깊숙이 가본 유럽인이 별로 없을 때였다. 100년 가까이 지나 아프리카는 유럽 열강의 각축장이 되어 이리저리 분할되지만, 아직은 아니었으니까. 설령 대륙 깊숙이 가본 사람이라 해도 뭐가 뭔지 도통 개념을 못 잡기 일쑤였다.

그래서 이 시대에 나온 아프리카 지도들은…… 뭐라고 평하기 좀 어려운 수준이다. 북아프리카와 몇몇 해안 지역을 제외하면 대부분이 제대로 그려져 있지 않다. 어떤 지도는 중앙아프리카를 텅 비워놓았고, 또 어떤 지도는 그 자리에 이런저런 지형을 무작위로 투척했는가 하면, 그냥 빈자리마다 코끼리 그림을 예쁘게 그려놓은 지도도 있다.

레널이 콩산맥을 창조하게 된 까닭은 이렇다. 그 지역에 갔다 왔다고 하는 몇 안 되는 탐험가 중 한 명이 무심코 내뱉은 말에 너무 큰 의미를 부여하고서는, 부족한 디테일을 자기가 채워 넣었는데, 그게 그만 낭패가 되어버린 것이다. 그 탐험가는 멍고 파크였다. (앞 장에서 잠깐 언급한 것처럼, 달나라 농간꾼 리처드 애덤스 로크가 수십 년 후에 그의 일기장을 발견했다고 농간을 부리려다가 실패하기도 했다.) 당시 사람들은 파크가 나이저강의 발원지를 찾아 떠났다가 죽었다고 생각하고 있었는데, 그러던 1797년, 수년간 잠수를 탔던 그가 짠 하고 나타났다. 나이저강의 발원지를 딱히 찾지는 못했는데, 그래도 특이한 곳으로 흘러가는 강줄기를 수백 킬로미터까지 거슬러 올라가 보았다고 했다.

파크의 탐험기는 세간의 관심을 끌어모았고, 거기에 들어갈 삽화

작업을 레널이 맡게 되었다. 그 탐험기에서 파크가 이렇게 말한 것이 화근이었다. "남동쪽으로 까마득히 멀리에 산이 보였는데, 전에 마라부 근처의 어느 언덕에서도 보았던 산이었다. 그때 그곳 사람들이 내게 일러주기를, 그 산이 있는 곳은 콩이라는 이름의 크고 막강한 왕국이라고 했다."[5]

파크는 진실을 말했을 가능성이 높다. 그때 그가 있었던 곳은 말리의 바마코 부근이었는데, 거기서 그리 멀지 않은 곳에 실제로 콩이라고 하는 막강한 왕국이 있었다(오늘날 코트디부아르의 콩이라는 소도시가 콩 제국의 수도였다). 그리고 그 지역에는 실제로 고지대가 좀 있어서, 전문용어로 '잔구'라고 하는 큰 바위 언덕이 이따금씩 솟아 있는데, 하찮긴 하지만 아주 너그럽게 봐주면 '산'이라고 할 수 있을 만도 했다.

하지만 아무래도 수백 킬로미터에 걸쳐 뻗어 있는 장대하고 험준한 산맥 같은 것은 전혀 없었다. 물론 파크도 그런 말을 한 적은 없다. "까마득히 멀리 보이는 산"을 언급했을 뿐이다. 막연한 언급이었고, 그 이상의 별다른 설명도 없었다. 거기에 대해 뭐라고 하기도 좀 그랬던 것이, 파크는 그 산을 관찰한 바로 다음 날 도적 떼를 만나 말도 뺏기고 옷도 빼앗긴 채 알몸으로 한낮의 뙤약볕 아래 배회하는 처지가 되었으니, 산이고 뭐고 자세히 상술할 기분이 아니었을 것이다.

그러나 레널은 파크가 말한 콩 왕국의 산 이야기를 옳다구나 하고 접수하여 작업에 착수했다. 그건 다른 이유가 아니라, 자신이 생각하고 있던 지리 이론에 딱 들어맞았기 때문이었다. 레널은 나이저강이 그 일대를 그리도 희한하게 빙 돌아 흐르는 이유가 산악지대 때문이라고 믿었다. 나이저강은 아닌 게 아니라 일반적인 강과 많이 다른 모양새로 흐른다. 여느 강처럼 바다를 향해 흐르는 게 아니라, 무려 4,000킬로미터를 빙 돌아 내륙을 누비면서 사하라 사막 언저리까지 올라갔다가, 갑자기 유턴을 하여 기니만으로 흘러 내려간다. 그러한 나이저강의 행로는 오랜 세월 많은 의문을 낳았다. 레널이 지도를 만들던 당시에 나이저강에 대해 확실히 알려져 있던 사실이라고는 기껏해야 강이 아주 크다, 그리고 어딘가에서 시작해서, 어딘가 좀 엉뚱한 곳으로 흐른다는 것 정도밖에 없었다.

레널의 추론은 일리가 아주 없지 않았는데, 나이저강의 수원이 기다란 산맥을 이룬 어느 산 위에 있으리라는 것이었다. 그래서 그 산맥에 가로막혀 강물이 바다로 흐르지 못하고 동쪽으로 방향을 잡았으리라는 추측이었다. 이런 생각을 한 것이 그가 처음도 아니어서, 1600년대 사람들도 그곳 지도에 온갖 거대한 산들을 상상해서 꼬박꼬박 그려 넣곤 했다. 그러다가 1700년대 말에 이르러서는 그것도 유행이 지나 이미 사라져가는 관행이 되어가고 있었다.

그리하여 레널은 파크가 한 말을 놓치지 않고, 자신의 이론과 한데 버무려서 이렇게 주장했다. "이러한 사실을 큰 강줄기들의 흐름과 기타 정보에 비추어볼 때, 서에서 동으로 뻗어 나가는 산악지대가 북위 10도에서 11도 사이에 자리하고 있음이 증명된다."[6] '짐작된다'도 아니고 '추정된다'나 '생각된다'도 아니라는 것을 주목하자. '증명된다'라고 단정하고 있다.

다시 말해 레널은 자기가 알던 정보에 새 정보를 더해 거대한 산맥을 만들어버린 것이다.

일이 거기서 끝났으면 이 사건은 지도 제작 역사의 숱한 오류 중 하나 정도로만 남았을지도 모른다. 그런데 그렇지가 않았다. 모든 사람이 곧장 레널의 지도를 따라 만들기 시작했다. 그도 그럴 만했던 것이, 레널은 너무나 유능한 지도 제작자였고, 그 누구도 지도에 '콩산맥' 같은 기본적인 지형을 빠뜨리는 바보 멍청이가 되고 싶지는 않았다.

얼마 지나지 않은 1802년부터 오류는 다른 지도에도 등장하기 시작했다. 에런 애로스미스라는 사람이 지도를 새로 펴냈는데, 콩산맥을 도입한 것으로 모자라 과감하게 한술 더 떴다. 콩산맥을 길게 늘여 아프리카의 절반을 횡단하게 만들고, '달의 산맥'과 아예 연결시킴으로써 대륙 전체를 가로지르는 장벽을 만들어버린 것이다. 그 형상은 앞서 이 장 첫머리에 언급한 것과 같았다. (참고로, 첫머리의 그 화려한 묘사는 19세기 당시에 쓰인 글들에서 모두 그대로 따온 것이다.)

애로스미스의 지도는 앞서 살펴본 각종 아프리카 지도 제작 기법 중에서도 '아 몰라, 가운데는 그냥 비워봐' 유형의 좋은 예다. 지식의 한계를 솔직히 인정한 그 겸손함을 높이 사고 싶지만 그러기도 어려운 게, 대륙 전체를 가로질러 상상의 산맥을 좌악 그려놓은 모양이 너무나 압도적이다. 꼭 편집자가 원고에서 불필요한 ~~비유를 빼라고~~ 좍 그어놓은 취소선 같다.

바통을 넘겨받은 다음 주자는 존 케리였다. 케리는 영국 지도 제작업계에서 레널보다 명성이 앞선다고 볼 수 있는 유일한 인물이었는데, 그런 케리도 콩산맥을 지도에 넣었으니 콩산맥은 '똑똑하다는 사람은 다 아는 사실'의 위상을 점하게 되었다. 레널부터 케리까지 '콩 클럽'의 일원이 되었으니, 이제 나머지 제작자들도 다 줄을 서리라는 건 안 봐도 뻔했다. 애로스미스가 했던 것과 똑같이, 케리도 콩산맥을 달의 산맥과 이어 붙여 대륙을 둘로 가르는 험준한 장벽을 세워놓았다.

이쯤에서 언급해둘 만한 사실이 있다. '달의 산맥' 역시 실제로는 존재하지 않는다는 것.

상상의 산줄기 '달의 산맥'은 그 역사가 콩산맥보다도 훨씬 길어서, 일찍이 서기 150년에 프톨레마이오스가 『지리학』이라는 책에서 나일강의 발원지로 언급했고, 그로부터 1,000년 후에 무함마드 알이드리시 등 아랍 학자들이 쓴 글에도 똑같이 등장한다. 그리고 콩산맥과는 달리, 아프리카 지도 제작 초기인 1510년대부터 이미 지도에 거의 붙박이처럼 들어가던 필수 요소였다. 그러다가 19세기 후반에 들어 존 해닝 스피크와 리처드 프랜시스 버턴이라는 두 영국인이 병에 찌들고 티격태격 싸워가며 마침내 빅토리아호를 발견, 나일강 본류의 발원지를 찾아냈고, 그제야 유럽인들은 달의 산맥이라는 게 혹시 실제로는 없는 것 아닌가 하는 의문에 눈을 떴다.[7]

그러나 19세기가 거의 지날 때까지도 대다수의 아프리카 지도에는 콩산맥이 꼬박꼬박 들어갔고, 달의 산맥도 거의 빠지지 않고 들어갔다. 세기가 저물 무렵에야 일부 지도 제작자들이 산맥 그려 넣기를 좀 주저하면서, 이 장대한 산맥들이 혹시 세간에 알려진 것처럼 장대하고 광대하지 않은 것은 아닌가 하고 의심하기 시작했다. 하지만 아무리 의심이 간다 한들 강력한 증거를 뒤집기는 쉽지 않았으니, 그것은 직접 갔다 온 사람들의 목격담이었다.

콩산맥을 보았다거나 심지어 넘기까지 했다는 탐험가들의 진술은 수십 년 동안 있었다. 사실 이건 지금도 좀 의아한 부분이다. 그 사람들 가운데는 입만 산 허풍쟁이들만 있었던 게 아니라, 휴 클래퍼턴처럼 번듯한 탐험가들도 있었기 때문이다. 휴 클래퍼턴이라고 하면 무려 133일간 꼴도 보기 싫은 동료와 함께 고생스러운 탐험을 하면서도 그 긴 시간 동안 둘이 한마디도 나누지 않았다는, 그야말로 강철 같은 의지의 탐험가였다.

이에 대해선 간단한 설명이 최선의 설명일 듯하다. 탐험가들은 그곳의 고지대에 이따금씩 솟아 있는 언덕과 잔구들을 맞닥뜨리고는, 험준한 콩산맥을 무사히 빠져나왔구나 하고 생각했을 것이다. 지도에는 분명히 그곳에 콩산맥이 있는 걸로 되어 있으니까.

그야말로 완벽한 개소리 순환고리였다. 남들이 다 그렇다고 하니 그렇겠지 하면서 다들 증거를 이론에 끼워 맞추고, 그 끼워 맞춘 증거가 다시 '역시 이론이 옳았다'는 확증이 되었던 것이다. 탐험가들은 지도에 산이 있다고 하니 산이 있다고 상상했고, 지도 제작자들은 탐험가들이 봤다고 하니 지도에 또 반영해 넣었을 뿐이다. 그리하여 가공의 산맥은 오래도록 건재할 수 있었다.

이 현상을 여실히 보여주는 자료가 1882년 6월 26일 왕립지리학회 모임에서 리처드 프랜시스 버턴이 발표한 보고서다.[8] 빅토리아호 발견의 주인공이기도 한 버턴은 저명한 탐험가이자 동양학자로, 경이로운 수염과 특출한 언어적 재능, 그리고 동양 성애문학에 대한 남다른 애착을 지닌 이였다. 버턴은 발표 첫머리에서 콩산맥이 유감스럽게도 "지도에서 거의 사라져버렸다"고 한탄하며, 콩산맥의 존재를 단호히 옹호하고 나섰다. (참고로 "거의 사라져버렸다"는 것은 사실이 아니어서, 당시에 제작된 다수의 지도에도 아직 기본으로 들어 있었다. 다만 산맥의 길이는 과감했던 초기 지도에 비해 좀 소심하게 줄어들어 있었다.) 앞서 소개했던 "우뚝 솟은 화강암 덩어리" 운운하는 묘사도 그의 작품이었다.

버턴은 80년 전 레널이 저질렀던 실수를 그대로 답습했다. 강에 관한 몇몇 이론에 너무 경도되어, "그러한 산맥이 존재한다는 사실은 '황금해안' 지대의 하천 흐름에 의해 증명된다"라고 주장했다. 그가 크게 의존한 진술이 휴 클래퍼턴이나 "콩산맥을 횡단했다"라고 하는 존 덩컨이 남긴 말인데, 두 사람이 실제로 적은 글은 사실 버턴이 주장한 것보다 상당히 해석의 여지가 많았다. 예를 들면, 클래퍼턴이 쓴 책의 장 제목에는 편집자가 "콩산맥을 넘어"라는 문구를 달아놓았지만, 클래퍼턴 본인은 한 번도 그 이름을 거론하지 않았다. 본문에 나오는 묘사는 주로 "언덕"을 이야기하고 있고, 산이 나오는 곳은 몇군데뿐인데 그 높이를 "600에서 700피트(약 200미터)"라고 하고 있다.[9] 그 정도 높이면…… 보통 산이라고는 하지 않는다.

무엇보다도, 버턴은 자신이 그 지역을 찾아갔을 때 "원주민 길잡이"에게서 직접 들었던 진술을 대수롭지 않게 넘기고 있다. "콩 마을은 알지만 콩산은 모른다"라고 했다는데, 콩 마을이 바로 콩산 기슭에 있다고 알려진 마을이었다. 그러니까 그 지역에 실제로 사는 주민이 "아, 그 마을 알죠. 그런데 마을 바로 뒤에 큰 산이 있다고요? 그건 금시초문인데요" 했는데 그냥 무시한 것이다.

버턴만 그랬던 것도 아니다. 콩산맥의 역사를 연구한 두 학자, 토머스 바셋과 필립 포터는 이렇게 말한다. "증거로 볼 때 (…) 유럽인들은 아프리카 현지인들에게서 이런저런 지역에 산이 없다는 말을 직접 들었음에도 그 정보를 대개 무시했던 것으로 보인다."[10]

결국 루이귀스타브 뱅제라는 프랑스군 장교에게 산의 실체를 조사하는 임무가 맡겨졌다. 1888년 탐사에 나선 그는 이렇게 보고했다. "지평선 위에 언덕 등성이 하나 보이지 않았다! 지도마다 빠짐없이 그려져 있는 콩산맥이란, 오로지 잘 알지 못하는 몇몇 탐험가의 상상 속에만 존재했던 철저한 허구였다."[11]

그러나 뱅제가 이렇게 '산맥은 없다'는 폭탄선언을 하고 나서도 콩산맥은 명맥을 이어갔다. 1890년대에 나온 지도 몇 개에 여전히 이름을 올렸고, 1905년에도 한 번 등장했다. 심지어 1928년에 『옥스퍼드 선진 지도책Oxford Advanced Atlas』에까지 등장했으니, '선진'이라는 책 제목이 무색하게 40년 묵은 정보가 서아프리카 지도에 실리고 만 것. 산맥은 사라졌어도 그 잔재는 계속 남았다고나 할까.

아프리카에 없는 산맥을 있다고 믿은 사례는 세상 지리에 대한 인간의 허황된 착각 중에서도 희한한 축에 들겠지만, 그런 사례가 물론 그뿐만은 아니다. 역사 속에는 가공의 나라와 상상의 장소가 수없이 등장한다.

전설의 나라 중에서도 참으로 오랫동안 존속했던 나라가 '사제왕 요한의 왕국'이다. 막대한 부를 자랑하는 이상향적 국가로, 위치는 막연하게 (허공을 대략 가리키며) '동방' 어디쯤이라고 했다. 그리고 기독교인 왕이 다스리고 있는데 그 왕이 '사제왕 요한Prester John'이라고 했다. 사제왕 요한 이야기는 원래 민간설화에 지나지 않았으나, 12세기에 사제왕 요한이 썼다고 하는 가짜 편지가 나돌아 다니기 시작했다. 십자군 전쟁에서 함께 싸워주겠다고 약속하는 내용이었다.

그 가짜 편지를 누가 무슨 목적으로 썼는지는 안타깝게도 역사의 안개 속에 묻혀버렸지만, 그 편지로 인해 사람들은 전설의 왕국이 실재한다고 굳게 믿기 시작했고, 그 믿음은 오랜 세월 끈질기게 이어졌다. 500년 동안 탐험가들이 그 사라진 왕국을 찾아 나섰고, 지도 제작자들은 지도에 그려 넣었으며, 실존했던 인물들이 사제왕 요한의 후손으로 지목되었다.

그러는 와중에도 그 왕국이 어디 붙어 있는지 확실히 아는 사람은 아무도 없었다. 수백 년 동안 유행이 바뀌고 또 세계지도 곳곳이 아무리 봐도 아닌 나라들로 채워지면서, 왕국의 추정 위치는 세계 곳곳을 전전했다. 처음엔 아시아에 있었는데 아프리카 이곳저곳으로 옮겨 갔다가 마침내 에티오피아 땅 어딘가에 정착했는데, 그곳은 마침 가공의 산줄기 '달의 산맥' 부근이었으니 최적의 입지였다. 17세기가 되어서야 사람들은 사제왕 요한의 왕국이란 애초에 없었다는 사실을 마지못해 받아들이기 시작했다.

세계지도의 빈 곳을 메우는 데는 초기 유럽인 탐험가들이 전해오는 이야기가 도움이 됐지만, 그들의 진술은 신빙성이 떨어지는 경우가 많았다. 가령 파타고니아라는 나라가 있었는데 1520년 마젤란 원정대의 기록에 따르면 거인족이 사는 나라였다. 그 후 파타고니아 거인족 이야기는 오랜 세월 유럽인 탐험가들 모험담의 단골 소재였는데, 세월이 흐르면서 키가 들쭉날쭉 변했다. 16세기 말에는 12피트(3.6미터)까지 커졌다가, 18세기에는 9피트(2.7미터)로 줄어든 것.

이 '거인족'이란 아마 원주민인 아오니켄크족을 가리킨 것으로 추정된다. 이 사람들은 거인이라기보다 '좀 큰' 정도다. 6피트(1.8미터) 정도니까. 그런데 '거인'이 되어버린 배경은 당시 유럽인들이 대부분 땅꼬마였던 데서 주로 기인했다고 볼 수 있다.

사람들은 여행 중 본 것들만 엉터리로 주장한 것이 아니라, 여행한 사실 자체를 지어내기도 했다. 역사 속에는 항해나 종주 따위를 하지도 않고 했다고 한 사람들이 부지기수다. 이 책에 딱 어울리는 예라서 하나만 들어보면, 벤저민 프랭클린의 전기 작가들은 장 드 크레브쾨르라는 프랑스 작가의 말에 오랜 세월 감쪽같이 속은 적이 있다. 그는 1787년 프랭클린과 배를 타고 동행하여 펜실베이니아주 랭커스터에서 열린 프랭클린 대학 설립식에 참가했다고 주장했는데, 실제로는 두 사람 모두 설립식에 간 적이 없다. 드 크레브쾨르는 그저 프랑스인들이 가장 좋아하던 미국인과의 친분을 과시해 프랑스인들의 감탄을 사고 싶은 마음에 없는 사실을 지어낸 것이었다.[12]

탐험가들의 헛소리 사례는 많고 많지만, 그중에서도 섬 발견은 노다지나 다름없는 분야였다. 그냥 망망대해 한복판에서 섬 하나를 발견했다고 주장하면 그만이었다. 그때는 맞는지 검증한다는 게 굉장히 어려웠다. 그뿐 아니라 발견한 섬에 자기 이름을 붙이거나 부유한 후원자 이름을 붙일 수 있었는데 그러면 사업에 아주 유리했다.

가짜 섬 발견에 가장 열을 올렸던 사람으로는 19세기 탐험가이자 철두철미한 구라꾼이었던 벤저민 모렐을 꼽을 만하다. 1795년 갓 독립한 미국에서 태어난 그는 『네 차례의 항해 이야기A Narrative of Four Voyages』라는 책에 새빨간 거짓말을 늘어놓은 덕택에 "태평

양 최고의 거짓말쟁이"로 이름을 날렸다.[13] (그의 이야기는 에드워드 브록히칭의 명저 『가공의 지도책The Phantom Atlas』에 자세히 나와 있는데, 이른바 '사변 지리'의 역사를 망라한 책으로, 이 장에서 다루는 것과 같은 주제를 좋아하는 독자라면 강력 추천한다.) 그가 '발견'한 섬은 예컨대 뉴사우스 그린란드(가짜), 바이어섬(가짜, 어느 부자에게 잘 보이려고 그 부자의 이름을 붙였음), 모렐섬(역시 가짜, 자기 이름을 붙였음) 등이 있었다. 모두 존재하지 않는 가공의 섬이었지만 그중 몇 개의 섬은 100년이 넘게 해도에 등장해 그 부근을 항해하는 사람들이 골머리를 앓아야 했다.

이런 엉터리 지리 정보는 과거에 아는 게 부족했을 때나 판쳤던 것이지 위성사진과 구글 지도가 있는 오늘날과는 무관한 먼 옛날 일이라고 생각할지 모르겠다. 하지만 꼭 그렇지도 않은 게, 과거에 잘못 알려졌던 정보가 오늘날까지 살아남는 경우도 많다. 실제로 그런 정보가 구글 지도에 버젓이 들어간 사례가 적어도 한 건 있었다. 그 주인공은 오스트레일리아 앞바다 수천 킬로미터 해상에 있다고 알려졌던 '샌디섬'이다. 100년 넘게 지도에 그려져 있었는데, 2012년 오스트레일리아 측량선이 이 섬이 있어야 할 자리를 지나가다가 섬이 없다는 것을 확인했다. 그뿐만 아니라 그 일대에 수심 1,000미터 이내인 지점이 전혀 없다고 못 박았다. 이에 구글과 내셔널 지오그래픽 협회 등 관련 단체들은 이 섬을 지도에서 황급히 지웠다고 한다.

이렇게 허구의 땅이 생명력을 지속하는 것도 어찌 보면 놀랍지 않은 게, 인간은 땅을 너무너무 좋아한다. 땅은 생활의 터전이기도 하지만 무엇보다도 큰돈이 될 수 있다. 그 점을 여실히 보여주는 사

례가 멕시코만의 유카탄반도 북쪽 바다에 있다고 했던 베르메하섬
이다. 16세기에 처음 지도에 등장해 20세기 초에 이르러서는 지도
에서 거의 사라졌던 조그만 섬인데, 갑자기 운명의 반전을 겪게 된
다. 멕시코 정부가 그 섬이 존재하기만 한다면 멕시코만 유전에서
꽤 넓은 구획의 채굴권을 획득할 수 있다는 데에 생각이 미친 것이
다.[14] 그래서 멕시코 선박들이 여러 해 동안 상상의 섬을 열심히 찾
았지만 허사였고, 결국 섬은 존재하지 않는 것으로 결론이 났다. 그
러나 현재까지도 많은 멕시코인들이 그 자리에 섬이 '한때는' 있었
던 게 틀림없다고 주장하고 있다. 몇몇 멕시코 국회의원은 CIA가
섬을 폭파했다고 주장하기도 했다.

　인간의 땅에 대한 착각은 '동기에 의한 추론motivated reasoning'에
서 비롯되는 경우가 허다하다. 진실이라고 믿고 싶은 마음이 워낙
강해 증거를 결론에 끼워 맞추는 것이다. 그럴 만도 한 게, 땅은 부
와 권력뿐 아니라 가끔은 명예의 원천이기도 하다. 그 점을 가장 뚜
렷이 보여주는 사례가 바로 탐험가들이 북극점 최초 도달을 놓고
맞붙은 이야기다. 아니 더 정확하게 말하면, 북극점 최초 도달자라
는 영예를 놓고 맞붙은 이야기가 되겠다.

　대결이 처음 불붙은 것은 1909년 미국의 신문지상에서였다. 9월
7일 《뉴욕 타임스》는 1면에 "피어리, 23년간 8회 도전 끝에 북극
발견"이라는 머리기사를 실어 로버트 E. 피어리의 쾌거를 알렸다.
최근 보도된 다른 내용의 소식에 전혀 개의치 않는다는 듯한 태세
였다. 고작 5일 전에 《뉴욕 헤럴드》가 1면 머리기사로 "프레더릭 A.
쿡, 북극 발견"이라고 선언했던 참이었다.

　《뉴욕 헤럴드》의 기사는 피어리에게 적잖은 충격으로 다가왔을

것이다. 피어리는 그때 원정을 마치고 갓 돌아와 자신의 놀라운 성과를 세상에 알리려고 기회를 보던 중이었다. 그런데 옛 친구이자 한배를 탄 동료였던 쿡이 1년 전에 실종되어 죽은 것으로 알고 있었는데 갑자기 나타나, 자기가 1908년에 북극에 도달했다고 주장한 것이다. 피어리는 《뉴욕 타임스》 기사에서 쿡을 사기꾼이라며 맹렬히 비난했다.

초기 대결은 여론의 향방을 주도하려는 싸움이었고, 기사를 먼저 내보낸 쿡에게 일단 유리하게 흘러가는 듯했다. 쿡이 탄 비행기가 뉴욕에 내리자 군중은 열렬한 환호로 그를 맞았다. 전국 각지의 신문들은 여론조사를 벌여 누구의 주장이 옳다고 생각하는지 물었고, 번번이 쿡이 압도적 승자로 떠올랐다.

하지만 피어리는 여론몰이에 능했다. 즉시 여기저기 부탁을 넣으며 쿡의 신빙성을 떨어뜨리려는 조치에 착수했다(특종을 지키기 위해 이에 맞선 《뉴욕 헤럴드》의 주장에 따르면, 목격자를 적어도 한 명 이상 매수하기도 했다). 한편 쿡은 귀국길에 짐을 줄이려고 탐험 기록 대부분을 그린란드의 지인에게 맡겨놓고 온 상태였다. 지인이 기록을 뉴욕으로 가져다주기로 했는데, 불행히도 지인이 탄 뉴욕행 배가 하필 피어리가 소유한 배였다. 피어리는 치사하게도 쿡의 물건을 일체 배에 싣지 못하게 막았다.

쿡은 자신의 주장을 증명할 증거물이 오지 않는다는 소식을 듣고 우울에 빠졌고, 몇 달 후 유럽으로 몸을 피해 그곳에서 1년을 지내며 책 한 권을 썼다. 《뉴욕 타임스》는 그가 "사라졌다"는 소식을 의기양양하게 전하며, 그의 주장을 "역사상 최고의 허풍"이자 "인류가 지구에 등장한 이래 가장 경악스러운 사기"로 규정했다.[15]

(《뉴욕 타임스》가 피어리의 주장을 즉각 지지하고 나선 것은 그 신문사가 이미 그의 탐험을 보도할 권리를 4,000달러에 사들였다는 사실과 무관치 않았을 수도 있다.)

《뉴욕 타임스》라는 강력한 신문과 더불어 (애초부터 피어리의 원정을 후원했던) 내셔널 지오그래픽 협회 등 주류 집단 대부분이 피어리를 지지했다. 이에 힘입어 피어리의 주장은 곧 쿡의 주장을 밀어내기에 이르렀고, 결국 통상적으로 인정받는 사실이 되었다. 의회도 피어리의 북극점 도달 사실을 공인했고, 미 해군 공병 장교 출신이었던 피어리는 은퇴와 동시에 해군 소장으로 진급하여 매년 수천 달러의 연금도 받으며 살았다.

그 후 한 세기 동안 쿡과 피어리의 지지자들은 누구 주장이 옳은지를 놓고 격론을 벌였다. 쿡은 정말로 피어리의 정당한 업적을 가로채려 한 사기꾼이었을까? 아니면 피어리야말로 패배를 인정하지 못하고 비겁한 수작으로 남의 공을 훔치려 한 작자였을까?

진실은 흥미롭게도, '둘 다 아니올시다'이다. 두 사람 다 거짓말을 한 것이 밝혀지고 만다.

오늘날 전문가들의 중론은, 두 사람 모두 북극점 100마일(160킬로미터) 반경 이내로 접근하지 못했을 가능성이 높으며, 두 사람 모두 실패를 덮으려고 증거를 날조했다는 것이다.

우선 반박하기가 더 쉬운 쿡의 주장부터 살펴보자. 일단 쿡은 이미 정직성을 의심받는 스캔들에 휘말려 있었다. 피어리도 그 점을 비아냥거리면서 정확하게 꼬집으며 언론몰이에 활용했다. 쿡은 디날리산(북아메리카에서 가장 높은 산)을 최초로 올랐다고 주장했지만 그 주장은 많은 의심을 받았다. 의심이 한층 증폭된 계기는, 쿡이 산 '정상'에 선 동료 사진의 일부를 잘라낸 사실이 드러난 것이 었다. 배경에 보이는 훨씬 높은 봉우리를 은폐하려고 한 것이 분명했다. 왜, 우리도 인스타그램에 고즈넉한 휴양지 사진을 올리기 전에 귀퉁이에 맥도날드 매장이 찍힌 부분을 잘라내지 않는가. 그런 식이었다.

하지만 의심 수준이었던 게 이듬해인 1910년에 전모가 드러났다. 다른 원정대가 쿡이 갔던 길을 그대로 따라갔다가 그 사진을 찍은 봉우리를 발견했는데, 실제 최고봉과 30킬로미터나 떨어져 있었고 높이가 최고봉보다 무려 4,600미터 낮았다. (현재 이 노두의 공식 명칭은 너무 적절하게도 '가짜 봉Fake Peak'이다.)

사진 바꿔치기 기술은 알고 보니 쿡의 주특기였다. '북극점'이라면서 내놓았던 사진도 옛날에 알래스카에서 찍었던 사진으로 밝혀진 것이다. 탐험 증거물이라며 내놓은 일기장도 나중에 쓴 것이 분명해 보였다. 이누이트 길잡이들도 쿡과 동행하면서 북극점까지 가지 않았다고 나중에 진술했고, 쿡이 북극점으로 가는 길에 발견했다고 한 섬은 나중에 보니…… 없었다. 쿡의 명성에 마지막 결정타가 가해진 것은 1923년이었다. 탐험계를 떠나 석유업계에 종사하고 있다가, 우편 사기로 유죄를 선고받고 징역을 살게 된 것이다. 아무래도 뭔가 수상쩍은 작자로 역사에 남을 수밖에 없는 사건이었다.

그러자 피어리가 진정한 북극점 발견자의 타이틀을 차지할 길이 활짝 열렸다. 쿡의 평판이 워낙 너덜너덜한 누더기가 된 데다 두 사람의 싸움이 대중적으로 익히 알려졌던지라, 피어리는 꽤 편하게 갈 수 있었던 것으로 보인다. 한 사람이 거짓말쟁이면 나머지 한 사람은 진짜이겠거니 생각하기 쉬우니, 아마 그 덕을 많이 보았을 것이다. 그래서 피어리의 탐험담은 거의 20세기 내내 사실로 널리 인정받게 되었다.

이건 좀 묘한 게, 그때 당시에도 그의 정직성에 대해선 심각한 의문점이 있었다. 돌이켜 살펴보면 의심을 촉발했을 만한 행동이 한둘이 아니었다. 피어리는 일기장을 의회에 증거로 제출했는데, 그 일기장이라는 것이 의원들이 보기에도 의심을 사기에 충분했다. 씻는다는 건 불가능한 열악한 환경에서 기름때에 전 손으로 매일 쓴 일기장이라기에는 너무나도 깔끔했다. 그런가 하면 피어리는 아무도 자기 탐험 기록을 검토하지 못하게 막기도 했다. 게다가 그 역시 가는 길에 섬 하나를 발견했다고 주장했고, 그 섬 역시 존재하지 않는 것으로 밝혀졌다.

그러나 가장 큰 의혹은 피어리 본인이 기술한 탐험 여정이 현실적으로 거의 불가능하다는 점이었다. 북극점이란 땅 위에 있는 것이 아니라 유빙으로 덮여 있다. 그리고 유빙은 떠다니는 얼음이니 계속 위치가 바뀐다. 또 사방이 광활하게 트여 눈과 얼음밖에 보이지 않으니 참고하여 길을 찾아갈 지형지물도 거의 없다. 북극점을 향해 걸어가려면 주기적으로 방위 관측을 해가면서 목표 경로를 벗어나지 않았는지, 그리고 발밑의 땅이 움직이지 않았는지 확인해야 한다. 물론 피어리가 당연히 할 수 있는 작업이었다. 쿡과 달리 피어리는 전문 기술을 갖춘 탐험가였고, 대원들 중에도 전문가 몇 명이 있었다. 그런데 이상한 게, 북극점을 향해 나아가는 여정 전체를 통틀어 방위 관측을 한 번도 하지 않았다.

그럼에도 본인의 탐험 기록에 따르면, 끝없이 움직이는 데다 지

삶을

다정하게

가꾸는

월북의

"나는 이 책에서 '쓸모'의 의미를 논하고 싶지 않지만, 사람들이 이 말을
지나치게 교육이나 자기 계발에 관해서만 사용할 때 슬퍼지곤 한다."

『인생의 언어가 필요한 순간』 중에서

책 — 들

www.willbookspub.com

모든 단어는 이야기를 품고 있다

인생의 언어가 필요한 순간

아침마다 라틴어 문장을 읽으면
바뀌는 것들

니콜라 가르디니 지음 | 전경훈 옮김

옥스퍼드 오늘의 단어책

날마다 찾아와 우리의 하루를
빛나게 하는 단어들

수지 덴트 지음 | 고정아 옮김

걸어 다니는 어원 사전

양파 같은 어원의 세계를 끝없이
탐구하는 아주 특별한 여행

마크 포사이스 지음 | 홍한결 옮김

그림과 함께 걸어 다니는 어원 사전

이 사람의 어원 사랑에 끝이 있을까?
한번 읽으면 빠져나올 수 없는 이야기

마크 포사이스 지음 | 홍한결 옮김

미식가의 어원 사전

모든 메뉴 이름에는 연원이 있다

앨버트 잭 지음 | 정은지 옮김

나를 이해하고 자연을 읽는 방법

과학의 기쁨

두려움과 불안, 무지와 약점을 넘어
더 넓은 세상을 찾는 과학자의 생각법

짐 알칼릴리 지음 | 김성훈 옮김

뛰는 사람

생물학과 달리기와 나이 듦이 어우러진
80년의 러닝 일지

베른트 하인리히 지음 | 조은영 옮김

나를 알고 싶을 때 뇌과학을 공부합니다

마음의 메커니즘을 밝혀낸
심층 보고서

질 볼트 테일러 지음 | 진영인 옮김

새의 언어

하늘을 유영하는 날개 달린 과학자들에게
우리가 배울 수 있는 것들

데이비드 앨런 시블리 지음 | 김율희 옮김

필로소피 랩

세상 모든 질문의 해답을 찾는 곳
옥스퍼드대학 철학 연구소

조니 톰슨 지음 | 최다인 옮김

흔들리는 세상을 바로 보는 창

눈에 보이지 않는 지도책

세상을 읽는 데이터 지리학

제임스 체셔, 올리버 우버티 지음 | 송예슬 옮김

잠자는 죽음을 깨워 길을 물었다

인간성의 기원을 찾아가는 역사 수업

닐 올리버 지음 | 이진옥 옮김

바보의 세계

역사는 자기가 한 일이 뭔지 모르는
멍청이에 의해 쓰인다

장프랑수아 마르미옹 엮음 | 박효은 옮김

인간의 흑역사

인간의 욕심은 끝이 없고
똑같은 실수를 반복한다

톰 필립스 지음 | 홍한결 옮김

진실의 흑역사

가짜뉴스부터 마녀사냥까지
인간은 입만 열면 거짓말을 한다

톰 필립스 지음 | 홍한결 옮김

형지물도 없는 유빙 위를 일직선으로 800킬로미터를 걸어 북극점에 도달했다는 것이다. 그뿐만이 아니라, 북극점에 도달하기 일주일 전에 탐험 전문 기술을 갖춘 대원 모두를 포함, 대원들 대부분을 돌려보냈다. 그것만 해도 수상쩍은데 더 수상쩍은 것이, 대원들을 돌려보내고 나자 전진 속도가 신기하게도 배로 빨라져 하루에 114킬로미터라는 어마어마한 거리를 주파했다. 더군다나 이전 원정에서 동상으로 발가락을 여덟 개 잃었던 사람으로서는 엄청난 위업이었다. (나머지 발가락을 치료해 살렸던 의사가 바로 후에 숙적이 된 프레더릭 쿡이다.)

막바지에 피어리는 방위 관측을 한 번 하기는 했다. 동행하던 대원 매슈 헨슨에 따르면 관측 후에 참담한 표정으로 돌아와, 결과를 물어도 아무 말을 하지 않았다는 것이다. 그러고는 그다음 날, 지금 있는 곳이 북극점이라고 선언하고는 미국 국기를 깡통에 넣어 얼음 밑에 묻었다. 그리고 일행은 귀환했다.

피어리와 쿡 두 사람 중 누가 진정한 북극의 최초 정복자냐 하는 논란은 그 후에도 수십 년간 이어졌지만, 현재 전문가들의 일반적인 의견은 두 사람 다 북극점에 도달하지 못했다는 것이다. 쿡은 근처에도 가지 못했고, 피어리는 목표 지점에 대략 100~150킬로미터 정도 못 미친 것으로 보인다. 실제로 육로를 통해 북극점에 최초로 도달한 원정은 1968년에야, 그것도 스노모빌을 이용해 이루어졌다.

(여기서 한 가지 짚고 넘어갈 만한 사실은, 극지 탐험가들 중 역사적 물음표를 꼬리표처럼 달고 있는 인물은 쿡과 피어리 이외에도 허다하다는 것이다. 한 예로 앞서 몇 번 소개했던, 엉터리 욕조 이야기를 연구했던 탐

험가 빌햐울뮈르 스테파운손을 들 수 있다. 그는 1913년에 캐나다 탐험대를 이끌고 알래스카와 북극 사이에서 새 땅을 찾으러 나섰는데, 배가 얼음 사이에 끼어 붕괴될 위기에 처했다. 스테파운손은 곧바로 사냥감을 잡으러 뭍에 갔다 오겠다며 떠났다. 그가 떠나 있는 동안 배는 얼음에 박힌 채 떠내려가 결국 침몰했다. 선원들 중 열한 명은 구조되지 못하고 죽었지만, 스테파운손은 배와 선원들이 희생되었는데도 아무 일 없다는 듯, 그 후로도 4년이나 더 썰매를 타고 극지방 탐험을 활발히 이어갔다. 배에서 살아남은 생존자 중 몇 명은 스테파운손이 고의로 자신들을 버리고 떠난 것 같다고 후에 말했다.)

쿡과 피어리의 경우는 실패를 덮기 위해 속임수를 썼지만, 땅 관련 구라꾼들 가운데는 그 반대의 경우도 있다. 즉, 현실과 너무 동떨어진 허황된 이야기를 만들어냄으로써 실패를 자초한 경우가 되겠다.

루이스 래시터라는 사람이 좋은 예다. 래시터는 1930년 막대한 부를 찾아 오스트레일리아 중부의 사막으로 탐험대를 이끌고 갔다. 목표는 사막 어딘가에 숨어 있는 '금맥'이었다. 발견만 하면 모든 대원이 왕처럼 떵떵거리며 살 수 있다고 했다.

물론 오스트레일리아 한복판에 길이 15킬로미터짜리 금맥 같은 건 없다. 래시터는 금맥을 자기 두 눈으로 직접 보았다고 주장했다. 1897년인가 1900년인가 1911년인가에(말할 때마다 시기가 달라졌다) 사막에서 길을 잃고 헤매다가 우연히 발견했다는 것이다. 그때는 다시 찾아가려 했지만 찾지 못했다고 했다. 이제 수십 년간 자금을 조달한 끝에 탐험대를 이끌고 다시 찾아 나선 것이었다.

지금도 논란이 되는 게 래시터가 단순히 착각한 것이냐, 심한 망상에 빠져 있던 것이냐, 아니면 뻔뻔한 사기꾼이었느냐 하는 것이다. 조금씩 다 맞다고 보는 것도 좋을 것 같다. 어쨌든 세계 대공황이 닥쳤던 당시, 그의 이야기에 어느 유력한 재력가가 관심을 보였고 혹시나 하는 마음으로 지원을 결정했다. 그렇게 해서 여덟 명의 대원으로 이루어진 탐험대는 비행기 한 대와 트럭 몇 대까지 동원해 황금 찾기에 나섰다.

떠난 지 얼마 안 되어 대원들이 보니 래시터는 어디로 가야 할지 갈피도 못 잡고 있었다. 심지어 오스트레일리아 오지 탐험 경험조차 없는 게 분명했다. 탐험대는 부질없이 이곳저곳을 찾아보다가, 트럭은 모래에 처박혀 움직이지 못하게 되었고 비행기는 추락해 조종사를 병원으로 보내야 했다.

대원들은 차츰 래시터가 순 구라쟁이라는 결론을 내리고 하나둘씩 포기하고 떠났다. 결국 래시터 곁에는 폴이라는 들개 사냥꾼과 낙타 몇 마리만 남게 되었다. 탐험을 이어가던 중 래시터가 금맥을 찾았다면서도 어디인지 말을 하지 않자, 잠깐 주먹다짐을 벌이고 나서 폴마저 떠나갔다. 마지막으로 낙타들까지 (래시터의 일기에 따르면) 그가 큰 일을 보던 도중 도망가 버렸다.

래시터의 유해와 일기장은 그다음 해에 사막에서 발견되었다.

그 후로도 수십 년간 수많은 탐험대가 오스트레일리아 한복판에 절대 있을 리 없는 금맥을 찾아 나섰고, 지금도 몇 년에 한 번씩은 래시터의 금맥 위치를 찾아냈다고 주장하는 사람이 꼭 나온다.

래시터는 금맥의 존재를 실제로 확신했을 수도 있다. 그저 사기였다고 하기엔 대원들이 다 포기하고 떠난 마당에도 혼자 오래도록 탐색을 계속한 이유가 설명되지 않는다. 현실에 없는 땅의 이야기를 지어낸 사람들이 흔히 그러듯, 단순한 착각이 점점 굳은 믿음이 되면서 점점 매달리게 되었는지도 모른다. 그 이유가 열정이었든 수치심이었든, 아니면 그저 확증 편향 때문이었든 말이다.

그랬던 사람이 그뿐만은 아니다. 아닌 게 아니라, 땅 관련 허튼소리 중에서도 역사에 손꼽힐 엄청난 사례의 주인공이 있다. 그자도 근거라곤 눈곱만큼도 없는 허위 주장을 펴면서 끝까지 틀림없는 사실인 것처럼 행동했다. 하지만 그 얘기를 하려면, 먼저 사기꾼과 협잡꾼과 야바위꾼의 음흉한 세계로 깊숙이 들어가 볼 필요가 있다. 역사상 최고의 사기꾼이라 불러도 손색이 없을 인물, 한 나라를 통째로 만들어내 한 나라 국민을 속여먹은 주인공을 다음 장에서 만나보자.

사기꾼 · 열전

1823년 2월, 포야이스 앞바다에 도착한 정착민들은 새 보금자리를 향한 기대에 들떠 있었다. '온두라스 패킷호'가 블랙강 석호 언저리에 닻을 내리는 순간, 배에 타고 있던 이주민들은 새로운 터전에서 부유하게 살아갈 꿈에 잔뜩 부풀어 있었을 것이다. 그들이 들은 포야이스라는 나라는 아름답고도 풍요로운 땅이었다. 중앙아메리카의 온화한 기후는 두 달 전 떠나온 런던의 쌀쌀한 날씨와 천양지차이며, 건강에 엄청나게 좋다고 했다. 토양이 비옥해 1년에 삼모작을 할 수 있기에, 농사만 지으면 힘 들이지 않고도 큰 수익이 보장된다고 했다. 굽이굽이 흐르는 긴 강줄기에는 사금이 가득해, 강가의 모래를 체로 치기만 해도 금 알갱이가 나온다고 했다. 석호 안쪽 블랙강 어귀에는 이 나라의 주요 무역항이 자리 잡고 있으며 항구에서 몇 킬로미터 떨어진 곳에는 수도인 세인트조지프가 위치해 있다고 했다. 수도는 인구 1,500명의 작지만 급성장 중인 도시로,

유럽풍의 우아한 건축물이 즐비하다고 했다.

이주민들을 맞아줄 배가 석호 쪽에서 모습을 보이지 않았기에, 헤지콕 선장은 예포 한 발을 쏘아 포야이스 사람들에게 도착 소식을 알렸다. 이제 항구 관계자들이 배를 저어와 이주민들을 맞아줄 터였다. 탑승객들은 들뜬 마음으로 기다렸다.

기다리고, 또 기다렸다.

배는 나타나지 않았다.

이주민들은 결국 석호로 진입해 해안에 배를 댔지만, 분주한 무역항의 모습은 보이지 않았다. 수도 세인트조지프를 찾으려고 강을 수 킬로미터 거슬러 올라가 울창한 정글을 헤치며 주변을 훑었지만, 가로수 즐비한 대로에 은행과 오페라하우스가 들어선 국제도시는 보이지 않았다. 겨우 찾은 것은 수십 년 된 건물 잔해와 버려진 오두막 몇 채뿐이었다. 장소를 잘못 찾아왔나 하고 지도를 거듭 확인해보았다. 포야이스의 카지크('통치자')에게서 직접 받은 상세 지도였다. 전쟁 영웅이자 귀족 혈통이며 이 신생국의 영적 지도자인, 그레거 맥그레거 장군이 제공한 지도가 잘못될 리 없었다.

아무리 봐도 지금 있는 곳이 맞았다.

그때까지도 이주민들은 확실히 깨닫지 못했다. 하지만 몇몇 사람은 뭔가가 아주 굉장히 잘못됐다는 본능적 육감이 스멀스멀 피어오르고 있었을 만하다. 그곳에 배도 없고, 항구도 없고, 도시도 없었던 이유는, 길을 잘못 찾았기 때문이 아니었다.

그건 포야이스라는 나라 자체가 존재하지 않기 때문이었다.

신생국 포야이스는 오로지 그레거 맥그레거의 상상 속에만 존재하는 나라였다. 맥그레거는 그 허구의 땅을 밑천 삼아 런던의 투자자들에게서 거액을 끌어들였고, 고국 스코틀랜드 사람들 수백 명이 집과 재산을 처분하고 망망대해를 건너오게 했다. 새 땅에 정착하는 특권의 대가로 이주민들에게 두둑한 사례까지 받아 챙겼다.

1년 안에 이주민 대부분은 죽고 만다.

사기꾼 중에는 솔깃한 사업 아이템을 꾸며내는 사람도 있고, 병든 친척을 들먹이는 사람도 있고, 뭔가 숨겨진 재산이 있는데 이메일을 무작위로 보내서 받은 수신자가 도와줘야 찾을 수 있다는 등의 수작을 부리는 사람도 있다. 하지만 나라 하나를 통째로 만들어낸 맥그레거에 비하면 다들 귀여운 수준이다.

우리는 사기꾼, 협잡꾼, 야바위꾼 같은 사람들 이야기라면 사족을 못 쓰곤 한다. 그들이 약자와 호구를 착취하는 파렴치범으로 그려지건, 부당한 체제의 허점을 찌르는 비뚤어진 서민 영웅으로 그려지건 간에 사기꾼 이야기라면 아무리 들어도 질리지 않는다. 그 이유라면 우리가 남들이 속는 이야기에 고소한 재미를 느껴서일 수도 있겠고, 아니면 '나도 당할지 모른다'는 피해망상적 공포를 즐겨서일지도 모른다. 아니면 많은 사람이 은밀히 품고 있는 생각을 확인시켜줘서인지도 모른다. 가진 자와 못 가진 자를 가르는 사회 구조란 위선적인 허울뿐으로, 누구나 뻔뻔하게 연기만 할 수 있으면 허물어뜨릴 수 있는 모래성에 지나지 않는다는 것이다.

맥그레거는 《이코노미스트》의 표현을 빌리면 "역대 최고의 사기 행각"을 벌인 자로 역사에 기억되고 있다.[1] 그러나 흥미롭게도 오늘날까지 그의 행각에는 분명치 않은 점이 많다. 과연 어디까지가 진짜였으며, 어디까지가 용의주도한 사기였고, 어디까지가 엄청난 자기기만이었을까?

맥그레거는 야심과 카리스마가 넘치고 가끔은 매력도 장착한 인물로, 자기는 큰 사람이 될 운명을 타고났다고 철석같이 믿는 사람이었다. 그리고 실제로 큰사람이 될 뻔할 기회를 꾸준히 만들어가기도 했는데, 그때마다 매번 크게 날려먹고 말았다. 맥그레거는 자기 업적 꾸미기에 쏟은 노력만큼만 실제로 업적 세우기에 쏟았더라면 참 좋았을 것이다. 그러면 수백 명이 파산하거나 죽지 않았을 것이고, 본인도 훨씬 더 성공한 삶을 살 수 있었을 것이다.

맥그레거의 사기에 이주민과 투자자들이 속아 넘어간 이유는 이해할 만도 했다. 그는 대단히 화려한 이력을 뽐냈다. 스코틀랜드 귀족으로 영국군에 입대해 ('다이하드Die-Hards'라는 별명으로 유명한) 전설의 제57보병연대 소속으로 알부에라 전투에서 싸웠고, 포르투갈군에서도 무공을 세워 포르투갈 그리스도 기사단 훈장을 받기도 했다. 그러고는 당시 영국 군인들이 많이 찾아가던 남아메리카로 건너가 스페인 제국에 맞선 독립전쟁에 참전해서 베네수엘라에서 장군 직위에까지 오르고 국민적 영웅으로 떠올랐다. 그는 화려한 이력에 걸맞게 혈통부터 범상치 않았다. 본인이 스코틀랜드의 그레거 씨족Clan Gregor을 대표하는 씨족장이자, '스코틀랜드의 로빈 후드'로 알려진 전설의 의적 로브 로이의 후손이었으니 말이다.

그러던 1821년 말, 신문에 광고가 실리기 시작했다. '포야이스'라는 나라의 땅을 사라는 광고였다. 사전 예약 특별 할인가로 에이커당 1실링에 공급하고 있으며, 다음 달부터는 가격이 오를 예정이니 서두르는 게 좋다고 했다.[2] 광고는 많은 이들의 구미를 동하게 했을 것이다. 신대륙 식민지를 수백 년간 지배했던 스페인 제국의 아성이 무너져가면서 당시 영국인들은 새로운 기회에 눈독을 들이고 있었고, 바야흐로 남아메리카 투자 붐이 일고 있었다. 1822년 여름에는 광고 내용이 하나 더 늘었다. 땅 투자도 좋지만, 아예 포야이스에 이주해 새 삶을 살라고 했다. 《더 타임스》에 실린 광고 문구에 따르면, "쾌적하고 안락한" 온두라스 패킷호가 목적지까지 안전하게 모실 것이라고 했다.[3]

맥그레거는 광고 내용을 뒷받침하기 위해 전면적인 홍보 캠페인을 벌였다. 신문 인터뷰에 응하고, 상류층 사람들을 만나 악수하고, 런던과 에든버러에 포야이스 정부 사무소까지 개설했다. 그뿐이 아니었다. 돈을 좀 들여 가죽 장정의 책까지 출간했다. 제목은 『모스키토 해안 지역 개황Sketch of the Mosquito Shore』, 저자는 "토머스 스트레인지웨이스, K. G. C."라는 사람으로, "포야이스 제1연대 대위, 포야이스 카지크 그레거 전하의 보좌관"이라고 되어 있었다.

『모스키토 해안 지역 개황』에는 첫 페이지에 그레거의 위엄 있는 모습이 멋지게 그려져 있고, 블랙강 석호 위에 배가 떠다니는 아름다운 풍경도 실려 있었다. 이주민들에게 포야이스에 대한 환상을 심어준 것은 이 책이었다. "작은 순금 알갱이"가 널린 강이 흐르고, 토양은 삼모작이 가능할 뿐 아니라, 원주민 노동자들은 상냥하고 영국인에 대한 충성심이 깊어 푼돈만 안겨주어도, 아니 잘하면 옷만 제공해주어도 1년 내내 열심히 신나게 일한다고 했다.[4]

(책 첫머리에는 '모스키토 해안'이라는 이름에 대해 오해가 없도록 자세한 설명도 해놓았다. 모기가 많아서 붙은 이름이 아니라, 해안선을 따라 조그만 섬들이 워낙 많아서 붙은 이름이라고 했다. 하지만 두 이야기 다 사실이 아니다. '모스키토 해안'이라는 이름은 원주민 미스키토족의 이름에서 유래했다.[5] 다만 모기는 확실히 많다는 사실을 정착민들은 곧

깨달았다.)

사실 책의 내용 태반은 그 지역에 관한 오래된 책 몇 권에서 그대로 베껴 온 것이었다. 새로 쓴 부분은 순전한 허구였으며, 맥그레거 본인이 썼다는 사실이 훗날 허위 사실 유포죄 재판 과정에서 밝혀졌다.

하지만 맥그레거의 사기 행각은 그 책에서 그치지 않았다. 포야이스는 그저 새로이 개척하여 일구어나갈 기회의 땅이 아니었다. 그는 포야이스가 이미 기틀이 잡힌 버젓한 국가라고 선전했다. 정부가 안정적으로 운영되고 있고, 도시의 기반 시설이 완비되어 있으며, 문화에 활력이 넘치는 나라라고 했다.

그리고 '포야이스 영토 거주민들에게 공표함'이라는 문서를 사람들에게 보여주고 다녔다. 포야이스라는 국가의 공식 출범을 선포하는 문서로, 모스키토 해안 지역의 왕이 포야이스 영토의 통치권을 자신에게 영구히 부여했다는 내용이었다. 런던으로 떠나기 전에 포야이스 땅 전역에 그 문서를 배포하고 왔다고 했다.

나라의 국기도 만들었고, 기사 작위 서훈제를 고안해 자신의 계략에 동참할 만한 사람에게 '녹십자 훈장'을 수여했다. '포야이스 달러' 지폐를 인쇄해서 이주민들에게 새 보금자리 정착 비용으로 쓸 수 있게 한 상자씩 주었다. 포야이스 정부의 삼권분립 체제를 설명했다. 앤드루 피컨이라는, 문학의 꿈을 품은 순진한 청년을 꼬드겨 포야이스를 칭송하는 시를 쓰게 했다. 시는 포야이스 문화를 직접 겪고 쓴 것처럼 보였다.

피컨은 맥그레거와 와인잔을 기울이다가 포야이스 국립극장 관장 자리를 줄 수도 있다는 언질을 듣고 나서는 세인트조지프에서의 생활 혜택을 앞장서서 홍보하는 나팔수 중 한 명이 되었다.

다른 이주민들도 주요 직책을 약속받았다. 이를테면 세인트조지프 부시장, 포야이스 은행장 등이었다. 존 헬리(문헌에 따라서는 '존 힐리')라는 에든버러 출신 제화공은, 포야이스 공주의 직속 제화공을 시켜주겠다는 약속을 받고는 재산을 팔아 가족을 남겨두고 이민 길에 올랐다.

물론 그곳에 도착한 이주민들의 눈에 들어온 포야이스의 모습은…… 그리 대단치 않았다. 이주민들의 배가 닻을 내린 곳은 오늘날 온두라스의 북해안, 공교롭게도 '그라시아스 아 디오스(하느님 감사합니다)'라는 이름으로 불리는 지역의 서쪽 끝이었다. 블랙강은 오늘날 시코강으로 불리고, 석호는 이반스 석호, 에바노 석호 등 여러 이름으로 불린다.[6]

그곳은 현재도 상당히 오지여서 주민이 많지 않지만, 공항은 하나 있다. 공항이라기보다는 풀밭 착륙장이라고 해야겠지만. 그리고 여행 안내서 『론리 플래닛』에 따르면 꽤 괜찮은 '환경친화적 숙박시설'도 한 곳 있다.[7] 전반적으로 '온두라스 패킷호'의 승객들을 맞이했던 그때와 비교하면 아마 훨씬 더 살기 좋아졌을 것이다.

그들을 맞이한 것은 기껏해야 울창한 정글, 약간의 건물 잔해, 그리고 오두막에 사는 미국인 은둔자 한 명뿐이었다. 도시도, 마을도, 항구도 없었다. 강가에 순금 알갱이 따위는 눈을 씻고 봐도 없었다. 온두라스 패킷호를 타고 온 첫 이민자 무리는 해변에 천막과 임시 거처를 짓고 살면서 몇 주를 버텼다. 뭐가 잘못된 것인지 고민하면서, 순진하게 포야이스 당국자들의 연락만을 기다렸다.

몇 주 후, 두 번째 이민자 무리를 싣고 '케너슬리 캐슬호'가 도착했다. 그러자 상황은 더 심각해졌다. 우선 주민이 약 70명에서 200여 명으로 늘었으니, 먹을 입도 더 늘었고 병드는 사람도 더 많아졌다. 더군다나 두 무리의 이주민들은 초장부터 사이가 삐걱거렸다. 나중에 온 이주민들은 오는 배 안에서 내내 피컨에게서 세인트조지프가 아주 멋지다는 이야기를 듣고 왔던 터라, 도착하자마자 마주한 풍경에 더더욱 심기가 불편했다. 게다가 (부시장 자리를 맡기로 하고 온) 이곳 책임자 헥터 홀 대령이라는 사람이 그동안 왜 버젓한 거처를 더 지어놓지 않았는지, 아니 왜 나와서 자기들을 맞아주지도 않는지 이해할 수가 없었다.

그렇게 된 한 가지 이유라면, 거기 와 있던 이주민들은 맨땅에 마을을 지을 만한 기술자들이 아니었다는 것. 은행가, 공무원, 귀금속상, 인쇄업자, 정원사, 하인, 가구공 등이었는데, 물론 번화한 도시가 기다리고 있었다면 다 참 좋은 직업들이었지만, 일단 집부터 지어야 하는 상황에서는 다들 별 도움이 되지 않았다.

그러나 더 큰 이유는, 이주민 대다수와 달리 홀 대령은 이미 사태를 간파했기 때문이었다. 모두가 철저히 사기를 당한 것이었다. 그것도 어마어마한 규모로. 포야이스 당국자가 연락해올 일 따위는 없었다. 해안을 떠나 내륙으로 들어가봤자 결과는 죽음일 게 뻔했다. 정착촌을 세운다는 것도 아무 의미가 없었다. 상당량의 물자가 실려 있던 온두라스 패킷호마저 폭풍이 일던 날 어디론가 떠나가버린 마당에, 살길은 어떻게든 구조받는 것밖에 없었다. 그래서 그는 헤매다니고 있었다. 사라진 온두라스 패킷호를 찾고, 조지 프레더릭 오거스터스 왕과 연락하는 게 목표였다. (왕은 미스키토족 출신의 명목상 통치자로, 영국이 앉혀놓은 꼭두각시에 불과했다. 맥그레거가 자기에게 포아이스의 통치권을 위임했다고 한 그 왕이었다.)

왕이 상황에 대해 전혀 아는 바가 없다는 전언을 듣고 해안에 돌아온 대령은 새로 온 이주민들이 케너슬리 캐슬호마저 떠나보낸 것을 알고 분통이 터졌다. 이주민들은 자기들 나름대로, 대령이 구해온 게 작은 럼주 통 하나뿐인 것을 알고 분통이 터졌다.

상황은 급격히 나빠졌다. 내분 속에서 이주민들의 사기는 바닥으로 떨어졌고, 거처를 더 지어보려는 시도는 실패로 돌아갔으며, 무엇보다 우기가 닥치면서―그리고 없다고 했던 모기가 판을 치면서―사람들이 병에 걸려 죽어나가기 시작했다. 홀 대령은 이 모든 것이 사기였다는 사실을 계속 입 밖에 내지 않았다. 그 사실이 알려지면 주민들이 보일 반응이 두려웠다. 하지만 이는 집단 간 불신을 더욱 부추기는 효과만 불러왔다. 대령이 무얼 하러 가는지 자꾸 오랫동안 사라지곤 했으니 더욱 그랬다. 가엾은 제화공 존 헬리는 가족을 다시 볼 수 없으리라는 절망감에 그물침대에 누워 총으로 자살했다.[8]

피 말리는 몇 달을 버틴 끝에 마침내 5월, 벨리즈에서 온 배 한 척이 비참하게 야영 생활 중인 주민들을 발견했다. 그와 함께 좋은 소식과 나쁜 소식이 동시에 전해졌다. 나쁜 소식은 이주민들이 새 보금자리로 삼으려 했던 나라가 세상에 존재하지 않는다는 사실이었다. 좋은 소식은 이제 그곳을 떠날 수 있다는 사실이었다. 떠나는 것만이 답이라는 확신은 며칠 후 완전히 굳어졌다. 탐험을 떠났던 홀 대령이 다시 돌아와 반갑지 않은 소식을 전했다. 그것은 조지 프레더릭 오거스터스 왕의 전갈이었다. 맥그레거가 중개했다는 토지 매매는 가짜로서 아무런 효력이 없으며, 이주민들은 현재 영토에 무단 침입 중이라고 했다.

　그리하여 피폐한 이주민들은 몇 차례에 걸쳐 비좁고 열악한 배에 실려 벨리즈로 이송되었다. 일부 주민은 병이 너무 심해 배를 타지도 못했다. 그 항해 중에 병이 나거나 병세가 악화한 사람도 부지기수였다. 탑승객의 절반 이상이 사망했다. 약 270명의 이주민 중 영국에 살아서 돌아온 사람은 50명 정도에 불과했던 것으로 보인다.

　이쯤 되면, 이 모든 사태는 왠지…… 낯설지 않게 느껴질지도 모른다. 스코틀랜드를 떠난 이주민들이 중앙아메리카의 지상낙원에 정착한다는 꿈에 부풀어 단체로 항해 길에 올랐으나 경제적 파탄과 질병과 죽음이라는 파국을 맞은 사건.

　놀라운 일이지만, 그런 일이 벌어진 건 이번이 처음이 아니었으니까. 125년 전, 장사꾼의 화려한 언변에 넘어간 수천 명의 스코틀랜드인이 고향을 떠나 파나마지협의 다리엔이란 곳을 개척하려고 항해 길에 올랐을 때도 너무나 흡사한 운명이 기다리고 있었다. 그 사건은 물론 사기라고는 할 수 없었다. 그저 강성한 스코틀랜드 제국을 건설하고 세계무역의 신흥 강자가 되겠다는 허황된 야욕에서 비롯된 시도였다. 하지만 결과는 지금과 별 차이가 없었다. 이주민의 절반 정도가 사망했고, 수많은 투자자가 파산했다. 그 사건으로 스코틀랜드는 국가적 망신을 당했고, 경제가 파탄 난 스코틀랜드가 결국 잉글랜드와 연합하는 계기가 되었다.

　(다리엔 사건에 대해 더 알고 싶은 독자는 필자의 전작 『인간의 흑역사』에서 자세히 다룬 바 있으니 참고하기 바란다.)

　그렇다면 궁금해질 수밖에 없다. 도대체 어떻게 사람들은 이 똑같은 짓을 한 세기 남짓 만에 또 당한 걸까?

그 질문에 답하려면 이 맥그레거라는 인물을 탐구해봐야 한다. 도대체 어떻게 했길래 그리도 많은 사람이 가공의 나라가 진짜로 있다고 철석같이 믿고 그에게 인생을 내걸었을까? 여기서 우리는 살짝 난관에 부딪힌다. 맥그레거 입장에서도 좀 억울할 수 있고, 맥그레거를 객관적으로 고찰하려는 우리의 노력에도 걸림돌이 되는 게, 역사적 기록이 그에게 유리하지가 않다. 당시에 그에 관해 쓰인 글의 절대다수는 그를 대놓고 증오하는 사람들이 썼으니까.

맥그레거는 사람을 달콤한 말로 구슬리고 자기편으로 끌어들이는 재주가 엄청 좋았다. 하지만 딱하게도 자기편으로 계속 유지하는 능력은 그야말로 형편없었다.

우선 맥그레거의 이력을 살펴보자. 맥그레거가 선전한 나라만 허구였던 것이 아니라 선전했던 이력의 상당 부분도 허구라고 한다면 그리 놀랄 일은 아닐 것이다. 그가 그레거 씨족의 맥그레거 가문 출신인 건 맞다. 하지만 씨족장이라는 건 턱없는 얘기였고, 로브 로이의 직계후손이 아니라 방계의 평범한 가문이었다. 영국군에서 복무한 건 맞다. 하지만 알부에라 전투를 치른 '다이하드' 부대의 용사는 아니었다. 전투가 있기 1년도 더 전에 조용히 그 부대에서 쫓겨났기 때문이다. "상관과의 오해"에 따른 것이라고 완곡히 기록되어 있다.[9] 곧이어 포르투갈군에 파견되었던 것도 맞다. 하지만 거기서도 몇 달 있다가 똑같은 이유로 또 쫓겨났다.

포르투갈에 고작 몇 달 있으면서 주로 상관의 화를 돋우기만 한 사람이 어떻게 포르투갈 기사 작위를 받았을지는 독자의 상상에 맡긴다.

맥그레거의 문제는 이것이었다. 재능은 확실히 좀 있었지만, 지위를 성취할 만큼 노력파는 아니면서 지위에 따르는 화려한 겉모습을 너무 좋아했다는 것이다. 역사학자 매슈 브라운은 (맥그레거에게 비교적 동정적인 저술가이지만) 맥그레거의 이러한 면을 가리켜, "허세에 젖은 데다 지위에 집착한 사람"이라고 했다.[10]

맥그레거는 부유하고 인맥 좋은 군인 집안 딸과 결혼한 후, 돈을 주고 계급을 사들이는 고전적인 방법으로 진급해나갔다. 계급장의 작대기가 하나 늘 때마다 콧대도 점점 높아졌다. 1810년에 군에서 쫓겨나고 나서는 자성의 시간을 갖기는커녕 더욱 과시적으로 살았던 듯하다. 스스로 대령이라 칭하며 아내와 함께 예복을 빼입고는 에든버러 시내를 보란 듯이 행차하고 다녔다. 1820년에 그와 원수지간인 저자가 쓴, 특히 비판적인 전기에서는 그가 "앞날 생각도 없고 지난날 반성도 없는 모습으로" 자유를 실컷 즐겼다고 했다.[11]

비극이 갑작스럽게 닥친 것은 1811년 아내 마리아가 죽으면서였다. 부유한 처가의 덕을 더는 볼 수 없게 되면서, 이제 떵떵거리며 폼나게 살 수 없는 처지가 되었다. 돈에 쪼들리고 할 일도 없게 되자 당시 영국 퇴역 군인들이 많이 하던 대로, 남아메리카에 건너가 스페인에 맞서 싸우기로 했다. 그중에서도 베네수엘라를 콕 집어서 냉큼 떠났다.

바로 그곳 베네수엘라에서 맥그레거는 자신의 자아상과 실제 업적 간의 간극을 거의 메울 뻔했다. 마치 대학교 휴학생들이 많이 그러듯, 외국에 잠깐 나갔다가 진정한 자아를 발견했다고나 할까. 그는 곧 베네수엘라의 위대한 독립운동가 프란시스코 데 미란다의 신임을 받는 측근이 되었고, 미란다를 떠받들고 존경해 마지않았다. 미란다는 한량 기질을 타고난 데다 호색한으로 명성이 자자한 사람이었다. 그래서 맥그레거처럼 권력의 맛에 잘 취했지만, 맥그레거와는 달리 군사의 귀재였다. 맥그레거는 미란다와 관계가 좋았고, 또다시 좋은 집안 딸과 결혼할 수 있었다. 신부는 오늘날 베네수엘라의 전설적인 독립운동가로 추앙받는 시몬 볼리바르의 사촌, 도냐 호세파 안토니아 안드레아 아리스테기에타 이 로베라라는 여성이었다.

베네수엘라에서 맥그레거가 이룬 군사 업적은 완벽하진 않았어도 전반적으로 꽤 괜찮았고, 적어도 한 건의 업적은 누가 봐도 칭찬할 만했다. 하필 그때가 베네수엘라 독립운동의 쇠락기여서 그렇지, 시기만 좋았더라면 그보다 훨씬 공적을 많이 세울 수도 있었을 것이다. 맥그레거는 패전도 몇 번 겪었지만 1816년 한 달에 걸쳐 오쿠마레 퇴각이라는 중요한 작전을 지휘하여 영웅으로 칭송받았다. 주로 갓 해방된 노예들로 구성된 부대를 이끌고 적군의 추격을 방어하며 철수했고, 그 틈을 타 독립군은 전열을 가다듬을 수 있었다. 마침내, 정말 마침내, 맥그레거는 그리도 갈망하던 세간의 칭송을 획득한 것이었다. 그것도 직위를 꾸며내거나 돈을 뿌려대지 않고 당당히 땀 흘려 이룬 성과였다.

그런데 그러고 나서 얼마 안 되어, 베네수엘라 사람들과 뭔가 엄청나게 사이가 틀어진 것으로 보인다. 그리고 군에서 퇴역했다. 이 사람, 참 되는 일도 없다.

이때부터 그는 무소속으로 일하면서 점점 더 허무맹랑한 일을 벌였다. 1817년에는 플로리다를 스페인으로부터 탈취하려고 용병 부대를 이끌고 쳐들어갔다. 작은 섬 하나를 점령하고는 그 섬에 갇혀 여섯 달을 꼼짝하지 못하다가, 부대원들을 버리고 도망갔다. 또 파나마 지협의 다리엔을 침공하기도 했다. 한 세기 전 스코틀랜드에 굴욕의 역사를 안긴 바로 그곳이었으니, 맥그레거도 병력을 모집하면서 그 점을 분명히 밝혔다. 자신의 선조 한 명도 그 비운의 원정대 일원이었다면서, 이번이야말로 나라의 명예를 되찾을 기회라고 주장했다. 그런 기회는 오지 않았다. 맥그레거는 파나마의 포르토벨로에서 잠자다가 스페인군의 기습을 당했고, 바지도 입지 않은 채 침실 창문으로 뛰어내려 바다를 헤엄쳐 도망가려고 했다(그런데 수영을 할 줄 몰랐다).

이 시절 맥그레거의 행각은 그를 비판하는 글들을 양산하는 결과를 낳았다. 다리엔에서 맥그레거의 부대원이었던 마이클 래프터라는 사람이 있었는데, 그는 스페인군이 포르토벨로를 탈환한 후 형이 처형당하는 아픔을 겪고, 맥그레거의 비행을 폭로하려고 작정했다. 앞서 인용한 것도 그가 쓴 전기다. 그는 맥그레거를 이렇게 한마디로 요약한다. "맥그레거는 성공으로 인해 타락했으며, 변덕스럽고 오만한 성격으로 인해 헛된 꿈은 곧 물거품이 되고 말았다."[12] 틀린 말은 없는 것 같다. 또 다른 실패 기록에 따르면, 맥그레거가 한번은 배의 뒷갑판에서 와인잔을 들고 작전을 지휘했다고 한다.[13] 《자메이카 가제트》는 이렇게 신랄하게 비판했다. "그는 이른바 적군이라고 하는 무리를 대상으로 노략질에 나섰지만, 대신 아군을 약탈함으로써 (…) 경력을 접고 만다. (…) 이 위대하다는 지도자의 대의명분은 이제 땅에 떨어졌고 영웅이라고 하는 본인도 주목할 가치가 전혀 없어 보인다."[14]

이 시절 맥그레거는 세 가지 기술을 연마하고 있었으니, 이때부터 이미 포야이스 사기의 전초전을 벌이고 있었다고 할 수 있다.

우선, 그는 스코틀랜드에서 수많은 군인을 설득해 고국을 떠나 바다 건너 모험에 동참하게 만드는 등 고국 동포들을 자기 사업에 끌어들이는 재주가 있었다. 또 그때부터 가짜 서훈제를 만들기 시작해서 녹십자 훈장이라는 것을 플로리다에서 처음 수여했다. 그리고 엉터리 선언문을 발표하고 거창한 직위를 스스로에게 마음껏 수여했다. 이를 두고 래프터는 이렇게 적었다. "인간의 머리가 얼마나 특이하게 이상해질 수 있는지를 보여주는 기념비적 사례로서, 그는 참으로 뻔뻔스럽게도 스스로를 '뉴그레나다의 잉카인'이라고 칭했다!!"[15]

그렇지만 사실, 이 모든 행동은 당시 카리브해와 남아메리카에서 벌어지던 일들에 비추어보면 '특별히' 괴상한 건 아니었다.[16]

그래, 뭐 아무래도 '좀' 괴상하긴 했다. 하지만 완전히 얼토당토 않게 해괴한 일은 아니었다는 말이다. 스스로에게 멋들어진 직책을 붙이는 관습은 당시 남아메리카의 군사 독재자들 사이에서 거의 일반화된 관행이었고, 제국이 생겨났다 사라졌다 어지럽게 출몰하는 상황에서 영토란 끊임없이 변화하는 것이었고 누구든 먼저 차지하는 사람이 임자였다. 또 남아메리카 투기 기회가 당시 런던 거래소에서는 지천에 널려 있어서, 투자 거품이 잔뜩 일고 있었다(거품은 포야이스에서 살아남은 사람들이 하나둘씩 돌아오고 얼마 지나지 않아 붕괴하고 만다).

그리고 맥그레거는 조지 프레더릭 오거스터스 왕에게서 진짜로 땅을 좀 받았던 것으로 보인다. 왕은 정치적 수혜와 보호의 대가로 땅을 지급하곤 했다. 물론 맥그레거 본인의 주장만큼 넓은 땅은 아니었고, 거기에 새 나라를 세워 통치해도 된다는 보장은 전혀 없었다. 그러니 빈약한 법적 근거에 기대어 땅 쪼가리 하나를 놓고 '저기 내 땅이야' 하면서 귀 얇은 사람들을 꼬드겨 정착해 살라며 사지로 내몬 행위는 엄청난 사기라는 사실에 이론의 여지가 없다. 그럼에도 역사적으로 여러 식민지 개척이 이루어졌던 방식과 그렇게 '근본적으로' 다르지는 않다.

맥그레거의 그 덜떨어진 계략에 그리도 수많은 사람이 넘어갔던 이유는, 그 행위가 당시 시대상과 동떨어져서가 아니라 시대상을 반영했기 때문이다.

아무리 그렇다 해도 여전히 해결되지 않는 질문은 있다. 당시 맥그레거의 주장에 대한 회의적 시각이 사방에 만연했던 것 역시 사실이기 때문이다. 우선 포야이스 계획 출범 1년 전에 래프터가 앙심을 품고 쓴 전기가 출간되었으니, 맥그레거란 작자가 사기꾼이라는 사실을 눈치챈 사람도 있을 만하다. 하지만 그게 아니더라도 포야이스 계획이라는 것 자체가, 그리고 특히 그 배경 자료로 출판된 책이, 언론으로부터 의심의 시선을 많이 받고 있었다.

런던의 《리터러리 가제트》지는 1823년 2월 1일 자에서 『모스키토 해안 지역 개황』에 대해 평론하며, 나라의 묘사에서 일부 "주목할 만한 기이한 점"을 두고 몇 가지 질문을 제기했다. 이를테면 "강물이 높은 지대로 거슬러 올라간다거나, 나라 땅이 그 정도로 넓지 않은데 강줄기가 수백 마일에 걸쳐 뻗어 있다거나 한다는 점"이었다.

《리터러리 가제트》는 "이 모든 것은 200년간 자행된 해적질의 느낌이 농후하다"라고 코웃음을 쳤다.[17]

특히 가혹한 평가를 내린 것은 《쿼털리 리뷰》였다. 《쿼털리 리뷰》는 전통 보수주의 정치 이념과 파격적일 만큼 신랄한 문학평론을 뒤섞어 싣는 것으로 유명했던 간행물이었다. 1822년 10월 호에서 '모스키토 해안 지역 개황'을 다루었는데 그 논조가 우호적인 것과는 거리가 멀었지만, 좀 역사적 맥락에서 살펴볼 필요는 있다. 바로 1년 전에, 시인 퍼시 비시 셸리는 시인 존 키츠가 《쿼털리 리뷰》로부터 너무나 가혹한 평가를 받고 문자 그대로 그것 때문에 죽었다고 비난한 적이 있었다.[18] 당시 낭만주의 시인들의 예민한 감수성을 고려한다 해도 그 말대로라면 가히 막말 비평계의 독보적 업적이니, 맥그레거는 사실 살살 봐준 편이라고 볼 수 있다.

《쿼털리 리뷰》가 맥그레거의 책을 다룬 기사에서 가장 주목할 점은 단순히 비판적 논조였다는 점이 아니다. 물론 그 계획의 주역들을 "대출 중개업자와 토지 중개업자"라고 비난하고, 그 나라에서는 "온갖 곡식이 씨 뿌리지 않아도 자라고, 더없이 맛있는 과일들이 심지 않아도 자라고, 소와 말들이 놓아두면 알아서 크고, (…) 구운 돼지가 등에 포크를 꽂고 '날 잡아드세요!' 하면서 돌아다닌다"면서 냉소하고 있을 뿐 아니라, 마지막으로 "이 모든 것은 속된 말로 농간에 지나지 않을 것"이라고 결론짓고 있긴 하다.[19]

하지만 정말 흥미로운 점은, 기사를 쓴 이 익명의 평론가가 맥그레거의 사기를 정확히 꿰뚫어보고 있다는 점이다. 그것도 아주 상세한 수준으로. 요즘 말로 하면 '빼박 증거'를 확보해놓았다. 지도 자료까지 갖추고 "포야이스는 스페인 소유의 오두막과 통나무집 몇 채로 이루어진 쥐꼬리만 한 '마을'에 불과함을 밝히지 않을 수 없다"라고 정확히 적시하고 있다. 그러고 나서 몇 페이지에 걸쳐 현지의 정치 상황과 그 지역에 적용되는 조약들의 정확한 성격을 일일이 소상히 밝히고 있는데, 그 모든 사실은 맥그레거가 그 땅을 소유하고 있다는 일체의 주장을 무력화하는 것이었다. 기사는 이렇게 예측한다. "그곳에 찾아가는 정착민은―만약 그런 지독한 얼간이가 혹시라도 있다면―무단 침입자로 간주되어 그에 따라 처분받을 것이다." 그리고 책의 저자 스트레인지웨이스 대위라는 사람이 실제로 있긴 한지 의문을 표하면서, 설령 실존 인물이라 하더라도 모스키토 해안 지역에 "그가 발을 들여놓아 보았다는" 증거는 책 어디에서도 찾아볼 수 없다고 기록한다. 그뿐 아니라, 포야이스의 카지크 맥그레거라는 사람이 바로 몇 해 전에 "기습 공격을 받고는 지갑만 들고 바지도 입지 않은 채 창밖으로 뛰어내린" 사람과 같은 사람이 아닌지 궁금하다는 의문도 표한다.

어느 모로 보나, 이쯤 되었으면 맥그레거의 계획은 완전히 산산조각 났으리라 짐작할 만하다. 이 정도면 아무리 봐도 만회하기 힘든 결정타였다. 그러나 포야이스 사업은 비판에 거의 끄떡없이 건재했던 듯하다.

여기서 우리는 두 가지 가능성을 생각해볼 수 있다. 첫째, 이주민 중 다수는 《쿼털리 리뷰》의 애독자가 아니었을 가능성이다. 둘째, 이주민들 모두가 마음속 깊이 맥그레거의 이야기가 사실이길 너무나, 정말 너무나 원했을 가능성이다. 그런 믿음은 아주 강한 힘을 발휘한다. 오늘날까지도 희대의 사기꾼이라면 누구나 잘 알고 있는 사실이다.

그 허구를 믿고자 하는 사람들의 절박한 욕구는 상당히 오래갔다. 놀랍게도 사기당한 이주민 중 일부는 그 후로도 오랫동안 맥그레거는 아무 잘못이 없다는 주장을 굽히지 않았다. 모든 것은 홀 대령의 잘못이었으며, 맥그레거는 엉터리 약속으로 드러난 이야기 대부분을 본인이 실제로 언급한 적이 없다는 것이었다. 그것은 모두 피컨 같은 사람들의 과한 상상이 빚어낸 결과라고 했다. (이 옹호론은 말이 되지 않는다. 물론 이주민들끼리 이야기하다 보면 맥그레거가 한 거짓말보다 더 과장된 믿음이 솔솔 피어났으리라는 것은 충분히 짐작되지만, 맥그레거가 명백히 사기인 정보를 인쇄하여 유포한 사실을 간과할 수는 없다. 이를테면 투자자가 "부동산 권리증을 포야이스 세인트조지프시의 등기소에 제출"하면 토지를 양도받을 수 있다고 했다.)

하지만 맥그레거가 내세운 허구가 진실이기를 간절히 바랐던 사람은 비단 그 피해자들뿐만이 아니었다. 비록 어느 모로 보나 명백히 사기였지만 맥그레거 사건의 핵심적인 의문은 여전히 남는다. 그는 과연 얼마만큼 사기꾼이었고, 얼마만큼 자기 말을 정말로 믿었을까? 특히 그의 사기가 폭로되고 그가 세간의 조롱거리로 전락한 후에 또 무슨 일이 벌어졌는지 생각해보면, 더더욱 그런 의문을 갖지 않을 수 없다.

그는 자기 거짓말에 희생된 자들의 죽음에 아무런 양심의 가책을 보이지 않았던 듯하다. 고국에 돌아온 생존자들이 전한 이야기에 그가 보인 반응이라곤 생존자들의 증언을 보도한《모닝 헤럴드》를 명예훼손으로 고소한 것뿐이었다. 그는 법정에 한 번도 출두하지 않고 패소했다. 이미 프랑스로 도망간 터였다. 그리고 그곳에서, 포야이스 사업을 똑같이 또 벌이려고 곧바로 행동에 착수했다.

1825년, 남아메리카 투자 거품이 꺼지면서 런던 증시가 폭락했다. 폭락을 촉발한 큰 계기는 포야이스 사건이었다. 은행 60여 곳이 파산했고, 영국은행은 프랑스의 지원으로 구제받는 처지가 되었으며, 이는 세계 경제에 충격을 몰고 왔다. 그 와중에도 맥그레거는 프랑스에서 포야이스 헌법을 작성하면서 이주민을 새로 모집하고 있었다. 프랑스 당국이 맥그레거의 수작을 눈치챈 것은 유달리 여권 신청이 쇄도하면서였다. 다들 그 어떤 세계지도에도 나오지 않은 이상한 나라로 가겠다고 했다. 맥그레거는 체포되어 사기죄로 기소되었지만, 재판은 중간에 흐지부지되었다.

맥그레거는 그 후로도 총 10년이 넘는 세월 동안 포야이스 사업 출범을 도모했다. 사기가 성공할 가망이 완전히 없어진 후에도 오래도록 작업을 이어간 것이다.

보스턴대학교 법학 교수 타마르 프랭클은 『폰지 사기의 수수께끼The Ponzi Scheme Puzzle』(2012)라는 책에서 금융 사기꾼들의 이모저모를 살펴보았다. 그들이 공통으로 보이는 성격적 특성은 대부분 놀랍지 않았다. 이를테면 공감 능력 부족, 강한 자기애, 과한 탐욕, 자기 정당화 성향 등이었다. 사기꾼들은 범행이 발각되면 부인하고 발뺌하면서 책임을 인정하지 않고 모든 일을 남들 탓으로 돌린다. 자기도 남들과 다를 것 없는 행동을 했다고 믿으며 자신의 행동을 옹호하기도 한다. 즉, 남들도 하나같이 다 사기꾼이고, 피해자들 역시 탐욕스럽고 부도덕한 자들이니 당해도 싸다는 것이다. "정직한 사람에게 사기 못 친다"라는 옛말처럼 말이다. (물론 틀린 말이다. 얼마든지 칠 수 있다. 정직한 사람 중에도 못 말리는 호구가 많다.)

그런데 그게 전부가 아니다. 사기꾼들은 그 밖에도, 프랭클의 말을 빌려 말하자면 "비현실적인 꿈과 강렬한 야망에 중독"되어 있는 경우가 많다.[20] 프랭클은 사기꾼의 기술을 배우의 기술에 빗대어 "사기꾼은 자신이 오래도록 꿈꿔왔던 캐릭터를 연기하는 것인지도 모른다"라고 주장한다.[21] 나라 하나를 통째로 그려낸 맥그레거의 꿈은 보통 사람의 꿈과 비교할 때 조금 더 비현실적이고 강렬했을지는 몰라도, 기본적으로는 같다는 것이다.

이처럼 사기꾼이 자기 거짓말을 정말 스스로 믿는 것처럼 보이는 모습은, 사기꾼 본인의 행동을 잘 설명해줄 뿐 아니라, 사람들이 그를 믿게 되는 이유 중 하나다. "스스로 믿으면 남들도 믿게 된다"라고 프랭클은 말한다.[22]

오늘날 우리는 치밀한 사기 행각을 흥미진진하게 그려낸 영화와 드라마를 수십 년간 봐온 덕분에 모든 사기는 상상을 초월할 정도로 복잡하게 머리를 굴려야 잘 칠 수 있고, 그 과정은 반전과 배신이 난무할 것으로 생각하기 쉽다. 그렇다면 영어에서 '사기'를 뜻하는 '콘con'이라는 단어가 어디서 유래했는지 알아두면 좋겠다. 지금은 모든 사기를 두루 뜻하는 일반적인 단어지만, 그 기원은 매우 특정한 사건이었다. '신용사기꾼'을 뜻하는 '콘피던스 맨confidence man'이라는 표현은 원래 특정 인물, 즉 윌리엄 톰프슨이라는 사람을 가리켜 썼던 말이다.

톰프슨은 1840년대 말 뉴욕에서 활동한 사기꾼이었는데, 그 수법이 감탄이 나올 만큼 단순했다. 잘 차려입고 기품 있는 신사의 모습으로 길거리에서 모르는 사람에게 다가가 편안하게 대화를 나누다가 이렇게 물었다. "저를 믿으신다면 차고 계신 시계를 내일까지 제게 맡겨주실 수 있겠습니까?"[23]

뜻밖의 요청을 받은 행인은 그러겠다고 하는 경우가 많았다. 톰프슨은 시계를 받아들고는…… 그 길로 영영 사라졌다. 정말 대단하다.

톰프슨은 이렇게 신뢰를 이용해 사기를 침으로써 '콘 맨con man'

이라는 이름을 획득한 최초의 사기꾼이었지만, 사기꾼의 역사는 물론 호구의 역사만큼이나 길다. 즉, 태곳적부터. 미국 최초의 전설적 사기꾼으로는 아마도 18세기 전반에 활약한 톰 벨을 꼽아야 할 것이다. 그는 "방자한 행동"으로 여러 차례 문제를 일으켜 하버드에서 퇴학당한 후, 미국 부유 엘리트층의 사회적 관습에 능통하다는 장점을 이용해 미국 전역에서 다년간 사기를 치고 다녔다. 그는 옷 잘 입고 상류층의 분위기를 풍기는 사람이 날도둑일 리가 없다는 통념을 철저히 이용했다. (이 톰 벨이라는 사람은 윌리엄 로이드라는 교사를 사칭해 벤저민 프랭클린의 자택에 들어가서는 프랭클린의 주름 셔츠와 손수건을 훔친 자였을 가능성도 높다. 그리 독창적인 사기라고는 할 수 없는데, 프랭클린 이야기를 좀 오래 안 했더니 내가 좀이 쑤셔서 한번 해봤다.)

정말 양상이 복잡하면서 역사에 지대한 영향을 미친 사기 행각의 예를 들자면, 일명 '라 모트 백작부인'으로 알려진 잔 드 발루아생레미라는 프랑스 사기꾼의 이야기를 빼놓을 수 없다. 출세 지향적 기회주의자였던 그녀는, 스스로 부여한 칭호와 마리 앙투아네트와의 거짓 친분을 이용해 엄청난 고가의 다이아몬드 목걸이를 빌린 돈으로 사들이는 사기를 쳤다. 그 과정에서 매춘부를 고용해 (자신과 불륜 관계에 있던) 가톨릭 추기경과 만나는 자리에 대동하여 왕비 흉내를 내게 하기도 했다.

사기는 거의 성공할 뻔하다가 일이 왕비의 귀에 들어가면서 실패로 끝났다. 사기범 발루아생레미가 재판을 거쳐 징역형을 받고 투옥되는 과정은 마리 앙투아네트에게도 결과적으로 득이 될 게 없었다. 재판 과정에서 대중의 이목은 왕가의 사치스러운 씀씀이에 쏠렸고, 마리 앙투아네트는 그다지 인기 없는 왕비에서 엄청나게 인기 없는 왕비로 추락했다. 이 모든 사태는 몇 년 후 프랑스 혁명의 도화선이 되고, 마리 앙투아네트는 결국 단두대의 이슬로 사라지고 만다.

하지만 지금까지 살펴본 사기꾼들의 경우 그 동기가 주로 돈이었다면, 유사 이래 가장 흥미로운 사기꾼으로 꼽힐 만한 어느 사기꾼은 그 동기가 굉장히 독특했다.

이야기는 1951년 가을, 캐나다 에드먼드스턴에서 시작된다. 메리 시어 부인은 무심코 신문을 집어 들고 어떤 기사를 읽다가 깜짝 놀랐다. 자기 아들 조지프가 전쟁 영웅이라는 내용이었다.

캐나다 해군 소속으로 한국전쟁에서 복무 중인 조지프 C. 시어라는 의사가 중상을 입은 한국 군인 여러 명의 목숨을 살렸다는 것이었다. 다 죽어가는 상태로 배에 실려 온 군인들을 위하여 거센 폭풍 속에서 배 안에 임시 수술실을 차리고, 밤새 응급 수술을 벌여 심장 옆에 박힌 총알을 빼내는 등 각고의 노력 끝에 병사 전원을 무사히 살려냈다는 것이었다. 전장에서 모처럼 들려온 낭보에 고무된 캐나다군 공보실은 그의 헌신적인 용기와 능력에 찬사를 아끼지 않으며 열렬히 소식을 전파했다.

메리 시어 부인이 이 소식에 놀라움을 금할 수 없었던 이유는 자기 아들이 캐나다 해군에 들어간 적이 없기 때문이었다. 한국전쟁에 참전했다는 것도 금시초문이었다. 아들은 60킬로미터 정도 떨어진 동네의 병원에서 일하고 있었다. 그래도 확인은 한번 해봐야 할 것 같았다.

조지프 시어는 성품이 온화하고 느긋한 사람이었고, 어머니 모국어는 영어, 아버지 모국어는 프랑스어인 덕분에 두 언어에 능통했으니,[24] 그가 지명부터 영어와 프랑스어를 나란히 쓰는 그랜드폴스/그랑수Grand Falls/Grand-Sault라는 캐나다의 소도시에서 의사로 개업한 것은 이상할 게 없었다. 그날도 평화롭게 진료를 보고 있는데, 한국의 전쟁터에 가 있느냐는 전화가 자꾸 오기 시작했다.

처음엔 동명이인을 오해한 것이겠지 하고 가볍게 넘겼는데, 곧 들려온 소식이, 캐나다에서 조지프 C. 시어라는 이름의 의사는 자기밖에 없다는 것이었다. 그러고 나서 생각해보니, 한 해 전에 의대 수료증과 기타 자격증을 잃어버린 일이 있었다. 잘 생각해보니, 누가 가져갔는지도 알 것 같았다. 수도사 존이라는 사람이었다. 동네에서 친해졌다가 곧 온데간데없이 사라진 수도사였다.

수도사 존은, 물론 수도사도 아니고 존도 아니었다. 바로 전에는 생물학자이자 암 연구가 세실 B. 하만으로 행세했고, 또 그 전에는 스탠퍼드 대학교 출신 심리학자 로버트 린턴 프렌치 박사로 행세했던 사람이었다.

그의 실체는 훗날 '위대한 사기꾼'으로 역사에 이름을 남긴 퍼디낸드 월도 디매러라는 미국인이었다. 디매러는 전설적 사기꾼치고 경제적 이익에 별 관심이 없어 보였다는 점에서 확실히 독특하다. 물론 부도수표도 적잖이 남발했고, 업무상 경비도 곧잘 남용한 건 사실이지만, 그 빼어난 재능을 막대한 부를 추구한다거나 호화롭게 생활하는 데 쓴 적은 없다. 그는 신뢰를 바탕으로 비밀 정보를 취득하는 이른바 '사회공학' 기술에 능했다. 관료들을 꼬드겨 타인의 신분 증서를 얻어내고, 각계각층의 사람들을 설득해 자기를 신뢰하게 만드는 재주가 뛰어났다. 그런 재주라면 끔찍하게 나쁜 목적으로도 얼마든지 쓸 수 있었지만, 실제로 그가 추구한 것은 거의 전적으로 훌륭하고 번듯한 공공적 성격의 직위를 차지하는 일이었다. 평생 누린 신분만 해도 의사, 주써 차관, 법학도, 교도소장, 수많은 교사 각종 수도사 등 다양했고, 대학의 철학과를 개설하기도 했으며, 심지어 대학교 하나를 설립하기도 했다.

디매러는 돈을 뜯어내기 위해 사기를 치지 않았다. 사람들의 존중을 얻어내기 위해 사기를 쳤다. 아니, 어쩌면 본인의 자존감을 위해서였는지도 모른다.

디매러의 독특한 점은 남을 속여 직위를 차지하는 데만 재주가 좋았던 게 아니라, 그 직위를 수행하는 데도 놀라울 만큼 유능한 경우가 많았다는 것이다. 학습 능력이 엄청나게 빨랐고, 기억력이 사진처럼 정확했다. 프렌치 박사로 활동할 때는 펜실베이니아의 한 가톨릭 대학 관계자들을 설득해서 신설된 철학 대학원의 학장 자리에 앉기도 했고, 다른 가톨릭 대학에서는 심리학을 가르치기도 했다. (본인에 따르면 그 비결은 수업 바로 전에 교과서를 읽어두는 것이었다. "최고의 학습 방법은 가르치는 것"이라고 했다.[25]) '세실 B. 하만' 겸 '존 수도사' 시절에는 그리스도교 교육수도회에서 수련받는 중이라 출강할 대학이 없다 보니 수도회와 지역 당국을 용케 설득해 사립대학 하나를 설립하게 했는데, 대학 이름을 자기 마음에 안 드는 이름으로 붙이자 욱해서 박차고 떠나버렸다. (그가 설립한 대학은 이름과 소재지가 바뀌어 오늘날까지 이어져 온다. 오하이오의 월시 대학교다.) 물론 군함 카유가호 함상에서 조지프 시어라는 이름의 의사 노릇을 하며 생명을 구한 기적도 빼놓을 수 없다. 수술 직전 선실에 쏙 들어가 외과 수술 교과서를 속독으로 읽고 나와서는 이루어낸 위업이었다.

그렇게 경이로운 재능이 있는 사람이었으니, 자기 이름으로 살았어도 퍽 잘 살았을 것 같다. 심지어 유명해졌을지도 모른다. 하지만 디매러는 자기 자신으로 사는 삶에서는 위안을 찾지 못했던 것으로 보인다. 그는 세상 속에서 자신의 위치를 찾으려고 애썼으며, 본인이 갖지 못한 자격을 갖춘 가공의 인물이 되는 것만이 평범한 삶의 지루함과 답답함을 한방에 벗어나는 지름길이라 생각했던 것으로 보인다.

그는 한 삶에 정착하기 어려워했다. 수많은 페르소나 중 자신이 진정으로 원하는 것이 무엇인지 확신이 없었다. 거듭하여 교직으로 돌아가곤 했다. 다양한 위장 신분으로 군에 몇 차례 입대했다가 무단이탈했다. 본명으로 또는 여러 가명으로 종교에 귀의하려고 수없이 행했던 노력은 적어도 어느 정도는 진정으로 영적 성장을 도모하려는 열망에서 비롯된 것으로 보인다. 소명을 찾아 갈팡질팡한 그의 탐색 과정은 마치 20대 사회 초년생들이 이 일 저 일 해보면서 진정한 자신을 찾아가는 과정을 좀 유별나게 치른 것처럼 보이기도 한다. (참고로 젊은 독자들에게 말하자면, 2008년 금융 위기 전에나 가능했던 일이다. 그때가 좋았다.)

1951년에 그가 조지프 시어가 아니라는 사실이 드러나고 나서, 그의 행각은 북미 전역에서 큰 화제가 되었다. 1952년에는 《라이프》지와의 긴 인터뷰에 응하면서 그간 살아온 이야기를 (물론 그대로 믿을 수는 없겠지만) 들려주었고, 마지막으로 덧붙이기를, 이제는 마침내 자기 자신으로 살고 싶은 바람이 있다고 했다.

그는 1956년에도 똑같은 바람을 언론에 표했다.[26] 미국 텍사스에서 벤저민 W. 존스라는 이름으로 교도소장을 하다가 어느 수감자가 《라이프》지에 나왔던 사람인 것을 알아차리는 바람에 체포되고 나서였다. 평범한 사람 퍼디넌드 디매러로 여생을 살겠다던 계획은 몇 달 가지 않았다. 이번엔 갑자기 메인주의 외딴 섬에 있는 열악한 학교에서 일하는 마틴 고거트라는 이름의 교사로 변신했다. 거기에서 체포된 후, 이번에는 자기 이야기를 작가 로버트 크라이튼에게 들려주었다. 그러면서 이제는 정말로 똑바로 살겠다고 다짐했다. 그러고는 얼마 후 또다시 고거트가 되었는데, 이번에는 알래스카의 배로곶에서 에스키모 아이들을 가르쳤다. 그곳은 미국 영토의 북쪽 끝에서도 최북단 지점으로서, 상상할 수 있는 가장 외딴 곳이었으니, 마치 자기 과거로부터 가능한 멀리 도망가려는 듯했다. 거기서 아주 잘 지내고 있었는데, 지나가던 사냥꾼이 또 《라이프》지에 나왔던 사람인 것을 알아차렸다. 그 후에는 멕시코에서 교량 기술자로 일하기도 했고, 쿠바에서 교도소장으로 일하기도 했지만, 일이 잘 풀리지는 않았다.

크라이튼은 디매러의 이야기를 바탕으로 베스트셀러 소설 『위대한 사기꾼The Great Impostor』을 써냈고, 소설은 토니 커티스 주연의 코미디 영화로 만들어지기도 했다. 디매러는 불만을 표했다. 영화가 사실을 너무 왜곡했다고 주장했다.

이쯤 되자 디매러는 너무 유명해져서 그 누구로도 행세하기 어려워졌다. 1960년부터는 본인의 악명에 발목이 잡혀 자기 자신에서 벗어나지 못하고 살았다. 그러다가 마침내 다시금 종교에 귀의해—이번엔 자기 이름으로—목사가 되었다. 남은 20년의 여생을 퍼디넌드 월도 디매러로서, 인정 많은 동네에서 선하고 너그럽게 살았다. 1982년 그가 사망하자 그의 주치의는 AP 통신 인터뷰에서, "지금까지 살면서 그렇게 불행하고 안된 사람은 거의 못 봤다"라고 했다.[27]

디매러가 신분을 밥 먹듯 바꾸고 중책을 쉽게 맡을 수 있었던 것은 당시 미국 사회의 구조적 특성을 잘 활용했기 때문이다. 그는 주교나 지역 유지 등 알 만한 사람들에게서 (자기가 사칭하는 가짜 인물에 대해) 추천서를 매번 다발로 받아낸 덕분에 쉽게 뜻을 이루어나갈 수 있었다. 추천서는 모두 그대로 받아들여져 그의 신분 증명이 되었다. 일단 조직에 발을 들여놓고 나면, 어떤 행동을 해야 자리를 확실히 보존할 수 있는지 잘 알았다. 크라이튼의 『위대한 사기꾼』에 적힌 구절을 빌리면, 디매러의 가장 중요한 통찰은 "어느 조직에나 쓰이지 않고 남아도는 권력이 있기 마련이며, 그것은 누구도 적으로 만들지 않고 손에 넣을 수 있다"라는 사실이었다.[28] 비단 사기꾼의 전기뿐만이 아니라 회사에서 잘나가기 위한 처세술 책에도 아주 잘 들어맞을 원리다.

유능한 사기꾼은 시대에 적응할 뿐 아니라 시대의 산물이기도 하다. 디매러가 1950년대 미국의 허점을 파고들었다면, 블라디미르 그로모프는 1920년대에서 30년대 소련의 허점을 꿰뚫었다. 언뜻 생각하기에 스탈린 치하의 소련이라면 사기꾼으로 먹고살기에 그리 좋은 시대는 아니었을 것 같다. 실제로 그로모프가 36세에 사형선고를 받은 일 같은 것만 본다면 왜 그런 시대에 하필 사기꾼이란 직업을 택했을까 싶을 수도 있다. 하지만 그가 볼셰비키 당원과 미모의 나이 어린 자본가계급 여성의 연애를 주제로 한 희곡을 써서 소련 검찰 부총장에게 보냄으로써 감형을 받아냈다는 사실을 생각해보면, 꼭 그렇게 나쁜 시대였다고만 볼 수는 없을 것 같다.

그로모프는 스탈린 집권 초기의 공포 분위기, 억압적 관료주의, 이념적 경직성이야말로 사기에 이용하기 딱 좋은 환경이라는 사실을 간파했고, 그 점을 철저히 활용했다. 그리하여 전문 엔지니어나 저명한 건축가 등 온갖 자격을 사칭하면서 꽤 큰돈을 벌어들였다.

그는 당시 소련의 관료제도가 각종 문서를 워낙 많이 요구하다 보니 산처럼 쌓인 문서를 제대로 검증할 여력이 없다는 사실을 깨달았다. 그래서 감시망을 피해 다니는 대신 감시 체제를 포화시키기로 했다. 문서를 마구 도용하거나 위조하면서 그걸 이용해 이 일저 일을 전전하는 수법이었다. 혹시나 누가 따지기라도 하면 볼셰비키 혁명론을 당당히 거론하여 모면했고, 일단 가짜 신분을 누군가에게 인정받고 나면 스탈린 치하의 지위가 갖는 막강한 힘을 이용해 누구도 자기를 의심하지 못하게 만들었다. 그야말로 완벽한 개소리 순환고리였고, 범법과 이탈을 근절하고자 했던 권위적 문화가 오히려 빚어낸 현상이었다. 역사학자 골포 알렉조풀로스의 말을 빌리면, "그는 당국과의 대면을 피한 것이 아니라 오히려 취업 관련 가짜 문서, 엉터리 자금 및 물품 요청, 악랄한 비난 등을 퍼부어 당국을 정신없게 만들었다."[29]

그의 전형적인 수법은 문서를 위조해 가짜 자격을 만들고, 그걸 이용해 국영 산업체의 높은 자리에 임명되는 것이었다. 소련 땅에서도 어디 먼 외진 곳일수록 좋았다. 물론 봉급은 선지급을 요구했고, 여행 경비도 미리 지급해달라고 했다. 블라디보스토크의 탄광 관계자들이 수석 엔지니어가 출근을 도통 안 하는 것을 이상하게 여길 무렵이면, 그로모프는 이미 다른 곳에서 또 새로운 일자리에

취직 작업을 벌이는 중이었다.

그로모프가 성공한 사기 행각의 최고 정점은 카자흐스탄·중국 접경 지역에 대규모로 신설될 생선 통조림 공장의 설비 엔지니어라는 높은 직위에 임명된 것이었다. 말만 들어서는 그렇게 대단한 자리처럼 안 보일지도 모르겠지만, 1930년대 소련에서 그 자리는 정말 대단한 자리였다. 어느 정도였느냐 하면, 그로모프가 보급 담당 정치 지도원 아나스타스 미코이안을 설득해 100만 루블이라는 거액을 자신에게 보내게 하는 데 성공했을 정도였다. 그로모프가 사용한 수법은 다른 게 아니라, 200만 루블을 요청한 것이었다. (그 액수가 어느 정도였는지 감을 잡을 수 있게 비교할 만한 예를 들자면, 당시 노동자 평균 연봉이 1,500루블이 조금 넘는 정도였다.[30])

카자흐스탄 통조림 공장 건은 그의 커리어에 정점을 찍었지만, 딱하게도 그의 몰락을 불러온 사건이기도 했다. 그때까지 잘 먹히던 방법을 버린, 고전적인 실수를 저지른 것이다. 즉, 누군가 눈치를 채기 전에 도망가는 수법을 이번엔 쓰지 않았다. 이번에는 너무 좋은 기회를 잡았다고 생각했는지 계속 눌러앉아 설비 엔지니어라는 가짜 자격을 유지하면서 살기로 했다. 아마 어쩌면 앞서 살펴본 디메러처럼 그냥 뿌리를 내리고 자기가 사칭했던 인물이 정말로 되고 싶은 마음이었는지도 모른다. 아니면 권력과 돈에 취해 오만해졌는지도 모른다. 알렉조풀로스는 이런 의견을 밝힌다. "어쩌면 1934년 무렵부터 그로모프는 더 이상 사기꾼이 아니었는지도 모른다. 자기 거짓말을 스스로 내면화했거나 실제로 믿게 되었기 때문이 아니라, 글라브리바 공장의 대규모 건설 프로젝트에서 일하던 다른 사람들도 근본적으로 자기와 차이가 없다고 생각했기 때문이었을 것이다."[31] 다시 말해, '남들도 다 거짓 행세를 하는데, 나라고 하지 말아야 할 법이 있나?'라는 생각이었다는 것이다.

이렇게 새 신분에 정착하려는 소망은 모진 현실의 벽에 부딪혀 그리 오래가지 못했다. 한마디로, 그는 설비도 엔지니어링도 생선 통조림 공장에 대해서도 아는 게 없었다. 그로모프가 즐겨 쓰던 술 책, 즉 자기를 의심하기만 하면 누구든 스탈린주의의 적으로 몰아세우는 방법은 단기적으로는 효과가 있어서 계속 자리를 옮겨 다니기만 하면 그만이었지만…… 한곳에 오래 머물러 있게 되니 그에게 엄청나게 불만을 품은 사람들이 점점 늘어나 결국 문제가 불거지고 말았다.

하지만 그는 구속되어 사형선고를 받고 나서도 용케 빠져나갔으니, 그 방법은 그때까지 각종 작업 지시서, 청구서, 전보문 등을 가짜로 만들어냈던 창작 능력을 승화시켜 더 전통적인 형태의 허구를 만들어낸 것이었다. 그가 감옥에서 써낸 「사랑과 조국」이라는 제목의 희곡은 그리 잘 쓴 작품은 아니었던 것으로 보인다. 아닌 게 아니라, 검찰에서 그 희곡을 극작가 조합장에게 넘겨 그로모프의 문학적 재능을 평가해달라고 의뢰하자 돌아온 평가는 어느 작가가 들었더라도 절망할 만한 내용이었다. 하물며 처형을 면하기 위해 자기 작품에만 기대를 걸고 있던 그로모프 처지에서는 말할 필요도 없었다. 조합장은 그로모프의 "극작 능력이 매우 떨어진다"고 하면서, "이 작품은 이념적, 예술적 가치가 전혀 없으며 어느 모로 보나 확실히 수준 미달이다"라고 평했다.[32] 존 키츠도 그런 혹평을 받았다면 견디지 못했을 것 같다.

그런데 기적적으로, 그게 통했다. 그로모프는 사형을 10년 노역

형으로 감형받았다. 오늘날까지도 정확히 풀리지 않은 수수께끼다. 소련 고위 관료가 그로모프의 목숨을 살려주기로 한 이유는 과연 무엇이었을까? 그러니까, 잘생기고 용감한 소련 고위 관료가 23세의 파리 꽃미녀와 사귀며 이념적·남성적 매력을 발산해 그녀를 사회주의자로 전향시킨다는 내용의 희곡을 썼다고 해서? 글쎄. 도저히 풀리지 않는 역사의 수수께끼로 그냥 남겨두어야 할 것 같다.

이처럼 사회의 허점을 찾아 가차 없이 이용하는 능력이 위대한 사기꾼의 지표라면, 우리가 마지막으로 만나볼 주인공이야말로 가히 최고의 사기꾼이라 할 만하다.

역사상 가장 큰 무대를 배경으로 사기를 친 사람은 그레거 맥그레거라 해야겠지만, 지금부터 소개할 여성 사기꾼은 야망과 배짱으로는 맥그레거에게 전혀 뒤지지 않았으되, 디테일에 있어서 정반대의 포지션으로 사기를 쳤다. 맥그레거는 없는 나라를 통째로 만들어내서 사기를 쳤지만, 테레즈 윙베르는 그저 잠긴 금고 속 내용물만 가지고 사기를 쳤다. 법망의 허점을 교묘하고 단순하게 이용함으로써, 땡전 한 푼 없고 상상력만 넘치던 시골 소녀는 19세기 말 평화롭고 풍요롭던 '벨 에포크' 시절의 파리에서 자그마치 20년간 호화 생활을 누렸다.

문제의 금고 안에는 추정가 1억 프랑 상당의 채권이 들어 있다고 했다. 그것을 테레즈에게 유산으로 물려주었다는 사람은 로버트 헨리 크로퍼드라는 신비의 미국인이었다. 몇 년 전 열차에서 심장마비를 일으킨 그의 목숨을 테레즈가 구해주었다고 했다. 미국인 신사는 고마운 마음에 그녀에게 두둑한 보상을 약속했고, 그 약속을 잊지 않고 죽기 직전에 유언장을 고쳐 막대한 재산의 상당 부분을 그녀에게 물려주었다는 것이다.

테레즈는 막대한 부의 상속 예정자라는 것을 근거로 돈을 손쉽게 빌렸다. 금방 큰 수익을 볼 것으로 예상한 이들이 기꺼이 대출을 해주었다. 전혀 복잡한 사기가 아니었다. 근본적으로 '수표는 우편으로 부쳤으니 현금을 보내달라'는 전통적 사기 수법과 다를 게 없다. 물론 그 수법이 들통나는 건 시간문제다. 집배원이 아무것도 들고 오지 않으면 바로 발각되니까.

테레즈 윙베르도 이 점을 너무나 잘 알고 있었다. 이미 오래전부터 부유한 후원자를 거짓으로 꾸며냈다가 들통나는 짓을 수없이 벌여왔던 그녀였다. 그녀는 어릴 때부터 현실과 공상의 경계가 흐릿하다 못해 없다시피 했다. 다 아버지를 보고 배운 것이었다. 아버지 오귀스트 도리냐크는 괴짜에다가 좀 딱한 몽상가로, 스스로 귀족 가문의 후손이라고 믿었다. 말년엔 마술을 부릴 줄 안다고 주장하며, 본인이 막대한 재산의 상속자임을 증명하는 문서를 오래된 금고 안에 보관하고 있다는 말로 돈을 꾸어대면서 빚더미에 올라앉았다.

아버지가 정신이 제대로 박혀 있지 않아 식구를 건사하지 못하니, 테레즈 도리냐크는 아버지의 공상을 이용해 자기가 일시적으로나마 실제 돈을 벌어보려고 나섰다. 애교와 천진난만함을 앞세워 프랑스 남부 툴루즈 일대에서 상인이란 상인에게 모조리 돈을 꾸고 다녔다. 빌린 돈은 가공의 유산을 상속받고 나서, 아니면 어느 대부호 집안에 시집가고 나서 갚겠다고 했다. 그녀의 전기를 쓴 힐러리 스펄링의 말을 빌리면, "테레즈는 평생 돈을 환상처럼 취급했다. 연마해야 할 사기술 또는 마술 같은 것으로 생각했다."[33]

그러나 그 사기는 당연히 오래가지 못했고, 도리냐크 가족은 빚더미에 시달리다가 살던 집에서도 쫓겨났다. 하지만 가족은 오래가지 않아 곤경을 딛고 일어설 수 있었으니, 이번에도 테레즈의 끝 모를 상상력이 그 발판이 되었다. 이번에 그녀가 끌어들인 수단은 평소 자기가 오랫동안 품어온 공상이었다. '샤토 드 마르코트'라는 이름의 대저택으로, 멀리 해안가에 있는, 그녀가 언젠가 살겠다며 꿈꿔온 집이었다.

'샤토 드 마르코트'는 세상에 실제로 존재하지 않았지만, 테레즈는 꼭 진짜 존재하는 곳처럼 늘 이야기하곤 했다. "그녀는 새가 지저귀듯 거짓말을 했다"라고 어느 지인은 훗날 회상했다.[34] 그녀가 이 화려한 대저택의 모습을 대리석 바닥이며 수풀이 우거진 정원 등 워낙 확신에 찬 어조로 설득력 있게 묘사했기에 많은 이들도 덩달아 진짜로 믿었던 것으로 보인다. 그녀의 시아버지가 되는 귀스타브 윙베르라는 사람도 그중 한 명이었다. 상원 의원이자 프랑스 정계의 유망주였던 그는 아들 프레데리크가 테레즈와 결혼하는 것을 허락했을 뿐 아니라, 딸 알리스가 테레즈의 남동생 에밀과 결혼하는 것까지 승낙함으로써 도리냐크 집안과 겹사돈을 맺었다. 돈은 궁했어도 야심은 넘쳤던 정치인이 왜 괴상한 가난뱅이에 무위도식자 집안과 그렇게 얽히려고 했는지는 좀 이해하기 어렵지만, 전원에 대궐 같은 집을 가질 수 있다는 말에 혹했으리라고 보면 이해가 가는 면도 있다.

아, 그리고 참고로 두 쌍의 부부는 사촌지간이었다. 귀스타브 윙베르의 아내가 테레즈의 이모였다.

정계에 튼튼한 인맥을 확보한 테레즈는 곧바로 사기판에 복귀했다. 상원 의원 시아버지의 도움으로 바로 돈 빌리기에 착수했다. 담보로 삼은 것은 가공의 그 대저택, 그리고 포르투갈에 있다는 가공의 코르크나무 농장이었다. 그러나 그녀의 욕심은 금방 더 커졌고, 1883년 드디어 로버트 헨리 크로퍼드와 1억 프랑의 유산 이야기가 등장한다. 그 상속 예정 재산을 담보로 빌린 돈만으로도 아마 윙베르 집안은 몇 년간 잘살 수 있었을 것이다. 하지만 테레즈가 (아마 남편 그리고 시아버지와 공모해서) 진정한 거장의 솜씨를 보여준 것은 바로 이때였다.

맥그레거가 파고든 영국의 약점이 식민지의 환상에 사족을 못 쓰는 국민적 습관이었다면, 그리고 디매러가 파고든 미국의 약점이 자격증을 숭상하고 사람을 쉽게 자리에 임명하는 관행이었다면, 또 그로모프가 파고든 소련의 약점이 억압적인 이념과 관료제도였다면, 테레즈 윙베르가 파고든 프랑스의 약점은 다름 아닌 형편없는 사법제도였다.

당시 프랑스 법원은 일의 진행이 느리고 답답한 데다가 정의라는 것에 별로 개의치 않는 것으로 악명이 높았다. 바로 그런 점을 이용해 테레즈는 사기의 유효기간을 늘릴 계획을 생각해냈다. 그 발상이 어찌나 단순하면서 기발한지 솔직히 경외감이 들 정도다.

자기 자신을 고소한 것이다.

좀 더 정확히 말하자면, 그 가짜 미국인 부호의 가짜 미국인 조카 두 명을 내세워 그 둘에게 유언장 내용을 놓고 자기를 고소하게 했다. 목적은 누가 소송에서 이기는 게 아니었다. 오히려 아무도 이기지 못하게 만드는 게 목표였다. 판결이 나올 때마다 항소하고, 재항소하고, 그렇게 끝없이 반복하면서, 안 그래도 느려터진 프랑스 사법제도의 느린 속도를 최대한 이용하는 것이었다. 크로퍼드 형제는 법정에 출두할 필요도 없었다. 파리 최고의 변호사들에게 바다 건너에서 서면으로 지시만 내리면 되었다. 오로지 재판이 무한정 질질 늘어지게만 하면 그만이었다. 그래서 테레즈가 영원히 상속 '예정'인 그 유산을 계속 못 받고, 돈이라면 얼마든지 빌려주겠다는 대출자들에게 어쩔 수 없이 손을 내밀어 거액을 계속 빌리는 상황이 이어지게만 만들면 되는 것이었다.

그동안 테레즈가 주장하는 증거 문서는 법원의 엄명에 따라 테레즈의 잠긴 금고에 안전히 보관된 채 열어보지 못하게 되어 있었다.

윙베르 일가는 이렇게 20년간이나 사람들을 감쪽같이 속이면서, 당시 파리에서도 최고로 사치스러운 생활을 했다(당시 파리에서는 웬만한 사치는 사치로 쳐주지도 않았다). 테레즈 부부는 파리 도심의 그랑드 아르메 대로변에서도 최고로 고급스러운 아파트에 살았고, 부부가 여는 호화찬란한 파티에는 배우 사라 베르나르부터 프랑스 대통령까지 당대 명망가들이 다 참석했다. 가난한 촌동네 소녀였던 테레즈는, 프랑스에서 가장 영향력이 막강한 여성 가운데 꼽히는 사람이 되었다.

그 와중에 가끔 채권자들이 거액을 빌려주고도 아무 수익을 못 보는 현실에 조급함을 느끼고 뭐라고 시끄럽게 굴려고 하다가도, 그들이 찾아가서 사정을 호소할 만한 높은 사람들은 대부분 테레즈가 벌이는 파티의 단골손님이었으니…….

승승장구하던 테레즈에게 파멸은 갑작스럽게 찾아왔다. 그 계기는 사소하면서 그녀답지 않은 실수였다. 뉴욕의 크로퍼드 형제 주소를 알려달라는 요청을 받고는 아무렇게나 지어서 준 것이었다.

브로드웨이가 1302번지에 크로퍼드라는 사람이 사는지 안 사는지 누가 번거롭게 확인하겠나 싶었을지 모르겠다. 하지만 수백만 프랑이 걸려 있는 데다 불만이 쌓여가는 채권자들이 단체 행동에 나선 마당에, '노력 장벽'은 갑자기 아주 낮아져서 이제 문제가 되지 않았다. 법원도 마침내 의심하기 시작하더니 유언장을 조사하라고 명령했다.

그리하여 1902년 5월 9일, 1만 명에 이르는 인파가 그랑드 아르메 대로에 모여들었다. 그 유명한 금고가 윙베르 부부의 아파트에서 내려져 공개되는 모습을 보려고 다들 아우성이었다. 열쇠공 몇 사람이 애를 써보다가 마침내 망치로 금고를 열었다. 군중의 이목이 일제히 금고 안으로 쏠렸다. 말로만 듣던 막대한 부의 증서를 마침내 두 눈으로 보게 될 것인가.

사람들은 놀라움을 금할 수 없었다. 금고 안에 든 것은 "오래된 신문 한 부, 이탈리아 동전 한 닢, 바지 단추 하나"가 전부였다.[35]

테레즈 윙베르가 신문과 동전과 단추를 밑천으로 수십 년간 사치 생활을 누릴 수 있었던 것은 본능적인 직감 덕분이었다. 그녀는 인간의 약점과 사회제도의 허점을 파고드는 요령을 꿰뚫고 있었다.

테레즈의 친구이자 '마담 X'라는 멋들어진 필명으로 글을 썼던 어떤 이는 이렇게 적었다.

테레즈의 천재성을 무엇보다 잘 보여주는 것은, 일을 벌인 스케일의 웅장함과 거대함 자체다. 만약 400만 프랑이나 600만 프랑쯤 상속받는다고 주장했더라면 사기는 2년도 채 가지 못했을 것이고, 기껏해야 수천 프랑이나 겨우 조달했을 것이다. 그런데 1억 프랑이라니! 사람들은 그

거액 앞에 마치 쿠푸왕의 대피라미드 앞에 엎드리듯 경배했고, 감탄에
눈이 멀어 현실을 직시하지 못했다.[36]

정치인의-거짓말

정치인이 거짓말을 한다는 건 누구나 아는 상식이다. 큰 거짓말도 하고, 작은 거짓말도 하고, 온갖 크기의 거짓말을 다 한다. 직업 신뢰도를 조사해보면 정치인이 꼬박꼬박 꼴찌로 나온다. 부동산 중개업자와 심지어 (믿기지 않지만) 언론인보다도 더 낮게 나온다. '정치인은 입만 열면 거짓말'이라는 말도 있지 않은가.

그런데, 그게 꼭 그렇지가 않다. 대다수의 정치인은 사실 생각만큼 그렇게 거짓말을 많이 하지 않는다! 그게 대체 뭔 소린가 싶을 것이다. 특히 작금의…… (막연히 세상에 대고 손짓하며) 이런저런 사태를 생각해보면 말이다. 하지만 믿어주기 바란다. 정치인들의 말을 팩트체킹하는 게 내 직업이다. 사실 정치라는 직업 활동에서 거짓말이 차지하는 비중은 우리가 흔히 가진 통념보다 아주, 아주 적다.

그렇다고 해서 정치인들이 (그리고 일반적으로 지도자들, 더 나아가 국가라는 기구 자체가) 전부 고결하고 믿음직한 성인군자여서 자기

이익을 버리고 어떠한 상황에서도 진실만을 추구한다는 얘기는 아니다. 그건 뭐, 당연히 말도 안 되는 소리다. 오해의 정도로 따진다면야 정치란 끝없이 서로 속고 속이는 야바위판에 불과하다는 생각도 문제가 많긴 하다만. 어쨌든 내 말은 말 그대로다. 정치란 그저 '거짓말 그럴듯하게 하기 경연대회'에 지나지 않는다고 생각한다면 그건 정치를 바라보는 편향된 관점이다.

물론 정치인들이 거짓말을 하는 것은 틀림없다. 어느 인간 집단이나 마찬가지지만, 그중 소수는 습관적으로 거짓말을 한다. 벼랑 끝에 몰려 어쩔 수 없이 거짓말하는 게 아니라 그냥 일단 거짓말부터 하고 본다. 그리고 그중엔 거짓말을 적극적으로 즐기는 듯한 사람도 많다. 여러분도 이 부류에 속하는 정치인을 말해보라고 하면 아마 바로 여러 명이 떠오를 것이다. (떠오른 정치인들의 면면은 아마 여러분의 정치적 성향에 따라 다르겠지만.)

하지만 대다수 정치인은 거짓말을 하더라도 가끔씩만 한다. 그리고 거짓말을 할 때는 여느 사람과 똑같이 단순하고 바보 같은 이유에서 할 때가 아주 많다. 이를테면 불편한 대화에서 발을 빼려고, 자기의 직무 능력이 모자란다는 사실을 숨기려고, 아니면 열애 사실을 무슨 이유에서건 감추려고 말이다.

"범죄가 아니라 은폐가 문제다it's not the crime, it's the cover-up"라는 말이 닳아빠진 경구가 된 데는 이유가 있다. 즉, 정치인이 몰락하는 이유는 기껏해야 좀 부끄러울 만한 일이 대중에 알려지는 것을 막으려고 한 거짓말 때문인 경우가 아주 많다. (오해할까 봐 덧붙이자면, 그 구절은 워터게이트 사건에서 비롯된 것으로 알려져 있는데, 잠시 후에 간단히 살펴보겠지만 그 사건은 물론 은폐 공작도 있었으되 범죄 자체가 무지막지하게 많았다.)

그렇다면 우리의 통념 속에 정치와 거짓말이 그렇게 뗄 수 없을 만큼 밀접하게 엮여 있는 이유는 뭘까? 문제는 두 가지다. 첫 번째 문제는, 정치 분야가 다른 분야에 비해 병적인 거짓말쟁이들을 꼭 더 높은 비율로 끌어들이지는 않는다 해도(그런 내용의 연구는 없는 것으로 아는데 누가 좀 해주기 바란다), 일단 그런 성향이 있는 사람에게 그 재주를 아주 공공연하게 펼칠 기회가 한껏 제공되는 장이라는 것만은 틀림없다는 사실이다. 이를테면 벽촌의 작은 영농 지원 회사에서 일하는 사람이라면 그럴 기회가 그리 많지 않을 것이다.

정치인은 일어나서 아침밥 먹기 전에 여섯 번은 거짓말할 기회가 있다. 그뿐 아니라 거짓말하기 좋은 무대와 잘 들어주는 청중이 있기 마련이다. 세상에는 항상 듣기 좋거나 화를 돋우는 거짓말을 듣고 싶어 하는 사람들이 있다. 이를테면 곧 좋은 시대가 온다거나, 우리가 고생하는 게 누군가의 탓이라거나, 세상은 복잡하거나 애매하지 않고 흑과 백으로 시원하게 가를 수 있다거나 하는 말들 말이다. (방금 얘기가 남의 얘기처럼 들리는 독자가 있다면, 본인 얘기일 가능성이 높다.)

두 번째 문제는, 나랏일을 하는 사람은 거짓말을 하고 안 하는 게 정말 엄청난 차이가 있다는 사실이다.

일단, 누구나 마주치는 '정직이냐 거짓말이냐'라는 선택의 갈림길에서, 정치인은 정직을 택했을 때 손해를 볼 만한 요인이 훨씬 많다. 벽촌의 작은 영농 지원 회사에서 일하는 직원이 고객의 이메일에 깜박하고 답장하지 않았다고 하자. 그래 봤자 양 몇 마리가 어디 갇혀서 못 움직이는 사태가 초래될 뿐이다. 물론 양을 키우는 농장

주에게는 나쁜 소식이고, 회사는 고객을 잃을 수도 있다. 직원은 경위서나 시말서 따위를 써야 할 수도 있다. 그래도 거짓말하기보다는 잘못을 깨끗이 털고 혼나는 편이 나을 것이다.

반면, 내무부 장관이 출입국관리 관련 이메일에 답장하는 것을 깜박했다면, 14만 명의 성난 유권자들이 공항에 발이 묶일 수도 있고, 황색신문들은 난리를 칠 텐데, 그럴 때 "뭐 사람이 실수도 할 수 있지요. 앞으로는 잘해야지요" 한다고 사태가 좋아지진 않을 것이다. 우리는 말로는 늘 정치인들이 더 정직해지면 좋겠다고 하지만, "아이고, 제가 사고 한번 크게 쳤습니다. 이번에 많이 배웠고 다음부터는 더 잘하겠습니다" 하고 솔직하게 나오는 정치인이 있다면 국민들이 딱히 칭찬해줄 것 같지는 않다.

그뿐 아니라, 지도자가 거짓말을 하면 정말로 엄청나게 많은 사람이 죽기도 한다. 전쟁 등 끔찍한 일이 일어날 수 있으니까. 그리고 그런 일은 대중의 뇌리에서 쉽게 잊히지 않는 법이다.

정치적 기만의 역사는 매우 길다. 그러니까, 딱 정치의 역사만큼 길다. (정치란 게 정확히 언제 생겨났는지는 분명치 않지만, 아주 옛날부터 있었다는 건 확실하다.) 일례로 역사를 통틀어 무척 독특한 거짓말쟁이였던 타이터스 오츠라는 사람이 있었다. 너무나도 뻔한 거짓말을 가지고 잉글랜드와 스코틀랜드를 1678년부터 3년간 반가톨릭 광풍에 몰아넣은 인물이다.

여기서 그 사건의 특이함을 너무 과장할 필요는 없을 것이다. 유사 이래 거의 항상, 영국이란 나라는 개가 자기 꼬리에 놀라듯 쉽게 반가톨릭 광풍에 빠지곤 했으니까. 하지만 그렇다 해도, 날고 기는 권력가들이 몇 년 동안이나 별 볼일 없는 사람의 거짓말에 놀아났다는 건 특이하긴 하다. 타이터스 오츠는 케임브리지를 나왔다고 거짓말하여 주교 대리로 서품받고는, 그다음 10년을 거의 온갖 위증죄와 비역죄 처벌을 피해 도망 다니면서 산 사람이었다.

"개선의 여지가 없는, 더없이 무식한 멍청이"[1]라는 평을 듣기도 했던 그는, 폭력적인 아버지 밑에서 어린 시절을 우둔하고 불행하게 보냈고, 학비를 빼돌리다가 퇴학당하기도 했다. 케임브리지 소속 두 곳의 대학을 다녔으나 졸업은 하지 못했고,『옥스퍼드 영국인명사전』에 따르면 재학 시절 "우둔함과 동성애 성향 그리고 '위선적이고 광적인 태도'로 명성만 높였다."[2] (하긴 케임브리지 다닌 사람 중 그런 사람이 한둘은 아니었지만.)

영국 해군에서 군목으로 잠깐 근무하다가 동성애 혐의로 바로 잘린 다음, 위증 혐의로 감옥에 갇혀 있다가 두 차례나 탈출하고 나서, 1677년 이참에 가톨릭으로 개종하기로 했다. 그런데 하필이면 그와 동시에 거의 제정신이 아닌 이즈리얼 텅이라는 반가톨릭 음모론자와 어울리게 되었다.

상당히 독특한 이 조합은 역사에 길이 남을 사기를 칠 발판이 되었으니, 그것은 교황이 찰스 2세를 암살하려는 음모를 꾸미고 있다는 모함이었다.

이를 위해 오츠와 텅은 68페이지짜리 소책자에 기상천외한 음모 내용과 100명 이상의 공모자 이름을 빽빽하게 적어서, 역시 반가톨릭 열성분자였던 리처드 베이커 경의 자택에 떨구어놓았다. 그다음 날 텅은 운 좋게도 그 책을 '발견'했다고 했다. 물론 말이 되지 않는 얘기였다. 그런 게 그런 데 있어야 할 이유가 없었다. 아니, 가톨릭 교도들이 왜 자기들 음모를 소상히 적은 책을, 자기들과 원수진 사람 집에 실수로 놓고 오겠는가? 하긴, 음모론이란 게 뭐 꼭 논리적으로 말이 되어서 성행하는 건 아니다.

그런 다음 텅은 친구를 시켜 왕에게 음모를 일러바치게 했다. 여기서 흥미로운 사실이라면, (가짜 뉴스와 커피하우스를 싫어하는 것으로 이름 높았던) 찰스 2세는 그 말을 전혀 믿지 않았다는 것. 말도 안 되는 소리라며 콧방귀만 뀌었다. 하지만 국왕 밑의 대신들 그리고 의회 의원들은 전혀 다른 반응을 보였다. 그 모함을 덜컥 사실로 받아들인 것이다. 오츠는 왕의 자문단인 추밀원 회의에 불려 나와 증언했고, 찰스 2세는 그를 의심스럽게 심문했건만 세도가들은 그의 증언이 사실이라고 결론지었다. 오츠는 헛소리를 지어내다가 말이 막히면 새 음모를 또 지어내고 계속 새로운 사람을 공모자로 지목하는 방법으로 돌파해 나갔다. 그가 지어낸 이야기는 고관들이 딱 듣고 싶어 했던 내용이었고, 주장 자체가 앞뒤가 안 맞는다는 사실은 별문제가 되지 않았던 듯하다. 그러다가 유달리 뻔뻔스러운 거짓말 하나를 간파한 왕이 오츠를 잡아 가두었지만, 의회는 왕의 결정을 뒤집고 오츠를 풀어주었을 뿐 아니라, 그것도 모자라 살 집과 급료까지 주었다. 오츠가 국왕 살해 음모의 공모자로 지목한 사람들 가운데는 왕비(포르투갈인이자 가톨릭교도였기에 잉글랜드에서 그다지 인기가 없었다), 새뮤얼 피프스 의원(후세에 일기장을 남겨 유명해진다), 그리고 옛날에 오츠를 퇴학시켰던 학교 교장도 포함되어 있었다.

그리하여 광풍이 휘몰아쳤다. 저명한 가톨릭 신자들이 무더기로 체포되어 재판을 받고 22명이 처형되었다. 런던에서 가톨릭교도는 쫓겨나 발을 붙이지 못하게 되었다. 언론과 대중이 공포에 불을 지피고 나름의 창작을 보태면서, 가톨릭 음모설과 수상쩍은 인물에 대한 공황이 삽시간에 퍼져나갔다. 몇 년이 지나서야 비로소 광풍이 가라앉고 의심의 시선이 오츠에게 쏠리기 시작했다. 야단법석을 떨던 사람들은 모두 좀 겸연쩍어 했고, 오츠는 나라가 마련해준 집에서 쫓겨났다.

이런 일이 어떻게 가능했을까? 평판도 형편없고 하는 말도 앞뒤가 안 맞는 사람이 과연 어떻게, 거의 제정신이 아니었던 사람과 합심하여 온 나라의 정치적 담론을 몇 년간 좌지우지할 수 있었을까? 심지어 암살 음모의 표적이라고 했던 국왕조차 그를 믿지 않았는데? 오늘날의 수많은 음모론이 그렇듯, 오츠의 음모론도 당시 많은 사람의 마음속 바람과 들어맞았다는 점이 컸다. 사람들은 믿고 싶어 했고, 그래서 그 이야기는 모순과 자가당착에도 끄떡없이 버틸 수 있었다. 하지만 여기엔 오츠라는 인물의 특성도 한몫했다. 오츠는 투박하고 상스러운 비호감 사내였지만, 청중을 사로잡는 재주가 있었던 듯하다. 한마디로 탁월한 개소리꾼이어서, 말이 안 되는 소리를 할 때조차 듣는 재미가 있었다. 작가 존 폴록의 표현을 빌리면, "그는 천박한 성품 속에 우스꽝스러운 기질을 품고 있었다. 이야기를 지어낼 줄 알 뿐 아니라, 예기치 않은 돌발 상황이 벌어지면 상황을 즉시 목적에 맞게 활용할 줄 알았다. 그의 저속한 말씨에는 모종의 위트가 없지 않았다. 그가 등장하기만 하면…… 청중들은 좋은 구경거리를 기대할 만했다."[3]

정치인의 거짓말이라면 워터게이트를 빼놓을 수 없지만, 그 사건은 할리우드 영화로도 여러 차례 만들어졌을 정도니 그만하면 충분히 다루어지지 않았나 싶다. 대강의 이야기는 독자들도 다 알리라 생각한다. 잘 모르면 찾아보기 바란다. 완전 재미있다. 어쨌거나 한번 되짚어볼 만한 점은 몇 가지 있다. 워터게이트 사건에서 아마 두 번째로 흥미로운 점은, 연루자들이 진짜 거의 무사히 넘어갈 뻔했다는 사실이다. 사건의 전모를 파헤치는 데 크게 공헌한《워싱턴 포스트》의 보도는 그리 충격적이라고까지는 할 수 없는 기사를 찔끔찔끔 뿌리는 수준이었고, 사태는 전혀 다른 결말로 끝날 가능성이 농후했다. 사람들은 그때까지 밝혀진 사실들을 그냥 그러려니 받아들이면서 정치인의 거짓부렁이에 대한 내성을 조금 더 키우고, 사건은 세상을 뒤흔든 스캔들로 번지지 않고 마무리될 수도 있었다.

그런가 하면 워터게이트 사건의 가장 흥미로운 점은, 연루자들이 다들 거짓말 솜씨가 엄청나게 형편없었다는 사실이다.

진짜, 정말 형편없었다. 말문이 턱 막힐 만큼. 우선 하나의 예를 들자면, 잘 알려진 것처럼 닉슨이 대통령 집무실에서 있었던 대화를 전부 녹음했다는 사실이 있다. 자기가 측근들과 흉계를 꾸몄던 현장의 소리를 고스란히 보존한 것이다. 물론 자신의 대화를 몰래 스스로 녹음한 대통령이 닉슨이 최초는 아니지만(프랭클린 루스벨트였다), 일상적으로 그렇게 했던 것은 닉슨이 최초였다. 모르긴 해도 그 집무실을 거쳐 간 전임자 대다수보다 훨씬 못된 꿍꿍이를 꾸몄을 만한 사람이 그랬다는 건 참 묘하다. (훨씬 못됐는지 어땠는지 확실히는 알 수 없지만…… 그건 뭐 알 도리가 없다.) 이게 얼마나 탁월하게 멍청하고 불가해한 일이었는지는, 지금까지 그 행동에 대해 가장 그럴듯하게 제시된 설명이 SF 드라마 「닥터 후」에 나온 것이었다는 사실만 봐도 짐작할 만하다. 사람의 기억을 소거하는 외계인들의 방해 공작에 맞서기 위해서 그랬다는……

하지만 정말 재미있는 이야깃거리는 사라진 18분 30초 분량의 녹음테이프 관련이다. 워터게이트 호텔 침입 시도가 실패하고 3일 후인 1972년 6월 20일 오전, 닉슨과 수석 보좌관 홀더먼이 나눈 대화 중 일부가 '실수로' 지워진 것이다. 안 지워지고 남아 있던 부분만으로도 닉슨은 충분히 욕을 먹을 만했는데, 지워진 녹음분은 대체 무슨 내용이었을지⋯⋯. 아마도 이런 비슷한 대화가 아니었을까 추정해볼 따름이다.

닉슨　　그래, 우리가 저지르고 있는 범죄, 어떻게 되어가고 있나?

홀더먼　아, 네⋯⋯. 범, 범죄 말씀이죠.

닉슨　　그래, 범죄. 내가 자네에게 지시한 범죄 말일세. 그 범죄의 진행 상황 좀 얘기해보게.

홀더먼　네, 맞습니다. 저희가 범죄를 [해독 불가] 저질렀습니다. 각하께서 똑 부러지게 지시하신 그대로 저질렀습니다.

닉슨　　좋아, 범죄를 저질렀다니 다행이군. 그러니까 내가 자네에게 또박또박 지시했고 자네가 동의했던, 그 범죄가 잘 됐다 이 말이지. 좋았어. [해독 불가] 아싸, 난 범죄가 너무 좋아.

홀더먼　네, 그런데 문제가 생겼습니다. 범죄가 발각됐습니다. 큰일입니다.

닉슨　　아, 이런. 그렇다면 할 수 없네. 범죄를 더 저질러서 이전 범죄를 덮는 수밖에 없어!

홀더먼　아 네⋯⋯ 그렇죠, 범죄를 더 저지른다, 알겠습니다. 지금 바로 범죄를 함께 저지르도록 하시죠.

닉슨　　좋아, 그거야. 범죄를 함께해줘서 고맙네. [해독 불가] 난 공산주의자 놈들이 정말 싫어. 아, 술 당기네.

워터게이트 은폐 사건의 최고 백미는 테이프가 지워진 경위를 설명하려 했던 서툴기 짝이 없는 시도였다. 닉슨의 비서 로즈 메리 우즈는 오로지 자기의 '실수'로 테이프가 지워졌노라고 진술했다. 테이프를 들으며 녹취록을 작성 중이었는데, 갑자기 전화가 왔다고 했다. 수화기를 향해 팔을 뻗다가 실수로 그만 테이프 재생기의 '녹음' 버튼을 눌러버렸고, 테이프를 재생할 때 밟는 페달에서 발을 떼지 않은 채 5분 동안 전화 통화를 했다는 것이었다. 물론 그랬다고 해도 나머지 13분 분량이 사라진 이유는 설명이 되지 않고, 테이프에서 지워진 곳은 연속된 구간이 아니라 네다섯 군데였고, 그 테이프 재생기는 그런 방식으로 조작하는 모델이 아니었지만, 그런 의문은 잠시 접어두기로 하자.[4] 더 주목할 부분은 따로 있다. 어느 백악관 관계자의 생각에는, 우즈 여사가 사진기자들 앞에서 문제의 동작을 재현해 보이면, 누구나 '아 그랬구나' 하고 무릎을 치겠지 싶었던 모양이다.

이 문제의 동작에 언론은 '로즈 메리 스트레치the Rose Mary Stretch'라는 이름을 붙였다(stretch는 '뻗기'의 뜻이지만 '억지소리'라는 뜻도 있다—옮긴이). 중년 여성이 발로는 페달을 밟은 채 몸을 최대한 뒤로 뻗어 손으로는 전화기를 잡는 고난도의 동작을 선보이는 장면이야 말로—《워싱턴 포스트》 기자 두 명의 용감한 탐사 보도도 물론 중요했지만—미국 대중이 '흠, 이건 뭔가 수상한데' 하는 생각을 하게 된 촉발점이었다는 주장은 설득력이 있다.

지도자들의 부정직함이 정말 진가를 발휘할 때는, 누가 전쟁을 벌이고 싶어 몸이 달았을 때다. 역사 속의 수많은 전쟁을 촉발한 계기는, 후에 부정확한 보고였음이 드러난 사건이었다. 가령 베트남 전쟁을 정당화하는 구실이 된 '제2의 통킹만 사건'은 미군 함선이 공격받았다고 했지만 완전히 허구였음이 후에 밝혀졌다. 1898년 미국·스페인 전쟁의 주된 촉발점은 쿠바 아바나에서 미국 군함이 침몰한 사건이었고, 미국 언론은 이를 스페인의 소행이라고 맹비난했다. 어디까지나 처음에는 사고로 여겼고, 추후 조사 결과도 석탄 저장고의 자연 발화가 유력한 원인이라는 데 대체로 의견이 일치했지만 말이다. 또 물론, 이라크가 45분 만에 전개할 수 있는 '대량 살상 무기'를 갖추고 있다던 낭설도 빼놓을 수 없다.

그렇지만 거짓부렁이 구실로 전쟁을 일으키려고 한 불명예스러운 사건 중에서도 으뜸은 아무래도 수에즈 위기Suez Crisis를 꼽아야 할 것이다. 필자가 이 글을 쓰는 현재, 영국에서는 수에즈가 갑자기 유행인 듯하다. "수에즈 이후 최악의 위기" 같은 말들이 뻔질나게 들려온다. 사실 영국 정치가 처한 현 상황은 수에즈 위기 때와 이렇다 할 유사점이 없지만(한 예로 수에즈 때는 프랑스와 무려 협력 관계였다), 그래도 당시 사태가 전개되었던 과정만큼은 간단하게나마 다시 살펴볼 만하다. 한 나라가 처참한 굴욕을 안고 총리가 결국 물러나야 했지만, 국민들은 도대체 어디서부터 어디까지가 구라였는지 알지도 못했던 그런 사건이니까.

간단히 말하면 이렇다. 1956년, 제국 시대는 저물어가고 있었는데 영국은 그 이별을 잘 받아들이지 못하고 있었다. 이별에 대처하는 동서고금의 검증된 공식대로 '이불 뒤집어쓰고 폭식하면서 헤어진 연인을 욕하는 노래 듣기'나 했으면 좋았을 텐데, 영국은 그냥 전쟁을 벌이기로 했다. 비교적 최근에 이집트에서 철수한 영국은 나세르 중령이 쿠데타로 정권을 잡고 곧바로 수에즈 운하를 국유화하자 심기가 상당히 불편했다. 그전까지 영국과 프랑스가 공동소유하고 있던 수에즈 운하는 홍해와 지중해를 잇는 더없이 중요한 교역로였다.

문제는 여기에 어떻게 대응하느냐였다. 영국의 앤서니 이든 총리는 강경책을 촉구하는 압력을 받고 있었다. 일부 언론들도 가세했다. 그중에서도 《더 타임스》는 제2차 세계대전 발발 전에 유화책을 지지했다가 결과가 좋지 않았던 기억 때문인지, 이든에게 강하게 밀어붙일 것을 촉구했다. 프랑스에서도 상황은 비슷하게 흘러가고 있었다. 그러나 군사 행동을 벌인다면 첫째, 과연 성공할 것인지, 그리고 둘째, 호응해주는 나라가 있을 것인지 분명치가 않았다. 나세르의 운하 국유화는 짜증스럽긴 했지만 꼭 불법이라고는 할 수 없었다. 운하 회사 주주들에게 시장가로 주식값을 치르고 산 것이었기 때문이다. 그래서 몇 달 동안은 긴장과 초조 속에 이러지도 저러지도 못하는 상태가 이어졌다.

상황은 10월 말, 이스라엘군이 이집트를 침공하면서 갑자기 바뀌었다. 누가 봐도 대규모 유혈 충돌이 중동 전체로 번질 가능성이 커지는 상황이었다. 영국과 프랑스는 신속히 개입해 이스라엘과 이집트의 충돌을 막고 평화를 유지하고자 나섰다. 그렇게 하면 아주 공교로운 우연의 일치로, 영국과 프랑스가 운하의 통제권도 다시 손에 넣을 수 있었다.

이 모든 것은 아무래도 좀…… 영국과 프랑스에 너무 편리한 상황이라는 의심을 금할 수 없는 풍경이었다.

영국 내 분위기는 바뀌기 시작했다. 전쟁을 지지하는 의견도 여전히 있었지만, 좌우를 막론하고 압도적 지지를 받았던 강경 노선에 점점 비판의 시선이 쏠리기 시작했다. 언론의 분위기도 바뀌었다.《더 타임스》는 신중한 대처를 촉구하기 시작했다.《맨체스터 가디언》은 대놓고, 돌아가는 꼴이 뭔가 수상쩍다는 의심을 표했다. 국제사회의 반응은 더 좋지 않아서, 세계 각국에서 비난의 목소리가 터져나왔다. 무엇보다 이든 총리의 계획에 큰 타격을 준 것은 미국이었다. 지원 요청을 딱 잘라 거부하면서, 군사 행동을 계속한다면 석유 무역 제재를 가하겠다고 으름장을 놓았다. 그렇다. 미국이 중동 지역의 전쟁에 반대한 것이다. 그때는 참 다른 시절이었다.

영국은 이렇게 옛날 제국 시절을 못 잊고 여전히 세계를 자기 뜻대로 주무를 수 있으리라는 한심한 오판을 저지른 대가로, 몇 주 후 굴욕적인 철수를 해야 했다. 이든 총리는 의회에서 진술하면서 영국 정부가 이스라엘의 침공을 사전에 전혀 알지 못했다고 주장했으나, 그의 권위는 이미 바닥에 떨어졌고 건강 상태도 좋지 않았다. 이든은 1957년 1월에 사임했다.

여기서 특이한 것은 이 모든 사태가 흘러가는 동안 국민들은 그 전모를 전혀 알지 못했다는 사실이다. 의혹만 무성했을 뿐이다. 사건의 전모는 수십 년 후에나 드러났다. 영국은 침공을 사전에 알았을 뿐 아니라, 아예 침공을 계획했던 것으로 밝혀졌다. 이든의 주장은 순 구라였다. 영국, 프랑스, 이스라엘은 전쟁을 철두철미하게 사전에 모의했던 것으로 드러났다. 이스라엘이 침공하고, 곧이어 '평화유지군'이 개입하기로 하는 등 모든 과정은 프랑스에서 세 나라가 비밀리에 만나 일주일 전에 결정한 것이었다. 세 나라는 이 연극에서 각자 어떤 역할을 맡을지 문서로도 명기해놓았다. 영국은 자기들이 보관하던 문서 사본을 파기했다. 하지만 이든으로선 불행히도, 이스라엘은 자기들 사본을 보관하고 있었다. 영국과 프랑스를 믿지 못해 두 나라가 나중에 말을 바꿀지도 모른다고 생각해서였고, 당연히 그럴 만했다.

그러고 보니 《더 타임스》가 다소 뜻밖의 방향으로 논조를 틀었던 일도 설명이 되었다. 편집국 간부들은 전쟁 계획을 사전에 정부로부터 들어 알고 있었다.[5] 그랬다가 영 잘못된 계획이란 것을 깨닫고 재빨리 노선을 바꿨던 것이다. 물론, 거짓 전쟁이었음을 처음부터 자기들이 알고 있었다는 사실을 '보도'할 생각까지는 하지 못했다.

국제 정치에서 허위 사실이 판치는 것은 전쟁이 시작될 때뿐만이 아니다. 전쟁 중에 생산되는 정보도 신빙성이 없기로 악명이 높다. 이른바 '전장의 안개'로 불리는 여러 불확실 요인 때문에 전쟁터에서 흘러나오는 정보는 상당 부분 믿을 게 못 된다. 하지만 더 큰 문제는 전쟁이라는 상황 자체가 소문, 착각, 선전이 뒤섞여 허황된 거짓 정보가 폭발적으로 양산되는 화약고 역할을 한다는 것이다.

앞서 언론인을 다룬 장에서 언급한 것처럼 H. L. 멩켄이 그토록 질색했던, 제1차 세계대전 중 쏟아져나온 보도들에서도 그런 점이 잘 드러난다. 멩켄이 당시 전쟁 보도의 99퍼센트가 개소리라고 추정한 것은 좀 과장이었다 쳐도, 사실무근의 기사들이 무수히 쏟아진 것만은 사실이다.

한 예로, 무성하게 보도된 내용 중에 독일군이 벨기에 이퍼르 인근에서 캐나다군 장교를 처참하게 십자가형에 처했다는 이야기가 있었다. 어딘가에 세워서 묶어놓고 팔다리에 총검을 꽂아 죽였다고 했다. 자세한 내용은 보도마다 달랐다.《더 타임스》는 벽에 붙여 살해했다고 했고,《토론토 스타》는 나무에,《모닝 포스트》는 문에 매달아 살해했다고 했다. 소문이 퍼지면서 처음에 한 건이었던 사건이 두 건으로, 이어서 여러 건으로 점점 불어났다. 런던 시민들은 불안에 떨었고, 하원에서도 질의가 잇따랐다. 한 질문자는 이야기에 정교하게 살을 덧붙이기도 했다. "독일군은 마을의 큰 십자가상에서 그리스도상을 제거하고 부사관을 산 채로 십자가에 박았습니다."[6]

캐나다 군인이 십자가형을 당한 사건이 실제로 있긴 했던 걸까? 입증된 보도는 한 건도 없었던 것이 분명하다. 그래도 연합국은 그 이야기를 선전에 톡톡히 활용했다. 추후 조사 결과 사건의 희생자일 가능성이 있는 군인 몇 명의 이름이 거론되었지만, 확실한 증거는 하나도 나오지 않았다.

오싹한 이야기지만, 그래도 제1차 세계대전의 '최고 농간'으로 불리는 이야기에 비하면 아무것도 아니다. 바로 독일의 '시체 공장' 이야기다. 그 이야기가 처음 어디서 나온 것인지는 분명치 않다. (영국 정보기관의 작품이라는 주장이 많은데, 아마 그랬을 수도 있고, 그것 역시 잘못된 속설일 수도 있다.) 자세한 내용도 그때그때 달라졌지만, 기본 뼈대는 늘 똑같았다. 독일군이 전선에서 전사자들의 시신을 무더기로 공장에 이송해 와서 시신을 가열 처리해 비누, 폭약, 비료 등 온갖 제품을 생산했다는 것이다.《더 타임스》의 보도에 따르면 공장에는 이름까지 당당히 붙어 있었다. '사체 활용 시설 Kadaververwertungsanstalt'이라고 했다.[7]

이 이야기의 출처로 가장 유력해 보이는 인물은 영국 정보기관의 수장이었던 존 차터리스 준장이다. 보도에 따르면 1925년 뉴욕의 어느 만찬 자리에서 자기가 꾸며낸 이야기라고 자랑했다는데, 영국에 돌아와서는 보도 내용을 극렬히 부인했다. 입을 함부로 놀렸다고 단단히 혼났기 때문인지, 아니면 보도 자체가 헛소리였기 때문인지는 알 길이 없다.

그러나 제1차 세계대전에서 비롯된 풍문들이 아무리 끔찍했던들, 전쟁 중 흘러나온 잔학 행위 보도는 그것이 최초가 아니었으니, 그 역사는 훨씬 더 길다. 미국 독립 전쟁이 끝나갈 무렵인 1782년 4월, 《보스턴 인디펜던트 크로니클》의 부록에 충격적인 기사가 실렸다. 뉴잉글랜드 민병대의 새뮤얼 게리시 대위가 소름 끼치는 화물을 발견했다는 내용이었다. 그는 캐나다 총독실로 운송되던 커다란 소포 꾸러미 여덟 개를 압류했다. 소포를 열어보니 그 내용물은 충격과 경악 그 자체였다. 총 1,000점에 이르는 인간의 머리 가죽이었다.

게리시 대위는 그 끔찍한 희생물이 어디서 비롯된 것인지도 설명했다. 영국 정부의 지시를 받고 세네카족 인디언들이 미국인 포로들에게서 3년 동안 모은 것이라고 했다. 소포는 캐나다 총독이 받아서 본국의 조지 3세 국왕에게 위안거리 삼아 선물로 올리려고 했다는 설명이었다.

신문 기사는 머리 가죽의 분석 결과를 암울한 필치로 무척 상세하게 전했다. 359점은 밭이나 집에 있다가 살해된 농부들의 것이었다. 그중 18점에는 희생자가 산 채로 불태워졌음을 알 수 있는 표시가 있었다. 43점은 교전 중 총상으로 사망한 미국 군인들의 것이었다. 88점의 주인은 여성 희생자들이었다. 기사는 참혹한 사실을 연이어 기록했다. 희생자 중엔 아이들도 무척 많아서, 남아 193명, 여

아 211명이었다. 더군다나 29점은 "어머니의 배를 갈라 끄집어낸" 아기들의 것이라고 했다.[8]

그야말로 경악스럽고 천인공노할 사건이었다. 첫 보도가 나간 후 몇 달에 걸쳐 런던, 뉴욕, 필라델피아 등 여러 도시의 신문들도 줄지어 비슷한 내용을 보도했다. 영국인들은 아연실색했고, 미국인들은 그 같은 만행을 지시한 영국의 잔혹함에 격앙했다.

그런데 이 보도엔 한 가지 문제가 있었다. 독자도 이미 짐작했겠지만, 보도 내용이 사실이 아니었다. 완전히 거짓이었다. 게리시 대위라는 인물은 존재하지 않았고, 인간의 머리 가죽이라는 끔찍한 전리품이 피에 굶주린 조지 국왕에게 소포로 부쳐진 일 따위는 전혀 없었다.

그게 다가 아니었다. 보도가 가짜였을 뿐 아니라, 신문도 가짜였다. 물론 《보스턴 인디펜던트 크로니클》이라는 신문은 실제로 존재했다. 정확한 이름은 《보스턴 인디펜던트 크로니클 앤드 유니버설 애드버타이저》였다. (18세기 신문들은 이름을 깔끔하게 짓는 데 관심이 없었다.) 하지만 그 '부록'이라는 것은 처음부터 끝까지 완전히 가짜였다. 1면에 실린 문제의 그 기사도 가짜였고, 2면에 실린 전쟁 영웅 존 폴 존스의 편지도 가짜였고, 2면 하단을 메운 두 개의 광고도 가짜였다. "대규모 토지 매물"과 "편리한 가죽 가공업소"를 선전하는 광고였다.

그야말로 기막히게 정교한 위조 신문이었다. 그 만듦새에는 남다른 장인 정신과 정성, 심지어 애정까지 묻어났다. 그게 가짜라는 사실은 엄청 치밀하게 살펴보지 않으면, 그리고 18세기의 조판술 마니아쯤 되지 않으면 도저히 알 수가 없었다. 만약 18세기의 조판술 마니아라면 신문에 쓰인 활자의 모양새가 미국 것도, 영국 것도 아니라는 사실을 간파할 수 있었을지 모른다. 그 활자는 프랑스산이었다.

왜냐고? 신문이 인쇄된 곳은 보스턴이 아니라, 파리 외곽의 파시라는 평화롭고 고급스러운 온천 휴양지였기 때문이다. 그 신문을 만든 사람은 실제 《보스턴 인디펜던트 크로니클》지와는 아무런 관련이 없었다. 게다가 미국을 떠난 지도 이미 몇 년 된 사람이었다. 그 가짜 신문을 만든 사람은 다름 아닌, 프랑스 주재 미국 대사이자 미국 건국의 아버지이며 박식가이자 18세기 조판술 마니아였던, 벤저민 프랭클린이었다.

그렇다. 또 그 양반이다.

아니 그 유능한 문인이자 과학자이자, 당대의 가장 존경받는 위인 가운데 한 명이던 프랭클린이 무슨 이유에서 그런 터무니없는 사기를 궁리해냈을까? 일단 간단히 말해, 영국을 겨냥한 흑색선전이 목적이었다. 프랭클린이 가짜 신문을 유포할 무렵, 미국 독립 전쟁은 거의 끝난 것과 다름없었다. 요크타운 전투에서 미국·프랑스 연합군이 승리해 전쟁을 사실상 종결지은 것이 벌써 6개월 전이었고, 이제 파리 평화 회담이 막 열릴 참이었다. 프랭클린은 가짜 신문을 사실 미국에서는 유포하지 않았다. 영국, 스페인, 네덜란드의 협력자들에게 보냈을 뿐이다. 목표는 기사를 영국 언론에 흘려 보도되게 하는 것이었고, 성공했다. 프랭클린의 의도는 영국 여론을 움직여 '자국의 만행에 대해 미국에 배상금을 치러야 한다'는 쪽으로 유도하는 것이었다.

비록 그게 직접적이면서 실제적인 이유이긴 했지만, 한 발짝 더 들어가면 또 다른 답도 가능하다. 개인적으로는 훨씬 더 흥미롭게 느껴지는 답이기도 하다. 벤저민 프랭클린이 그 사기를 친 이유는 거짓말하기를 워낙 좋아했기 때문이라는 것. 그는 거짓말을 아무리 많이 해도 성에 차지 않았다. 앞서 살펴보았듯이 프랭클린은 10대 시절부터 84세의 나이로 세상을 뜨기 바로 며칠 전까지 어이없고 황당한 농간을 꾸준히 저지르며 즐겼다. 때로는 정치적 목적을 위해, 때로는 경제적 이득을 위해, 때로는 쪼잔한 뒤끝을 부리느라고, 그리고 왕왕 그저 순전히 개소리를 지어내는 게 너무 재미있어서 크고 작은 농간을 계속 부렸다. 물론 세상에 더 큰 파문을 일으킨 사기꾼이야 많았지만 벤저민 프랭클린은 어느 모로 보나 역사상 가장 왕성하고, 유능하고, 창의적이었던 구라꾼으로 꼽기에 손색이 없다.

프랭클린이 부린 농간의 대부분은, 과연 사람들이 얼마나 진지하게 믿으리라 기대하고 부린 것인지가 분명치 않다. 그 시절에 가짜 필명으로 글을 펴내는 사람은 프랭클린뿐만이 아니었다. 당시는 인쇄술 혁명에 힘입어 요즘 말로 '콘텐츠'가 폭증하면서, 종이에 인쇄된 글 중에는 참말도 있고 거짓말도 있다는 사실에 사람들이 겨우 적응해가고 있을 때였다. 프랭클린이 (2장에서 언급한) '사일런스 두 굿' 여사라는 인물을 창조해낸 것이 1722년이었고, 대니얼 디포가 『로빈슨 크루소』를 발표한 것이 바로 그 몇 해 전이었다. 『로빈슨 크루소』는 최초의 영어 소설로 흔히 꼽히지만, 겉으로는 자서전 형식을 취하고 있으며 또 실제로 로빈슨 크루소라는 사람의 자서전인 것으로 널리 믿어졌다. 그 무렵 조너선 스위프트도 근대적 풍자 소설 『걸리버 여행기』를 열심히 쓰고 있었다. 프랭클린은 정말 사람들을 속일 생각이었을까, 아니면 그저, 아직 윤리적 경계가 다소 모호한, 새로운 문학 형식을 실험하고 있던 것이었을까?

'농간'과 '패러디'의 경계란 오늘날까지도 애매하고, 프랭클린의 가짜 작품은 거의 하나같이 장난스럽고 풍자적이면서 유머 감각이 넘쳐난다. 한마디로 프랭클린은 탁월한 조롱꾼이었다. 출처가 불분명한 어느 이야기에 따르면, 토머스 제퍼슨이 프랭클린에게 독립선언문 작성을 맡기지 않은 이유를 사람들에게 설명하기를 "그 양반은 도저히 못 참고 농담을 하나 집어넣고야 말았을 것"이라고 했다고. 프랭클린의 유머러스한 독립선언서가 역사의 빛을 보지 못한 것이 참 안타깝다는 생각을 나만 하는 건 아니지 않을까 싶다.

오해하실까 봐 첨언하면, 미국 독립선언서는 현재 그대로도 완성도 높은 명문이다. 하지만 솔직히 위트는 좀 없지 않나. 개그 몇 개쯤 투척해서 조금 더 유쾌하게 만들었어도 나쁘지 않았을 듯하다.

그러나, 비록 프랭클린의 농간 중에는 틀림없이 '재미'로 만든 것이 많긴 하되(최소한 자기 재미를 위해, 그리고 어쩌면 남들도 재미있으라고), 그 '머리 가죽' 기사는 그런 경우라고 할 수가 없다. 풍자하려는 의도가 설사 있었다 하더라도, 그 글이 일으키는 분노에 완전히 묻혀버린다. 이 무렵 그는 자기의 위작이 널리 믿기리라는 것을 완벽히 예상했고, 한 나라 언론에 어떻게 거짓 정보를 흘려야 신문에서 신문으로, 나라에서 나라로 퍼지면서 국제적으로 확산할지도 정확히 알고 있었다. 한마디로, 교활한 외교적 목적을 달성하기 위한 의도적 기만행위였다. 위조 신문에는 세심하게 주의를 기울인 흔적이 역력했다. 찍혀 있는 발행번호는 한 달 전《보스턴 인디펜던트 크로니클》지의 실제 발행 번호였고, 신문의 실제 편집인 이름도 들어 있었고, 모양새도 실제 신문의 외양 및 스타일과 아주 흡사했다. (다만 역사상 많은 위조꾼이 그랬듯, 프랭클린도 진품보다 살짝 더 낫게 만들고 싶은 마음을 자제하지 못했다. 결정적 단서가 될 줄 알면서도 우아한 이탤릭체 활자를 특별히 주문 제작해 사용했다.[9]) 그리고 신문을 존 애덤스에게 우편으로 부치면서, 자기가 불과 몇 시간 전에 만든 작품에 대해 뭔가 의심스러운 척 시늉하는 고전적 트릭도 구사했다.[10]

그러나 프랭클린이 허위 정보를 겨눈 표적은 영국이었으되 그 화살에 결과적으로 다친 희생자는 전혀 엉뚱한 곳에서 발생했으니, 그 희생자는 바로, 프랭클린의 무지막지한 인종차별적 거짓말 속에 가해자로 등장한 아메리카 원주민이었다. 뭔가 시선을 잡아끌 자극적 이야기를 만들려고 오싹한 디테일을 구상하던 프랭클린은 토착민들에 대한 오해를 재생산하고 부풀리고 각색함으로써 그들에 대한 세간의 인식에 오랜 세월 지워지지 않을 얼룩을 남겨버린 것이다.

정확히 짚고 넘어가자면, 전쟁 중 적의 머리 가죽을 벗기는 행위가 미국 땅에서 벌어졌던 것만은 틀림이 없고, 유럽인 이주민들이 나타나기 오래전에 토착민들이 그런 행위를 했던 것도 거의 틀림없다. 하지만 독립 전쟁 초기부터 공포와 소문과 선전이 뒤섞여 퍼지는 가운데 그 행위는 실상보다 터무니없이 많이 부풀려져 상존하는 위협이 되어버렸다. 집단 잠재의식 속에 늘 숨어 있는, 설화 속 도깨비 같은 존재가 되어버린 것이다. 근거 없는 풍문이 떠돌면서 영국이 백인들 머리 가죽에 현상금을 걸어 원주민들이 학살을 벌였다는 거짓 소문이 자자했다. 그런 식의 거짓 소문 중 하나는 심지어 독립선언서 내용에까지 들어갔다.[11] (그러니까 그런 것 대신 농담을 넣었더라면 얼마나 더 좋았을까.) 실제로 머리 가죽 벗기기는 원주민들의 고유한 특기가 전혀 아니었다. 독립 전쟁 중 모든 진영에서 다 저지르던 행위였고, 독립군은 원주민의 머리 가죽에 거액의 현상금을 자주 내걸곤 했다. 아닌 게 아니라 프랭클린이 가짜 신문을 제작하기 고작 몇 주 전, 오하이오주 저네이던허턴에서는 독립 전쟁 기간을 통틀어 최악으로 꼽을 만한 만행이 자행되었다. 백인 독립군 민병대가 비무장한 원주민 남녀와 아이들 90명 이상을 포로로 잡아 헛간에 몰아넣고 나무망치로 때려죽인 후 머리 가죽을 벗긴 것이다.

만약 프랭클린이 뿌린 덫이 애초에 의도했던 곳, 즉 1782년 봄의 런던 신문 지면에만 머물렀더라면 그 이야기는 오늘날 역사의 여담 정도로만 남았을지도 모른다. 하지만 그러기는커녕 마침내 평화 조약이 체결된 뒤로도 오래도록 끈질기게 살아남았다. 진짜 그럴듯한 거짓말은, 그래서 문제다. 한번 세상에 내보내면 소기의 목표를 이루고 나서 조용히 소멸하지 않는다. 거짓말은 좀비와 같다. 절대 죽지 않고, 사람의 뇌를 노린다.

프랭클린의 농간도 예외가 아니어서, 그의 사후 20년도 더 되어 맹렬한 기세로 부활했다. 미국과 영국이 다시 한번 맞붙은 1812년의 전쟁이 발발하기 직전에 일부 원주민 부족들이 다시 영국 편에 가담한 가운데, 그 이야기가 어째서인지 별안간 되살아난 것이다. 이번에는 그 여파가 훨씬 더 컸다.

프랭클린이 처음 그 이야기를 퍼뜨렸을 때는 미국 신문 8개가 기사를 실었다. 1806년에서 1814년까지 이어진 재유행 기간에는 무려 27개의 신문이 원작을 조금씩 변형한 기사를 실었고, 그중 12건의 기사는 1813년의 단 7개월 동안에 집중되었다. 잘못된 믿음은 미국인의 집단의식 속에 자리 잡으면서, 아메리카 원주민은 무자비한 야만인이라는 인식을 강화하는 데 한몫했다. 프랭클린 본인이 쓴 편지에서 그 농간을 시인했다는 사실이 나중에 결국 널리 알려졌지만, 그 이야기는 심지어 오늘날까지도 간혹 사실인 양 되풀이되곤 한다. 아메리카 원주민들이 그 후 두어 세기 동안 받아온 냉대와 박대에 그 터무니없으면서도 강렬하게 뇌리에 남은 거짓말이 과연 얼마나 큰 원인을 제공했는지는 알 길이 없다. 하지만 무관치 않았으리라는 것만은 확실하다.

장사꾼의-거짓말

돈 벌 기회가 있는 곳에는 진실을 왜곡해 돈을 벌려는 사람이 항상 있기 마련이다. 물론 놀랄 일은 아니다. 우리가 만들어놓은 세상에서 돈은 중요하다. 돈이 있으면 먹고살 수 있고, 욕구를 채울 수 있으며, 돈이 아주 많으면 권력을 누릴 수 있다. 돈도 많고 권력도 강하면, 남들을 내 뜻대로 움직일 수 있고, 주변 세상을 변화시킬 수 있다. 그리고 권력이 더욱 커지다 보면 어느 순간부터는 현실을 내 욕구에 맞게 바꿀 수 있다는 생각마저 든다. 이제는 돈을 벌려고 진실을 왜곡할 필요도 없다. 돈이 알아서 진실을 왜곡해주니까. 세상 사람이 모두 나를 세계 최고의 기업가처럼 대우해준다면, 나는 세계 최고의 기업가인 게 맞다. 거의 정의상 그렇다. 남들은 넘볼 수 없는 기회가 주어진다. 남들 같으면 완전히 망할 큰 실패 좀 저질러도 아무 탈 없다. 원한다면 흥청망청 살아도 누가 뭐라 할 사람이 없다. 테레즈 욍베르가 돈을 환상으로 여겼다면, 혹은 '연마해야 할 마술'로 생각했다면, 글쎄, 완전히 틀린 생각은 아닐 것이다.

그러려면 기본적으로 필요한 게 '일단 된다고 우기기fake it till you make it' 정신이다.

이 장에서는 역사 속의 다양한 사례를 통해, 돈을 벌기 위해 일단 '우기고' 보았던(그리고 적어도 일시적으로는 '되게' 만들었던) 사람들의 이야기를 살펴본다.

우선 짚고 넘어갈 사실은 이 모든 이야기가 결과론적인 측면이 엄청 크다는 것이다. '일단 된다고 우기기' 자세는 경영 분야에서 용납되는 정도가 아니라 아예 기업가 정신의 필수 덕목으로 꼭꼭 가르칠 정도다. 제일 좋아하는 SNS가 링크드인LinkedIn인 부류의 사람들이 서로 공유하는 맨손 창업 성공담 따위와 함께 말이다. 한 예로, 마이크로소프트가 탄생한 계기는 빌 게이츠가 (같이 일하던 친구 폴 앨런인 척하면서) 최초의 개인용 컴퓨터로 알려진 '알테어'의 제조사 사장에게 전화한 일이었다. 게이츠는 알테어에서 구동되는 소프트웨어를 자기들이 만들어놓은 게 있다고 했다. 사장 에드 로버츠는 감탄하며, 와서 시연해달라고 했다. 계획 성공이었다. 문제는 게이츠가 한 말이 전혀 사실무근이었다는 것. 게이츠와 앨런은 소프트웨어를 만들어놓기는커녕 만들려고 아직 시작도 하지 않은 상태였다. 두 사람은 전화 통화를 하고 나서 시연 날짜까지 남은 두 달 동안 미친 듯이 소프트웨어를 개발했다. 알테어 컴퓨터가 없어서 소프트웨어가 잘 돌아가는지 테스트도 못 해봤지만, 약속 장소에 가서 시연에 성공했다.[1]

'일단 된다고 우기기' 작전의 성공 사례는 그 밖에도 물론 많다. 범위를 '세계 유수의 미국 IT 회사'로만 한정해도 그렇다. 스티브 잡스가 2007년 아이폰을 선보여 세상을 감탄시켰던 순간도 그런 예다. 전화기의 개념을 바꾸어놓을 "혁신적이고 마술 같은 제품"이라고 당당히 선언했지만, 한 가지 문제가 있었다. 애플에서 그때까지 아직, 제대로 작동하는 아이폰을 만들지 못했던 것. 시제품이 있었지만 계속 다운되고, 작동이 멎고, 전화가 끊기곤 했다. 샌프란시스코의 모스코니 컨벤션 센터를 가득 메운 열광적인 관객 앞에서 생중계로 시연에 나선 잡스는 이 앱 저 앱을 마음대로 자유롭게 실행해가며 아이폰의 획기적인 성능과 사용성을 여유롭게 뽐내는 듯했지만, 실제로는 정확히 짜인 순서에 따라 한 치의 어긋남 없이 기기를 조작했을 뿐이다. 그것은 애플의 엔지니어들이 고민 끝에 찾아낸, 문제를 일으키지 않고 진행할 수 있는 거의 유일한 조작 순서였다.[2]

물론 게이츠와 잡스가 오늘날 전 세계의 경영대학원 수업 자료에 꼭꼭 이름이 올라가는 이유는, '우긴' 다음에 '되게' 만들었기 때문이다. 할 수 있다고 생각하고 일단 직감적으로 결단을 했는데, 실제로 해낸 것이다. 신생 기업 마이크로소프트는 프로그래밍 실력을 당당히 증명해 보이고, 장차 가정용 컴퓨터 소프트웨어 시장을 장악할 첫 발판을 마련했다. 애플은 아이폰의 메모리 문제를 주문 제작한 신형 칩으로 해결하고, 전철에서 남들과 눈 마주치지 않는 방법에 혁신을 일으켰다. 이 책을 읽는 변호사분들께 알려드립니다. 저는 빌 게이츠와 스티브 잡스가 날도둑이라거나 사기꾼이라거나 그런 나쁜 사람이라는 말을 하는 것이 절대 아닙니다. 두 사람 다 유능한 실력자였습니다! 이 책 원고도 맥북 프로에서 MS 워드로 썼어요! 두 분, 고맙습니다.

하고 싶은 말은 다른 게 아니라, 모든 건 결과론적이라는 얘기다. 우리가 역사에 '우긴 사람'으로 남을지 '되게 한 사람'으로 남을지는 해보고 나서 나중에야 알 수 있다. 그러니 이런 이야기들이 지금 이 순간 우리가 어떻게 해야 할지를 결정하는 데 그다지 유용한 지침이 되지는 못한다. '일단 고민 말고 못된 짓을 저질러라. 나중에 성공하고 나면 다 재미난 이야깃거리다'라는 자세는 세계 어느 주요 종교에서도(자본주의 제외) 옳다고 인정하지 않을뿐더러, 이전에 한 짓이 다 정당화될 만큼 성공하지 않으면 소용이 없다.

물론 본인의 약속 이행 능력을 오판하는 사람도 있다. 그러면 마이크로소프트나 애플이 되는 게 아니라 테라노스Theranos 꼴이 된다. 기업 가치 100억 달러로 평가되던 생명공학 벤처기업 테라노스는 혁신적인 혈액 검사 기법을 개발했다고 주장했지만, 알고 보니 혈액 검사가 잘 안 됐다. '일단 우겼는데 안 되니까 계속 우기다가 사기죄로 고소당하기'의 좋은 예였다. 하지만 몰락하기 전까지만 해도 테라노스의 젊은 창업자 엘리자베스 홈즈는 언론마다 혁신적 기업가로 치켜세우고, 잡지 표지에 싣고, 화려한 경력을 들먹이고, 스티브 잡스와 비교하곤 했던 인물이다. 스티브 잡스와의 비교는, 홈즈가 자신을 잡스처럼 봐주었으면 하는 바람에서 검은 터틀넥을 입었던 사실에 주로 기인했던 것으로 보인다. (이 이야기는 여기서 더 자세히 서술하기보다는 책 한 권을 추천한다. 2015년에 처음 테라노스의 정체를 폭로했던 언론인 존 캐리루가 쓴 『배드 블러드』라는 책이다. 그 내용이 입이 떡 벌어질 만큼 놀랍다.)

달리 말해, 만약 그레거 맥그레거가 엉터리 문장紋章이니 서훈제 따위를 고안하는 데 시간을 좀 덜 쓰고, 밀림 한복판에서 정말 마을을 세울 만한 능력자들을 모집하는 데 시간을 좀 더 들였더라면, 이 책의 5장에 등장하기는 했을까? 어쩌면 용케 식민지 개척에 성공해서 오늘날은 영웅으로 떠받들어지고 맥그레거라는 이름이 여기저기에 붙고, 그의 실체가 뭔가 구리다고 주장하는 책은 포야이스 정부와 외교 문제를 일으키고, 신문 칼럼니스트들은 그의 동상을 철거해달라고 민원 넣은 대학생들을 입에 거품을 물고 비난하고, 그렇게 됐을지도 모르는 일이다.

그 경계가 얼마나 미묘한 것인지는 휘터커 라이트의 삶을 보면 알 수 있다.

라이트는 어느 모로 보나 후기 빅토리아 시대 갑부 기업가의 전형이라 할 만했다. 무일푼으로 자수성가하여 여러 대륙에 걸쳐 사업을 벌이고 돈을 보란 듯이 펑펑 쓰며 부를 자랑했던 사람이었다. 돈을 정말, 진짜 '펑펑' 썼다. 그는 안 가진 게 없었다. 시골에 넓은 사유지가 있었고, 런던 최고급 동네의 대저택에 살았고, 거대한 요트를 몰고 친구인 독일 황제 빌헬름 2세와 요트 경주를 벌였다. 사유지 '위틀리 파크'에는 인공 호수가 몇 개 있었는데, 그중 한 호수 속에는 말만 들으면 무슨 스팀펑크 소설에서 튀어나온 듯한 시설이 들어 있었으니, 그것은 다름 아닌 '수중 흡연실'이었다. 호수 밑에 놓인, 모자이크로 장식된 높이 6미터의 유리 돔 시설로, 100미터 길이의 터널을 통해 접근하게 되어 있었다. 저택을 찾은 손님들은 그 안에서 담배 피우고 술 마시고 춤추면서, 머리 위 유리창 밖에서 헤엄치는 물고기를 감상할 수 있었다. 당시 언론에서는 이 시설을 '물속의 요정 방'이라 불렀고, 라이트 본인은 '수정 동굴'이라고 불렀다.[3] 담배 연기는 수면 위로 돌출된 넵투누스 조각상의 입으로 뿜어져 나왔고, 돔의 유리는 잠수부 팀을 특별히 고용해 주기적으로 청소했다.

그렇다. 말 그대로 수중 흡연실이다. 하긴, 성공 좀 했다고 하려면 집에 수중 흡연실 하나 정도는 있어야 하지 않나?

그런데 문제는, 라이트의 사업이라는 게 거짓말 위에 쌓은 성이었다.

라이트는 영국인이었지만, 처음 큰돈을 번 것은 미국에서였고, 그다음은 오스트레일리아와 캐나다에서였다. 영국 핼리팩스에서 동생과 함께 인쇄 회사를 차렸지만 1년 만에 망했는데, 젊은 나이에 맛본 사업 실패 경험을 그 후 다시는 반복하지 않으리라 다짐했던 것으로 보인다. 그러고 나서 가족과 함께 캐나다 온타리오주로 이주했다가, 1870년대 초에 혼자 미국 필라델피아로 떠났다. 당시는 어느 곳을 가나 경기가 활황이었다. 처음에 라이트가 큰돈을 번 방법은 대체로 합법적이었다. 물론 남다른 자신감에 호감 가는 성격과 달변, 그리고 가짜 자격 몇 가지가 보탬이 되긴 했다. 학교는 열다섯 살까지만 다녔지만, 이름 뒤에 문학 석사를 뜻하는 'M.A.'를 붙이고 다녔고, 독일 명문 하이델베르크대학교에서 지질학을 전공했다고 주장했다. 그런 자격들을 검증하려면 넘어야 할 '노력 장벽'이 너무 높으리라 생각한 듯하다. 옳은 생각이었다.

라이트는 광업에 몰두했고, 거기에 자기 미래가 있다고 생각했다. 광석의 품질을 가려내는 재주가 뛰어나기도 했다. 그래서 서부로 가서 귀금속 채굴 광풍에 합류했다. 첫 시작은 리드빌이라는 은광 마을에서였다. 지난 몇 년간 채굴꾼 수천 명이 몰려들고 은이 매년 수백만 달러어치 캐어져 나온 마을이었다. 워낙 거칠고 위험한 곳이었고(몇 년 후 그곳을 찾은 오스카 와일드는, "사람들 이두박근이 대체로 내 허리보다 굵어 깜짝 놀랐다"라고 했다[4]), 떼돈을 번 벼락부자들과 조금이라도 벌어보려고 발버둥 치는 군상들로 가득했다.

처음 라이트는 남들처럼 험한 비탈에서 온종일 은맥을 찾으려고 애썼다. 그러다가 곧 조지 D. 로버츠라는 사람과 어울리게 되었는데, 로버츠는 상도덕 관념이 희박하고 악명이 높던 광업계 거물로, 10년 전 자기도 유명한 광산 사기에 당한 경험이 있었다. (1872년의 다이아몬드 광산 대사기로, 필립 아놀드와 존 슬랙이라는 두 채굴꾼이 콜로라도의 황무지에 다이아몬드 원석을 좀 뿌려놓고 투자자들에게 다이아몬드가 무진장 묻혀 있다고 속인 사건이다.) 로버츠에 이어서 라이트도 그런 쪽 사업이 땅 파는 것보다 쉽게 돈 버는 지름길이라고 확신한 듯하다. 은맥을 고생해가면서 찾을 필요가 뭐 있나. 은맥을 발견했다고 투자자들을 속이고, 주는 돈을 감사히 받으면 되는 거였다.

파봤자 아무것도 없는 땅임을 투자자들이 깨달을 무렵, 라이트 일당은 이미 자리를 뜨고 없었다. 그러고 나서 그 돈으로 얻은 권력과 세력, 면책권을 누리고 살면 되는 것이었다.

여러모로 리드빌에서 가장 풍부하고 채취하기 좋은 자원은 은이 아니라 사람이었다. 일확천금에 눈이 먼 인간의 탐욕이야말로 은맥이나 마찬가지였다.

곧 라이트는 평생 잘 써먹을 성공 공식을 찾아낸다. 그것은 자신의 타고난 매력을 발휘해 경력 버젓하고 지위 높은 누군가를 설득해 자기 사업에 가담하게 한 다음, 그 인물의 명성과 자신의 당당한 성격을 내세워 (조작하기 쉬운 언론 매체 하나를 끼고) 자기 사업에 투자하면 확실하다는 이미지를 구축하는 것이었다. 그가 이렇게 처음 얼굴마담으로 쓴 사람이 저명한 미국 고생물학자 에드워드 드링커 코프였다. 코프는 땅에서 뭔가 파내는 일이라면 전문가 중에서도 전문가였지만, 인간의 끝없는 사기 능력에 대해서는 무지했다. 코프의 지원을 등에 업고 라이트는 자기가 세운 첫 광산 회사를 500만 달러에 용케 상장했다. 실제 가치보다 훨씬 높게 받아낸 것이었다.

라이트는 그 후로도 똑같은 패턴을 계속 반복해 써먹었다. 이 사업 저 사업을 옮겨 다니며 실망한 투자자들을 줄줄이 양산하면서도 거의 매번 탈 없이 넘어갔다. 그는 마음대로 주무를 수 있는 언론 매체를 하나 수하에 두고 있었으니, 지면에 실린 그의 묘사는 마치 통속 연애소설의 남주인공 묘사를 방불케 했다. "장대하고 우람한, 카리스마가 넘치는 사내. 그의 성품에서는 패기와 정력, 야심이 묻어났다"라고 《올버니 리뷰》는 입에 침도 바르지 않고 진지하게 치켜세웠다.[5] 라이트는 미국에서 영국으로 돌아와 '런던 앤드 글로브' 회사를 창립하면서, 별 볼일 없는 광산주를 포장하는 데 한층 더 무르익은 재주를 발휘한다. 회사의 이사회를 런던의 최상위 귀족 여럿을 포함해 명망가들로 채우려고 특별히 신경 썼다. 그가 온 힘을 쏟은 목표는 사회적 압력에 눌려 아무도 의문을 제기하지 못하게 만드는 것이었다.

아이러니하게도 그가 몰락한 원인은 누가 그의 광산이 별 볼일 없음을 간파해서가 아니었다. 그 계기는 광산과는 전혀 다른 굴착 사업이었다. 바로 지하철 노선 건설이었다.

자기 사업이 아무래도 사상누각이라고 생각한 라이트는, 사업 분야를 넓혀보기로 했다. 사회에 도움이 되는 일을 좀 하면 경력에 나뻘 게 없겠다는 생각에서 1900년, 당시 교착 상태에 빠져 있던 지하철 건설 공사에 눈을 돌렸다. 베이커가와 워털루를 잇는 노선이었는데, 1890년 초에 착공한 이래 여러 차례 자금난으로 공사가 지연되면서 난항을 겪고 있었다. (그래, 안다. 런던의 지하철 노선 공사가 건설비 초과와 예산 부족으로 완공이 지연되었다니……. 놀랍지도 않다.) 라이트는 이 사업에 용감히 뛰어들었고, 공사비를 조달하려고 채권을 발행했다.

상황은 엉망으로 돌아갔다. 채권을 사려는 사람이 거의 나오지 않았고, 공사 속도는 여전히 진척이 없었다. 이로 인해 운영하던 다른 사업체들까지 자금난을 겪게 되자, 라이트는 모든 게 장밋빛인 것처럼 외형을 유지해야 한다는 절박감에 계열사들끼리 복잡한 상호 대출을 주고받는 수법으로 장부를 두둑해 보이게 꾸몄다. 하지만 결국 뒤따른 조사에서 부정이 드러났고, 라이트는 사기 혐의로 구속되어 재판받았다. 1902년 유죄 선고가 내려졌고, 판결 직후에 그는 법원 유치장에서 자살했다.

같은 해 새로운 회사가 공사를 넘겨받아 진행했고, 신속하게 완공했다. 오늘날 그 노선은 런던 지하철의 '베이컬루' 노선으로 남아 있다.

휘터커 라이트는 성공한 사업과 철저한 사기의 애매한 경계선을 교묘하게 줄타기한 사람이었지만, 그가 활개를 치게 된 배경인 투자 거품이라는 것은 역사적으로 흔한 현상이었다.

1720년 런던에서는 남해 무역이라는 것에 투자하는 광풍이 불어, 심지어 "아무도 모르는 모종의 사업으로 막대한 이익을 거둘 회사"라고 일컬어진 회사의 주식까지 팔려 나갔다.

그로부터 몇 달 후 파리에서는 죄수들을 감옥에서 풀어주고 매춘부들과 결혼시켜 단체로 루이지애나로 실어나르고 있었다. 개척을 해야 하는데 개척민이 부족했기 때문이었다. 막대한 이익을 가져다줄 땅이라는 말만 믿고 수많은 투자자가 거액을 투자한 상황이었다.

　불확실한 철도 사업에 무작정 뛰어든 사람도 라이트가 최초는 아니었다. 1840년에는 찰스 다윈, 브론테 자매, 윌리엄 새커리를 포함해 수많은 명망가들이 엉터리 철도 사업에 돈을 쏟아부었다. 당시 영국 의회는 일주일이 멀다 하고 새 법을 통과시켜 계속 새로운 지역에 철도를 놓는 사업을 승인하고 있었다. 하지만 철도는 영영 지어지지 않았고, 그중엔 지형 조건상 철도 건설이 애초부터 불가능한 곳들도 있었다.

　이런 식의 약삭빠른 상술은 비교적 근래에 생겨났다고 생각하기 쉽다. 먼 옛날에는 부도덕한 장사꾼들 때문에 귀찮고 짜증 날 일은 없지 않았을까. 무신경한 고객 상담원에게 상품 하자를 따지려고 전화통을 몇 시간씩 붙들고 있는 고생은 다 요즘 일이라고 생각할지도 모른다. 트위터에서 기업에 대해 이러쿵저러쿵하는 불평은 선진국에서나 하는 배부른 소리로 들릴지도 모른다. 사업하는 사람들의 염치없는 거짓말은 현대사회의 특징이라고 생각할 수도 있다.

　혹시라도 그렇게 생각한다면 소개해줄 인물이 있다. 에아나시르라는 사람이다.

　에아나시르는 한마디로 휘터커 라이트 같은 사람이었다. 살았던 시대가 3,500년 전일 뿐이다. 기원전 1750년경에 고대 메소포타미아(오늘날 이라크 남부)의 큰 도시국가 우르에 살던 상인인데, 굉장히 술수에 능했던 것 같다. 부동산에서 중고 옷까지 돈 되는 거라면 뭐든지 다 거래했다. 하지만 가장 큰 사업은 구리 수입이었던 듯하다. 우르에서 남쪽으로 페르시아만을 따라 좀 내려가면 딜문이라는 교역 중심지가 있었는데, 거기에서 구리를 수입해 왔다.

우리는 살면서 부끄러운 일도 많이 한다. 그래도 혹시나 역사에 이름이 남는다면 좋은 일로 남기를 바란다. 하지만 에아나시르를 보면 그런 꿈도 부질없다는 생각이 든다. 그 사람이 이 땅에 살다 간 지 4,000년이 되어가는데, 그리고 그 시대 사람 중에 지금까지 이름이 전해지는 사람은 몇 명 되지도 않는데, 에아나시르에 대해 우리가 아는 사실은, 엄청난 구라쟁이에 형편없는 구리 상인이었다는 게 거의 전부다.

그걸 어떻게 알게 되었느냐 하면, 고고학자들이 에아나시르가 살던 집을 발굴했는데, 그가 받은 편지가 착실하게 다 모여 있었다. 정확히 말하면 점토판이었다. 고객이 점토판에 글을 적어서 중개인을 통해 보낸 것이었다. 에아나시르는 처음에는 사업을 꽤 잘했던 것 같다. 왕의 의뢰로 이런저런 거래를 아주 많이 하기도 했다.

그런데 시간이 지나면서 사람들이 에아나시르에게 보내는 서신에 어떤 공통적인 주제가 서서히 등장하기 시작한다. 대략 이런 주제였다. "야, 이 뻔뻔한 자식아, 너 내 돈 떼먹을 셈이냐?"

인류사에서 가장 오래된 문자인 수메르어 쐐기문자로 기록된 이 점토판들은, 지금까지 알려진 가장 오래된 '고객 불만' 사례다.

점토판으로 볼 때 불만을 크게 제기한 고객은 네 명이었다. 이름이 각각 난니, 아비투람, 아파, 임쿠이신이라고 했다. 글의 맥락으로 짐작해보건대 이들은 에아나시르가 딜문에 출장 가는 비용을 지원

했고, 에아나시르는 그 대가로 최상품 동괴(반듯한 모양으로 주조한 구리 덩이 —옮긴이)를 구해 오기로 한 것으로 보인다.

난니가 발끈한 이유는 이런 것이었던 듯하다. 중개인들을 보내 물건을 받아 오게 했는데, 에아나시르가 질이 형편없는 구리만 잔뜩 내놓고 '아, 싫으면 관둬' 자세로 나오면서, 난니가 준 돈도 뱉어 내지 못하겠다고 우긴 것이다.

여기서 난니의 불만 서신 하나를 자세히 살펴보는 것도 좋을 것 같다. 수메르어를 직접 번역한 것이라 좀 어색한 부분도 있지만, 한 번 읽어보면 '악덕 장사꾼에게 불평하기' 풍습은 4,000년 전이나 지금이나 변한 게 없다는 깨달음이 밀려온다.

> 에아나시르에게 전하시오. 난니가 보내는 글이오.
> 당신은 내게 와서 이렇게 말했소. "기밀신에게 (그가 찾아오면) 최상품 동괴를 넘기겠소." 그리고 떠났지만, 약속을 지키지 않았소. 당신은 질 나쁜 동괴를 내 심부름꾼(시트신) 앞에 내놓고 말했소. "가져가려면 가져가고, 가져가기 싫으면 가버려!" 나 같은 사람을 그렇게 함부로 대하다니, 나를 뭐로 보는 것이오?

에아나시르는 고전적인 '싫으면 말고' 전략을 구사했던 것으로 보이고, 난니는 이에 응수해 '너 나 누군지 몰라?' 카드를 꺼낸 것으로 보인다. 난니는 또 에아나시르가 자기를 얼마나 함부로 대했는지 조목조목 강조해서 적고 있다. "우리처럼 버젓한 신사들을 보내 내 돈자루를 받아 오게 했다"라고 하면서, 그런데 "그들을 몇 차례나 빈손으로, 그것도 적지를 통해 되돌려 보냈으니 그건 나를 함부로 대한 것"이라고 했다. 그러고는 이런 최후통첩으로 마무리한다.

> 당신은 적지에 앉아 내 돈자루를 쥐고 있소. 이제 (내 돈을) 전액 되돌려
> 주는 것은 당신의 책임이오.
> 나는 (앞으로) 최상품이 아닌 구리는 당신에게서 절대 받지 않겠으니
> 그리 알아두시오. 나는 (앞으로) 동괴를 내 마당에서 하나하나 골라 취
> 할 것이며, 내 응당한 거부권을 행사할 것이니, 이는 당신이 나를 함부로
> 대했기 때문이오.[6]

안타깝게도 에아나시르가 불만 서신에 대해 보낸 답장은 남아
있지 않다. 에아나시르는 받은 서신만 보관했기에, 응답한 내용은
발견된 것이 없다. 과연 어떤 내용이었을지 궁금하다. 요즘 말로 하
면 "고견에 감사드립니다. 저희 서비스에 부족한 점이 있었다면 사
과드립니다"였을까? 아니면 요즘 말로 "아이고, 그러셨어요? 안됐
다, 찌질아"였을까?

확실히는 알 수 없지만, 그에 이어 아비투람과 아파가 보낸 서신
을 보면 어느 정도 짐작은 간다. 아비투람은 난니보다는 조금 더 유
리한 처지였던 것으로 보인다. 에아나시르를 몰아붙일 수단을 쥐고
있었다. 초장부터 에아나시르의 담보대출을 언급하며, '니가난나'
라는 이름의 중개인에게 물품을 인도하지 않으면 담보물을 처분하
겠다고 으름장을 놓는다.

아비투람의 첫 편지는 이렇게 시작한다. "은과 그 수익금을 니가
난나에게 넘기시오." 그리고 이런 협박을 이어간다. "왜 구리를 넘
기지 않았소? 넘기지 않는다면, 담보물을 처분하겠소."[7]

그다음 편지도 거의 비슷한 식이다. "왜 구리를 니가난나에게 넘기지 않았소?"로 첫머리가 시작되고, 끝은 (그래도 혹시 못 알아들었을까 봐) "니가난나에게 구리를 넘기시오"로 마무리된다.

그러자 이번에는 아파가 설전에 가담한다. "내 몫의 구리를 니가난나에게 넘기시오. 내 마음이 괴롭지 않도록 좋은 구리를 넘기시오."

그런 다음에는 임쿠이신이 끼어들어 후렴구를 반복한다. "좋은 구리를 봉인하여 니가난나에게 넘기시오." 그러고는 혹시라도 못 알아들었을세라 또 강조한다. "당신 마음이 괴롭지 않도록 좋은 구리를 넘기시오."

그다음에 이런 말을 덧붙이는데, 그 처연한 목소리는 수천 년이 지난 오늘날 우리에게도—인터넷 회사에 고장 신고하려고 전화통을 두 시간 붙잡고 있어본 사람이라면 누구나—재깍 공감할 만하다. "내가 얼마나 피곤한지 모르겠소?"

에아나시르는 그래서 결국 이득을 보았을까? 아마 라이트와 마찬가지로, 한동안은 잘나가다가, 결국 망한 것으로 보인다.

앞서 언급했듯이, 이 점토판들이 오늘날 전해지는 이유는 고고학자들이 에아나시르가 살던 집을 1950년대에 발굴해냈기 때문이다. 발굴 작업을 이끈 레너드 울리는 흥미로운 사실을 발견했다. 나름 잘나가던 거물의 집이니만큼 크고 고급스러웠는데, 에아나시르가 사업을 벌이던 시기가 저물 무렵, 가옥의 대부분이 갑자기 이웃집에 합쳐져 이웃집의 일부가 되어버린 듯하다.

울리가 내린 결론은? 우리의 에아나시르가 갑자기 급하게 집을 줄이고 좀 검소하게 살아야 할 일이 있었다는 것. 요즘 식으로 말하면 맛집 검색 서비스에서 이용자들에게 혹평을 줄줄이 받은 이력이 결국 문제가 된 게 아니었을까.

에아나시르의 이야기는 하늘 아래 새로운 것은 없다는 교훈을 준다. 문명이 태동했을 때부터 남들보다 한발 앞서가려는 기회주의자들은 늘 있었다. 돈이란 게 생겼을 때부터 남을 속여 돈을 뜯어내는 전문가들은 늘 있었다. 문자가 만들어졌을 때부터 우리는 좋은 구리를 니가난나에게 당장 넘기라고 닦달하는 항의 편지를 늘 썼다.

물론 기만적 상술 이야기를 하자면, 날조와 위조로 돈 벌기의 진정한 대가이자 '지상 최고의 흥행사', P. T. 바넘의 이야기를 하지 않을 수 없다. 바넘이 악명을 얻은 것은 서커스와 특이한 전시회로 19세기 중엽에 큰돈을 벌었기 때문이기도 하지만, 그와 진실 사이의 복잡한 관계 때문이기도 하다.

바넘은 악명 높은 날조꾼이었다. 완전히 날조된 가짜를 밥 먹듯 동원해 전시를 벌였다. 이를테면 '피지 인어'(원숭이의 상반신을 물고기의 하반신에 꿰매어 붙인 것으로, 피지도 아니고 일본에서 만든 물건을 사들인 것으로 추정된다[8]), '카디프 거인' 따위였다. 카디프 거인은 원래 자기가 창안한 위조품도 아니었다. 뉴욕 카디프에서 발굴해냈다는 키 3미터의 '인간 화석'이었는데, 실제로는 조지 헐과 윌리엄 뉴얼이라는 두 사촌지간 사기꾼이 조각상을 만들어서 어디 묻어놓았다가 우연히 '발견'한 것처럼 꾸민 것이었다. 이 조각상이 전시되어 막대한 수익을 내는 것을 보고 바넘이 사들이겠다고 제안했는데 거절당했다. 그러자 바넘은 가짜 거인 화석을 모방한 가짜 거인 화석을 제작하고는, 상대방 것이 가짜라고 주장했다.

바넘은 그런가 하면 다른 가짜의 실체를 열심히 폭로한 것으로도 알려져 있다. 특히 심령술사나 영매 등을 맹비난했다. 그런 내용으로 1865년에 책을 내기도 했다. 『세계의 사기The Humbugs of the World』라는 제목이었고, 유사 이래 "기만, 사칭, 야바위, 사기, 사기꾼"의 사례를 개괄한 책이라고 했다. 뭐, 책 내기에 썩 괜찮은 주제이긴 했다.

하지만 우리가 여기서 주목해볼 것은, 식료품점 직원으로 일하던 바넘이란 사람이 흥행업계에 첫발을 내디딘 사건이다. 그것은 1835년 8월 10일, 리처드 애덤스 로크가 엉터리 달나라 이야기로 세간의 이목을 끌기 고작 2주 전, 뉴욕의 니블로스 가든 공연장에서 첫선을 보인 전시였다. 전시 품목은 단 하나, 조이스 히스라는 여성이었다. 바넘은 그녀가 161세이며 조지 워싱턴의 보모였다고 주장했다. 그리고 "세상에서 가장 충격적이고 흥미로운 구경거리!"라고 선전했다.

조이스 히스는 물론 조지 워싱턴과 아무 상관이 없었고 나이도 161세가 아니었다. 70대 후반의 노쇠하고 눈먼 노파였을 뿐이다. 그리고 노예였다. 뉴욕에서는 최근 노예 소유가 불법화되어 있었지만, 바넘은 그녀를 '임차'함으로써 문제를 비껴갔다.

전시는 대성공이었다. 자극적 기삿거리에 굶주린 페니신문들의 보도로 관심이 폭발한 덕택이었다. 바넘은 뉴욕에서 성공한 후 뉴잉글랜드로 순회 전시를 다녔다. 가는 곳마다 인파가 몰려들어 이 살아 있는 '인간 유물'을 보고 만지려고 아우성쳤다. 빠듯한 일정의 강행군에 조이스의 쇠약한 몸은 견뎌내지 못했고, 그녀는 결국 1836년 2월 사망했다. 하지만 바넘은 그녀를 곱게 보내주지 않았다. 그녀의 나이에 대한 의심이 쏟아지고 언론이 검증을 부추기는 가운데, 바넘은 시신을 공개 부검하겠다며 관람권을 50센트씩 받고 팔았다. 모여든 1,500명의 관객 앞에서, 조이스 히스의 시신은 칼날에 낱낱이 해부되었다.[9]

부검을 시행한 의사는 바넘의 주장이 거짓이라고 선언했다. 조이스 히스의 나이는 기껏해야 80세라고 했다. 하지만 이 소식은 바넘의 경력에 해가 되기는커녕, 오히려 더 큰 성공의 발판이 되었다. 그는 그 후 여러 달 동안 뉴욕 언론에 이 이야기 저 이야기를 뿌려대며 언론을 자신의 홍보에 한껏 이용했다. 히스는 사실 아직 살아 있으며 시신은 다른 여성의 것이었다고도 했고, 자기가 사기당했다거나, 아니면 자기가 사기를 쳤다거나 하고 떠벌이기도 했다. 그는 뉴미디어야말로 그 어떤 직원보다 부리기 좋은 일꾼임을 잘 알고 있었다. (한때 언론인 26명을 수하에 고용했다는 말도 있다.) 그리고 빠르게 깨달았다. 자기가 성공하기 위한 관건은 진실과 신뢰가 아니라, 자자한 악명 그리고 흥미로운 이야깃거리 공급 능력이라는 것을.

묘하게도, 왠지 흥행에 성공한 휴 잭맨 주연의 뮤지컬 영화에서는 바넘의 이런 모습을 쏙 빼놓았다(제목은 「위대한 쇼맨」—옮긴이).

바넘은 또 시대의 열풍에 편승하는 재주도 있었다. 당시는 의학에 관심이 꽃피던 시절로, 획기적인 발견도 이루어졌지만 정치적 의도가 깔린 인종주의 이론도 판쳤고, 무엇보다 돌팔이 의술이 난무했다. 물론 이상한 일은 아니다. 돈은 벌고 싶고 양심은 없는 사람이라면, 병 고치는 장사만큼 좋은 것도 없으니까. 의술의 역사는 온갖 엉터리 만병통치약을 팔고 다닌 장사꾼들로 가득하다. 그중 클라크 스탠리의 '뱀 기름 연고Snake Oil Liniment'라는 것은 1916년 미국 화학국에서 검사해보니 뱀 성분이 정확히 0퍼센트로 밝혀졌다. 스탠리는 벌금 20달러를 물고, 엉터리 만병통치약을 뜻하는 '뱀기름snake oil'이라는 영어 표현의 시조가 되었다.

물론 그런 사기꾼은 스탠리 외에도 넘쳐났다. 가령 1940년대에서 50년대에는 고약한 냄새의 갈색 액체가 각종 병에 특효약이라고 하여 인기리에 팔렸다. 해더콜이라는 이름의 약이었는데, 실제 들어 있는 성분은 비타민 몇 가지, 그리고 아마도 판매량을 높이는 데 더 도움이 되었을, 12퍼센트의 알코올뿐이었다.

그러나 돌팔이 의료 사업은 이렇게 엉터리 물약을 순진한 사람들에게 팔아넘기는 데 그치지 않고, 더욱 엽기적인 행각으로까지 나아갔다. 20세기의 가장 특기할 만한, 그리고 성공한 돌팔이 의사로 꼽을 만한 인물로 존 R. 브링클리가 있다. 당시는 '염소 정소 의사the goat-gland doctor'로 잘 알려졌던 사람이다.

왜 그런 이름이 붙었냐고? 좋은 질문을 해줘서 고맙다.

염소 고환을 사람에게 이식해서 그런 이름이 붙었다. 목적은 발기부전 치료였다.

브링클리는 의사라고 자칭했지만 의사는 아니었다. 버젓한 의대를 졸업한 적이 없었다. 다만 노력은 했다. 늘 의사가 자기 천직이라고 생각하면서 의대 몇 곳을 다녔지만, 궁핍한 경제적 형편에다가 뭐라 해야 할까…… 좀 복잡한 사생활 때문에(한번은 자기 딸을 납치해 캐나다로 데려가기도 했다), 끝까지 다닌 곳은 하나도 없었다.

그렇다고 그런 사소한 문제에 좌절해 의술의 꿈을 버릴 그가 아니었다. 그래서 미국 캔자스주에 병원을 차렸다. 그런데 그 병원이 처음엔 꽤 버젓한 병원이었다. 브링클리는 1918년 스페인 독감 유행 때 환자 치료에 혁혁한 공을 세우기도 했다. 그러나 얼마 안 가, 큰돈을 벌 방법을 생각해낸다. 성 기능 부전으로 고민하는 환자를 맡았는데, 무슨 생각에서인지 염소 고환을 환자의 음낭 내에 이식하는 수술을 한다.

물론 그런다고 뭐가 좋아질 건 없었다. 환자는 일시적으로 고환 한 쌍이 더 생기고(이식된 고환은 시간이 지나면서 점차 사라졌다), 뭔가 자신감이 샘솟을 뿐이었다. 하지만 이 치료법은 엄청난 인기를 얻었으니, 브링클리가 워낙 공격적으로 홍보를 하기도 했고, 초창기에 수술받은 한 환자의 아내가 우연히 임신에 성공한 것도 큰 보탬이 되었다. 혹시 궁금하실까 봐 참고로 말하자면, 아이는 염소인간이 아니라 인간으로 잘 태어났다.

브링클리는 의사로선 별 볼일 없었을지 몰라도 홍보 분야에서는 탁월하고 선구적인 활약을 보였다. 그는 당시 아직 신생 매체였던 라디오의 잠재력을 처음부터 알아본 사람이었다. 캔자스에 직접 라디오 방송국을 세우고 자신의 치료법을 매우 열성적으로 홍보했다. 연방무선통신위원회에서 그의 라디오 방송 면허를 취소하자(캔자스 의료위원회에서 그의 의사 면허를 취소한 직후에), 멕시코로 넘어가 그곳에서 고출력 송신기로 계속 방송을 했다.

의료계와 방송계 경험을 쌓은 그는 이제 정계에 발을 들여놓겠다고 결심했고, 캔자스 주지사로 거의 당선될 뻔했다. 1930년에 공식 후보가 아닌 기명투표 후보로 출마했는데, 이름을 정확한 한 가지 방식으로 적어야만 유효 표로 인정하는 규칙 때문에 수만 표가 무효 처리되지만 않았더라면 당선됐을 가능성이 아주 크다.

아, 그리고 치료했던 환자가 많이 죽었다. 그리 유능한 의사가 아니었으니 당연했는지도 모른다. 염소 고환 이식술을 비판한 사람을 명예훼손으로 고소하면서 일은 꼬이기 시작했다. 그는 보기 좋게 패소했고, 곧이어 다수의 불법 사망 건 등과 관련해 소송이 쇄도하면서 파산하는 신세가 되고 말았다.

역사적으로 큰돈을 번 돌팔이 의사는 많지만, 그중 적어도 한 명은 (비록 우연이었을망정) 실제로 타당한 의학적 발견을 하고, 새로운 영어 단어를 만들기까지 했다. 안톤 메스머라는 사람으로, 18세기에 혁신적 의학 이론을 주창해 상류사회에 큰 영향을 미침으로써 처음에는 빈에서, 그리고 파리에서 화제의 중심이 된 인물이다.

메스머는 '동물자기론animal magnetism'이라는 이론을 주창했다. 보이지 않는 유동체가 온 우주를 뒤덮고 있어 모든 생명체를 천체와 이어준다는 이론이었다. 그는 이 이론에 바탕을 둔 의술을 고안하여, 특수한 상담을 통해 환자를 치료했다. 그 치료법은 주로 환자를 뚫어지게 쳐다보고, 환자의 몸을 문지르고, 쇠막대기를 손에 들게 하는 것이었다. 그런데 그렇게 하면 엄청난 치료 효과가 있었고, 유럽 곳곳에서 부유한 상류층 인사들이 메스머에게 치료를 받으러 몰려들었다.

문제가 불거진 것은 1778년 파리에서였다.

루이 16세는 마리 앙투아네트 왕비가 (잔 드 발루아생레미의 목걸이 사기에 휘말리기 몇 년 전) '메스머리즘'에 푹 빠져 있는 것 때문에 심기가 무척 불편했다. 왕비가 메스머의 후원자를 자처하고 앞장서 홍보 활동을 벌이니, 귀족들은 앞다투어 메스머에게 쇠막대기 치료를 받으려고 그의 치료실에 몰려들었다. 이에 루이 16세는 계몽 군주답게 프랑스 최고의 석학들로 위원회를 구성해 메스머 이론의 진위를 조사하게 했다. 학자들은 메스머의 이론이 헛소리라고 결론지었고, 메스머는 파리에서 쫓겨났다. 하지만 그의 이론은 오래도록 생명을 이어갔고, 수십 년 후 미국에서 다시 크게 부흥하기에 이른다.

물론 메스머가 발견한 것은 생명체에 자기력이 작용한다거나 하는 게 아니었다. 그가 우연히 발견한 것은, 그리고 그의 치료법이 그렇게 강한 효과를 보였던 이유이자 우리가 오늘날도 '홀리다, 매료하다'라는 뜻의 '메스머라이즈mesmerize'라는 동사를 쓰는 이유는, 사실 최면술이었다.

그가 발견한 사실은, 인간의 심리란 참 묘해서 뭔가에 쉽게 속아 넘어갈뿐더러, 심지어 자기 자신을 속여 신체적 변화를 일으키기까지 한다는 것이었다.

이는 묘하게도 다음 장의 주제이기도 하다.

흔한·집단·망상

2018년 크리스마스를 앞둔 영국, 주요 교통 거점인 개트윅 공항이 사흘 동안 운영이 중단되는 사태가 일어났다. 하늘에서 잇따라 발광체가 목격되었기 때문이었다. 이는 당연히 온 나라에 극심한 혼란을 빚었다. 런던 제2의 공항이, 그것도 한 해 중 가장 바쁜 시기에, 누가 드론을 날리는 통에 완전히 마비되어버린 것이다. 항공편 약 1,000편이 결항했고, 승객 14만 명의 발이 묶였다. 그러지 않아도 국내 정치 문제로 분열되고 근래 가장 큰 국제적 격변을 앞둔 가운데 시름이 깊던 영국으로서는 최악의 타이밍에 일어난 사고가 아닐 수 없었다.

독자 중에는 당시 뉴스가 기억나는 사람도 있을 것이다.

이렇게 생각할지도 모르겠다. "와, 맞아, 그런 일이 있었지. 그런 희한한 옛날 일화를 끄집어내서 알려주니까 나름 재미있네."

돌이켜보면 그 사흘간 벌어졌던 일은 공항 서점에서 많이 파는 스릴러 소설처럼 손에 땀을 쥐게 했다.

'개트윅 공항에 출몰한 드론' 이야기는 첨단 기술 공포증에 사로잡힌 현대인들에게 어울리는 귀신 이야기라 할 만했다. 누군지 몰라도 드론을 띄운 이는 소름 끼칠 정도로, 거의 초능력에 가깝게 상황을 간파하는 능력을 보유한 듯했다. 마치 영화 속 초인 악당처럼 항상 한발 앞서갔다. 드론이 나타났다는 소리에 당국이 추적을 벌이려고 하면 드론은 매번 사라지고 없었다. 공항을 다시 열려고 준비하고 있으면 늘 막판에 그 기묘한 발광체가 마술처럼 다시 나타나곤 했다. 관제탑 위를 스쳐 갔다가 곧바로 사라지곤 하는, 거의 사람을 가지고 노는 것 같은 이 드론의 행동을 두고 갖가지 이야기가 언론에 쏟아졌다. 드론을 봤다는 사람은 수백 명인데, 누구나 인터넷이 연결된 고화질 카메라를 주머니에 넣고 다니는 요즘, 드론은 용케 그 모든 카메라를 피해 다니며 고작 미검증 영상 두어 개에 잡혔을 뿐이다. 그것도 잿빛 하늘에 쪼그만 잿빛 점이 희미하게 떠 있는 영상에 불과했다.

이 글을 쓰는 현재는 사건이 끝난 지 이미 여러 달이 흘렀고, 경찰 수사는 전혀 진척이 없다. 그렇지만 내가 여기서 이 사건을 언급한 이유는 개트윅 공항의 운영 책임자 크리스 우드루프가 최근에 BBC와 인터뷰를 했기 때문이다. 인터뷰에서 그는 BBC의 보도를 반박하려고 열심히 애썼다. 당시 BBC는 "드론 따위는 없었다는 설이 온라인상에 퍼지고 있다"며 훈계하듯 보도했다.[1] (묘하게도 BBC는 그 '온라인상에 퍼지는 설'이라는 것의 최초 출처는 얼버무리고 넘어갔는데, 그것은 다름 아닌, 경찰에서 "드론 비행이 애초에 전혀 없었을 가능성"을 공식 발표했다는 BBC 보도였다.[2])

흔한 집단 망상

BBC 보도에 따르면 드론이 있었다는 증거는, "115명의 목격자가 총 130회에 걸쳐 드론 추정 물체를 목격했다는 진술"이 경찰에 접수된 것이었다. "목격자 중 6명을 제외한 나머지 전원은 경찰관, 보안 요원, 항공관제사, 조종사 등 관련 업무 종사자"라고 했다. 우드루프는 그 사람들을 믿는다고 말했다. "목격자들은 확실히 드론을 봤다고 했고, 저도 그 말을 확신합니다."[3]

흐음.

내가 하고 싶은 말은 '개트윅 공항에 드론이 출몰했을 리가 없다'라는 게 아니다. 드론은 아마도 있었을 것이다! 드론이란 건 굉장히 흔하고, 누가 거기서 드론 날리는 짓을 했다 해도 전혀 이상할 것 없다! 적국이 뭔가 모종의 흉악한 테러를 연습했던 걸지도 모르고, '드론 방지 장비' 제조사가 장사에 좀 도움이 될까 해서 벌인 일일지도 모르고, 아니면 그냥 어떤 머저리가 저지른 소행일지도 모른다.

내 입장이 그렇다는 것을 여기서 명명백백히 밝혀두고자 한다. 안 그러면 보나 마나 이 책이 출간되는 날 바로 신문에 대문짝만 하게 이런 기사가 실릴 게 틀림없으니까. '개트윅 드론 용의자 검거, 범행 일체를 자백하고 드론 비행 사실의 확고한 증거를 상세히 제공.' 지금 내가 쓰고 있는 건 책이기 때문에, 인터넷과는 달리 망신스러운 글을 나중에 지울 수가 없다. 그런 점은 솔직히 말해 참 별로다.

그렇지만 드론이 날았던 게 확실하다고 설명하는 글을 볼 때마다 왠지 찜찜한 느낌이 드는 것만은 어쩔 수 없다. 왜냐고? 다른 이유가 아니라, 인간이 유사 이래 특히 꼬박꼬박 저질러온 실수 중 하나가 목격담의 신뢰성을 과대평가한 것이기 때문이다. 우리는 목격자 수가 많을수록 목격담의 신뢰도도 올라간다고 생각하지만, 그게 꼭 그렇지가 않다.

몽테뉴가 말한 '거짓의 무한한 마당' 위에서 수많은 사람이 진실을 오도하는 사례들은 이 책에서 이미 숱하게 살펴보았다. 언론은 거짓말하고, 지도 제작자는 날조하고, 사기꾼은 속여먹고, 정치인은 기만하고, 장사꾼은 바가지 씌우고, 돌팔이 의사는 사람 잡는다. 하지만 정말 뿌리 깊은 거짓말은 따로 있다. 남들이 우리에게 하는 거짓말이 아니다. 그것은 우리가 우리 자신에게 하는 거짓말이다. 찜찜한 느낌을 떨칠 수 없다고 한 이유는, 그 드론 사태란 게 전혀 낯설지 않기 때문이다.

1913년 봄에도 영국 하늘에서 발광체가 목격되었다. 당시도 영국은 큰 국제적 격변을 앞두고 신기술이 대중의 공포를 자아내는 가운데 시름이 깊었다. 이름하여 '1913년 유령 비행선 공황 사태'였다.

1913년 봄, 여러 달에 걸쳐 괴이한 비행선이 영공을 떠다닌다는 제보가 영국과 아일랜드 전역에서 빗발쳤다. 방방곡곡에서 수백 건의 목격담이 수천 명의 제보자로부터 밀려들었다. 남동쪽으로 잉글랜드 켄트주에서 남서쪽으로 데번주까지, 북쪽으로 스코틀랜드 오크니 제도에서 서쪽으로 아일랜드 골웨이까지, 그야말로 사방팔방에서 비행선 목격담이 들려왔다.[4]

사실 사태가 싹튼 것은 1912년 겨울이었다. 당시 영국은 온 나라가 까닭 모를 불안에 휩싸여 있었다. 누가 봐도 전쟁의 먹구름이 다가오고 있는 듯했다. 전쟁이 임박했다고 확신하는 사람들이 나라를 전쟁으로 더욱 빨리 몰아가고 있었다. 특히 일부 언론이 그랬다.

《이코노미스트》편집인 프랜시스 허스트는 1913년 저서 『여섯 가지 공황The Six Panics』에서 당시를 회상하며 이렇게 적었다. "그리고 며칠도 안 되어《데일리 메일》은 이렇게 단언했다. '아마도 독일로 추정되는 어느 외국 열강의 비행선들이 이 나라 하늘을 정기적, 계획적으로 비행하고 있다는 것은 이제 의문의 여지 없이 증명된 사실이다.'"[5]

그건 '의문의 여지 없이 증명된 사실'이 전혀 아니었다. 당시 독일이 최소 한 대의 비행선을 보유했던 것은 사실이지만, 모든 역사적 기록이 그 비행선은 영국 근처에도 간 적이 없음을 말해주고 있다. 하물며 몇 달에 걸쳐 영국과 아일랜드 방방곡곡을 수백 차례 돌아다닌 일이 없는 것은 확실하다. 목격담 중 한두 건은 실제 항공기를 본 것일 가능성도 없진 않다. 당시는 아직 항공술 초창기였기에, 국가 차원에서건 애호가들에 의해서건 시험 비행이 이루어지는 일이 없지는 않았다. 하지만 그 목격담의 압도적인 대부분은 (수천 명이 목격했다고 하는 하늘의 불빛은) 전국적 규모의 집단 환각이었다고밖에 할 수 없다.

1913년 유령 비행선 공황 사태와 관련해 또 하나 재미있는 점은, 당시 그런 일이 처음도 아니었다는 사실이다. 1909년에도 영국에서는 더 작은 규모의 비행선 공황 사태가 한 차례 있었고, 같은 해 미국에서도 비행기를 보았다는 집단 환각이 일어난 적 있었다.

사건은 월리스 틸링해스트라는 사람이《보스턴 헤럴드》에 "세계 최초의 안정적인 공기역학적 비행기"를 발명했다고 알리면서 시작되었다. 그는 자신의 비행기를 타고 매사추세츠주 우스터에서 출발해 뉴욕과 보스턴을 찍고 돌아오는 500킬로미터 항로의 비행에 성공했다고 주장했다. 자유의 여신상 주변을 돌기까지 했지만 비행 모습을 눈으로 본 사람은 한 명도 없었는데, 그건 비행을 밤에 했기 때문이라고 했다. (틸링해스트는 비행기를 대낮에 보여달라는 요구를 거부했다.)

아무리 봐도 수긍이 안 가는 이야기였지만, 미국 동북부에서는 그 후 몇 주에 걸쳐 틸링해스트의 비행기를 목격했다는 제보가 빗발쳤고, 언론에서는 모든 목격담을 부지런히 보도했다. 첫 목격자는 12월 20일, 발광체가 보스턴항 위를 날아가는 것을 보았다는 남자였다. 《보스턴 글로브》는 이 소식을 1면에 게재하면서 "미상의 비행선, 밤중에 하늘을 날다"라는 제목을 달았다. 바로 그다음 날 정정 보도가 12면에 조그맣게 실렸는데, 남자가 본 것은 비행선이 아니라 배였던 것으로 드러났으며, 하늘을 난 것이 아니라 물 위에 떠 있었다고 했다.

그러나 12월 22일 무렵에는 우스터 일대에서 상공을 선회하는 불빛을 보았다는 주민의 수가 2,000명이 넘었다. 그다음 날, 비행선이 또 나타났다는 소식이 전화로 퍼지면서 우스터 주민 약 5만 명이 거리로 쏟아져나왔다. 크리스마스이브에는 뉴욕주, 버몬트주, 로드아일랜드주 등 다양한 곳에서 33건의 목격담이 보고되었다. 틸링해스트의 비행기는 그야말로 항속 거리가 엄청난 물건이 틀림없었다.

목격담은 단순히 불빛을 보았다는 것에 그치지 않았다. 목격자 중 다수는 비행기의 모양새가 보였고, 조종사 두 명이 앉아 있는 것까지 보였다고 했다. 틸링해스트도 이런 목격담을 적극적으로 이용했다. 뭔가 알 수 없는 행동을 하기도 하고, 오랫동안 어디론가 사라졌다가 바람에 헝클어진 모습으로 다시 나타나곤 했다.

그러다가 앞에서 살펴본 '미치광이 가스 살포범' 사건 때처럼, 언론의 논조가 갑자기 바뀌기 시작했다. 크리스마스 날에는 한 신문이 대놓고 환각이라고 지적하면서, "매사추세츠를 발칵 뒤집은, 헛것을 보는 전염병이 어제 오후 우리 지역을 강타했다"라고 했다. 며칠이 지나자 이제 모든 언론이 태세를 전환해, 농간에 놀아난 어리숙한 사람들을 신나게 조롱했다.

틸링해스트는 과연 비행기가 있긴 했을까? 경악스럽게도 그랬다는 증거가 지금까지 하나도 없다.

이 모든 사건이 말해주는 교훈은 하나다. 우리는 여러 사람이 똑같은 것을 봤다거나 겪었다거나 제보했다거나 하면 거기에 굉장히 큰 의미를 부여하지만, 그리 꼭 믿을 만한 건 하나도 없다는 사실이다. 우리는 스스로를 엄청나게 잘 속인다. 착각도 잘하고, 귀도 얇고, 대세를 거스르기 두려워한다. 그래서 사회 전체가 개소리 순환 고리에 빠지는 현상이 일어난다. 거듭되는 보도를 접하다 보면 '뭔가가 정말 있긴 있다'는 생각에 점점 무게가 쏠리고, 그러다 보면 사람들이 차츰 알아서 '자발적 기만'을 저지르는 것이다. 애초에 다 허구였을지 모른다는 가능성은 아무도 인정하려 하지 않는다.

그 결과는 단순히 착각에 머물지 않고, 기이한 집단 광풍을 유사이래 숱하게 낳았다. 사람들 사이에 비합리적 사고가 전염병처럼 퍼져나가는 경향을 가장 잘 보여주는 사례가 바로, 루머로 인한 집단 망상이다. 특히 우려의 대상이 누구나 두려워할 법한 것일 때 그런 현상이 잘 일어난다. '모럴패닉moral panic(특정 대상을 사회악으로 낙

인찌고 집단적 공포에 사로잡히는 현상―옮긴이)'이라는 개념이 생긴 것은 비교적 최근이지만, 그런 현상의 역사는 매우 길다. 그 사례의 면면을 살펴보면 오늘날 일어나는 일들과 묘하게 닮았다는 느낌을 금할 수 없다.

그 테마는 신기하게도 똑같은 게 반복되는 경우가 많다. 한 예로, 사악한 세력이 성기를 쪼그라들게 하거나 사라지게 만든다는 공포가 급확산되었던 사건들을 살펴보자. 이는 세계의 다양한 문화권에서 여러 차례 보고된 현상으로, 의학용어로는 '코로koro' 또는 '생식기관소실공포증'이라고 한다. 1967년에는 싱가포르에서 이 공포가 퍼졌다. 한 병원에서 밝힌 바에 따르면, 성기가 계속 쪼그라들어서 이대로 가다간 없어질 거라며 벌벌 떠는 남성 환자가 하루 최고 75명까지 내원했다. 1990년 나이지리아에서는 누군가가 마술을 부려 남성들의 성기를 감쪽같이 훔쳐간다는 공포가 퍼졌다.[6] 중세 유럽에서는 마녀가 남성 성기를 훔쳐간다는 괴담이 흔했는데, 훔쳐가서는 간혹 나무에 걸어놓는다고 했다.[7]

인간이란 참 희한하다.

자주 볼 수 있는 또 하나의 테마는 음식과 식수 오염에 대한 공포다. 아이들 사탕에 독극물이 주입됐다는 끈질긴 루머에서부터, 90년대 말 중동 각지를 휩쓴 껌에 최음제가 들어갔다는 루머까지, 사례는 넘쳐난다.[8] 하지만 그중에서도 가장 파장이 컸던 사건이라면 700년 전 프랑스를 덮친 '독 풀기 집단 공황'을 꼽아야 할 것이다.

오늘날도 와츠앱WhatsApp(유럽에서 특히 많이 쓰이는, 한국의 카카오톡에 해당하는 메시지 전송 앱―옮긴이) 같은 정보통신 매체가 세계 수많은 나라에서 루머를 퍼뜨리고 폭력을 조장한다는 우려의 목소리가 있고,

타당한 우려다. 하지만 우리는 단순히 어떤 신기술이 어떤 일에 쓰인다고 해서 그 신기술이 그 일을 일으킨 '원인'이라고 믿는 오류에 빠지기 쉽다.

1321년 4월, 프랑스 남서부의 페리괴라는 마을에 집단 공황이 퍼졌다. 마을 우물에 독을 풀려는 음모가 적발되었다는 소문이 돌면서였다. '식수원에 독 풀기'라면 중세 시절에는 대량 살상 무기에 준하는 치명적 사건이었다.

먼저 그런 현상이 일어난 배경을 좀 살펴보자면, 당시는 대기근이 유럽 전역을 몇 년간 휩쓸면서 사상 유례없는 수의 사람들이 죽어 나간 직후였다. 죽음의 기운이 사방에 만연했고, 사람들은 불안감에 휩싸여 있었다.

루머는 희생양을 한 집단으로 차츰 몰아갔다. 바로 나병 환자들이었다. 관청에서는 마을의 나병 환자를 모두 잡아 들였다. 환자들은 열흘 후 모두 화형에 처해졌고, 그들이 소유했던 재산은 압류되어 지역 영주들에게 매각되었다.

하지만 집단 공황은 페리괴에서 멈추지 않았다. 며칠 안 되어 페리괴 동쪽 마르텔에서도 나환자들이 우물에 독을 풀었다는 혐의를 썼다. 같은 일이 페리괴에서 남동쪽으로 약 200킬로미터 떨어진 릴쉬르타른에서도, 그리고 남쪽으로 약 300킬로미터 떨어진 파미에에서도 반복되었다.[9]

소문의 내용은 나병 환자들이 자신들의 병을 집단으로 퍼뜨리려고 했다는 것이었는데, 여기엔 병에 대한 공포뿐만 아니라 인구 구성 변화에 대한 공포가 깔려 있었다. 종교재판관 베르나르 기는 나환자들이 "대중의 건강을 해치려는 음모를 꾸미고 있다"라고 적었다. "그 목적은 건강한 이들이 물을 음용하다가 감염되어 나병에 걸리거나 죽거나 몸속부터 망가지게끔 하는 것이며, 이로써 나환자의 수는 늘고 건강한 자의 수는 줄게 될 것"이라고 했다.[10]

그 후 석 달에 걸쳐, 집단 공황은 사건이 비롯된 툴루즈 지역에서 입소문을 타고 주변 마을로 퍼져나가 프랑스 전역으로 확산했다. 급기야 국경을 넘어 오늘날의 스페인 땅으로까지 번졌다. 6월 초, 아라곤 왕국의 차이메 2세 국왕은 뭔가 위험스러운 것이 국내로 침투하고 있다는 우려에, 사태가 파악될 때까지 나환자가 한 명도 입국하지 못하게 철저히 막을 것을 명했다. 6월 말에는 그것으로 충분치 않다 싶어 외국인을 모두 체포했다.

7월에 이르자 프랑스 국왕은 나환자들을 체포하여 고문할 것을 명했다. 수백 명의 나환자가 살해되었다. 그해 툴루즈 관청의 장부에는 처형된 나환자의 재산을 몰수하여 벌어들인 수입만 기록하는 난이 따로 생겼다.

그러던 1321년 여름, 음모론은 다른 형태로 진화하기에 이른다. 처음엔 민간에서 퍼지던 질병 망상증에 불과했던 것이 이제 정계의 문턱을 넘어갔다. 루머는 일단 권력자들 손에 들어가면 입맛대로 변형되어 의도에 맞게 활용되기 마련이다. 역시나 새로운 희생양이 대두했다. 별안간 나쁜 놈은 나환자들이 아니라, 유대인 또는 이슬람교도가 되었다.

시농에서는 160명의 유대인이 사형당했다.

그해 여름이 지나갈 무렵, 사람들은 마침내 의심을 버리기 시작했다. 우물에 독을 푼 사람은 아무도 없는 것 같았다. 프랑스의 필리프 국왕은 마침내 투옥된 나환자들을 풀어주라고 명했지만, 그랬다고 해서 그동안 처형된 수많은 이들에게 위안이 되진 않았을 것 같다.

그러나 루머는 그것으로 소멸한 게 아니었다. 집단 공황은 일단 잠잠해졌지만, 누군가가 우물에 독을 풀고 있다는 의심은 유럽 각국으로 꾸준히 퍼져나갔다. 여러 해 동안 잠잠하다가 때때로 다시 불거지곤 했다. 루머가 유럽 곳곳에서 다시 맹렬히 부활한 것은 1348년, 흑사병이 창궐하면서 감염 망상증이 극에 달했던 때였다. 그 결과 독일 제국에서는 유대인 정착촌 수백 곳이 불타 잿더미가 되었다.

생각해보자. 이 시절은 SNS가 나오기 전이었을뿐더러, 심지어 대중매체도 나오기 전이었다. 최초의 신문이 나오기 거의 300년 전이었다. 그 당시의 정보란 아무리 빨리 전해져봤자 말 달리는 속도였다.

하지만 그럼에도, 여러 가지 점에서, 뭔가가 아주 낯익다. 근거 없는 루머가 퍼져나가는 현상은, 요즘으로 말하면 '가짜 뉴스'의 확산이다. 들불처럼 번져나가는 모습은 요즘 유포되는 '바이럴' 정보와 다를 바 없다. 국경을 넘고, 시간이 지나면서 모습을 바꿔가며, 잊을 만하면 또 나타난다. 그리고 끔찍한 결과를 낳는다. 이미 살펴본 것처럼, 사악한 외부의 힘이 우리가 먹는 음식과 식수를 가지고 장난친다는 집단 공황은 유사 이래 끊임없이 거듭됐다. 그것은 오늘날까지도, 페이스북에서 지금 이 순간 퍼지고 있는 루머 중 무척 큰 비중을 차지한다.

물론 이런 마녀사냥을 주제로 이야기하자면, 역사상 가장 특기할 만한 마녀사냥 이야기를 하지 않을 수 없다. 다름 아닌, 실제 마녀사냥이다. 몇 세기에 걸쳐 유럽을 휩쓴 마녀 광풍의 사례는 워낙 차고 넘치지만, 그중에서도 '마녀사냥의 왕' 이야기를 해볼까 한다.

역사 속 지도자들을 통틀어 스코틀랜드 국왕 제임스 6세(잉글랜드와 아일랜드의 국왕 제임스 1세로도 불린다)는 사실 그렇게 형편없는 왕은 아니었다. 정신이 꽤 멀쩡했고, 종교 분쟁으로 갈라진 나라들을 무난하게 잘 다스렸고, 스코틀랜드 왕치고는 가톨릭교도 박해에 그리 열을 올리지 않았던 듯하고, 총애하는 남성 신하들을 곁에 두고 애정 행각을 마음껏 벌인 것이 거의 확실시된다. 심지어 아주 잘 쓴 성경인 킹 제임스 성경도 편찬했다.

그런데 한 가지 문제는, 마녀에 엄청나게 심취했다는 것이다.

그게 마녀 소설이나 영화에 푹 빠졌다는 말은 아니고, 직접 마녀 고문을 감독하는 식으로 심취했다.

제임스 왕은 스코틀랜드에 마녀사냥이라는 개념을 처음 도입한 장본인이나 다름없다. 그리고 수십 년간 온 나라에서 자행된 박해를 촉발하는 역할을 했다. 스코틀랜드 최초의 대규모 마녀재판을 명령했을 뿐 아니라, 그 주제를 놓고 책을 쓰기도 했다. 책은 꽤 잘 팔려서(왕이 썼으니까 그럴 만했을 것이다), 전국적으로 마녀 광풍에 불을 지피는 데 일조했고, 이는 엄청나게 많은 여성들과 꽤 많은 남성들이 죄 없이 처형당하는 결과로 이어졌다.

제임스 왕이 사람 잡는 이 취미를 배워온 곳은, 당시 이미 마녀 광풍에 휩싸였던 덴마크였다. 제임스는 덴마크 왕의 누나인 10대 소녀 앤을 신부로 맞아들이려고 덴마크에 방문했다. 원래는 결혼이 결정되자 앤이 배를 타고 스코틀랜드로 오려고 했는데 날씨가 나빠서 실패했다. 그래서 제임스가 직접 데려오려고 갔는데, 본인도 폭풍이 너무 강해 덴마크에 발이 묶이고 말았다. 1589년 10월에 스코틀랜드를 떠나서 이듬해 5월에야 돌아왔는데, 그동안 두 사람은 결혼하고, 신혼여행도 가고, 관광도 하고, 술고래 천재 천문학자 튀코 브라헤와 어울리기도 하면서 전반적으로 꽤 즐겁게 지냈던 것으로 보인다.

그러나 제임스는 늘 피해망상증 기질이 좀 있었다. 그도 그럴 만했던 게, 그를 암살하고 싶어 안달하는 사람이 아주 많았다. 그래서 스코틀랜드에 돌아와서는 그동안 날씨가 나빠 항해에 실패했던 일들을 심각하게 따져보았다. '어떻게 겨울 내내 그렇게 날씨가 험악했을까?'라는 의문에 대해 제임스가 스스로 내린 결론은, '마녀들 때문'이라는 것이었다. 언뜻 생각하기엔 '스코틀랜드 날씨가 뭐 어디 가나'가 정답일 것 같은데 말이다. 왕이 새로 사귄 덴마크 친구들도 맞장구를 쳤다. "암요, 지당하신 말씀입니다. 마녀의 소행이 틀림없습니다" 하며 근엄하게 고개를 끄덕였다.

그리하여 스코틀랜드 노스베릭에서 마녀재판이 시작됐다. 70명에 이르는 여성들이 다양한 마녀 관련 활동을 벌인 혐의로 재판에 넘겨졌다. '주범'으로 의심되는 이들은 잔인하게 고문하여 자백을 받아냈고, 몇 건의 고문에는 제임스 왕이 몸소 참여하기도 했다. 왕이 자신의 마녀사냥 쾌거를 널리 알리기 위해 발행한 소책자「스코틀랜드 소식」에 따르면, 마녀들이 자백한 행위는 다양했다. 악마의 엉덩이에 입맞춤하기, 아무도 없는 곳에서 악마에게 몸을 핥게 하기, 악마에게 몸을 내주기, 고양이를 바다에 내던져 폭풍을 일으키기 등이었다.

그 후 50~60년에 걸쳐, 스코틀랜드에서만 약 1,500명이 마녀라는 이유로 처형된 것으로 추정된다. 많은 숫자이지만, 신성로마제국의 독일어 사용권에서 벌어진 사태에 비하면 약과다. 그곳에서는 무려 25,000명이 처형되었다. 대부분은 여성이었다. 유럽 전체로 따지면 이 마녀 광풍 시절에 처형된 희생자는 총 50,000명에 이르렀을 가능성이 있다. 다음번에 누가 혹시 자기가 '사상 최대의 마녀사냥'에 희생되었다는 말을 하거든, 이 얘기를 해주면 좋을 듯하다.

그런데 왜 그랬을까? 도대체 다들 무슨 생각에서? 지금까지 여러 가지 설이 나왔는데, 그중 많이 나오는 이야기로는 17세기 유럽이 한 치 앞을 내다볼 수 없는 종교적·사회적·정치적 혼란기였다는 게 있다. (그 시절은 사방팔방에서 어찌나 무지막지한 난리가 많이 터졌는지 '총체적 위기'라는 표현으로 불리기도 한다. 앞서 로버트 버턴이라는 사람이 하루가 멀다고 사건이 터진다며 우울하게 읊조렸던 것도 이때다.) 마녀 광풍의 원인은 과연 경제난이었을까? 아니면 '소빙하기'라고도 불리는 당시 세계 각지의 기온 저하 현상? 여성에 대한 조직적 살해 시도? 아니면 그냥 꼴 보기 싫은 사람들 처치하려는 잔꾀?

(마지막 것은 농담이냐고? 그렇지 않다. 명성 높은 인류학자들이 제창한 이론이다. 간단히 말하면 이런 얘기다. 잉글랜드의 마녀재판을 연구해보니, 마녀로 몰린 이들 대부분은 이웃들에게 완전 인기가 없어서, 다들 그 꼴 좀 앞으로 안 보면 원이 없겠다고 생각한 것으로 보인다는…….)

최근 한 연구는 심지어 이런 주장을 제기했다. 당시 서로 경쟁 관계에 있던 가톨릭과 개신교 교단이 마녀 광풍을 일종의 영업 전술로 활용하면서 부추겼다는 것이다. (논문 구절을 그대로 인용하면 다음과 같다. "유럽의 마녀재판은 가톨릭과 개신교 교단 간에 기독교권 내 교세 경쟁 지역에서 종교 시장 점유율을 놓고 벌어졌던 비가격경쟁을 드러내 보인 현상이었다."[11] 다시 말해, 가톨릭과 개신교가 열띤 경합을 벌이고 있던 지역에서는 마녀재판이 많이 벌어졌고, 가톨릭이 여전히 주도권을 쥐고 있던 지역에서는 마녀재판 건수가 극히 적었다는 것. 그러나 나는 '마녀 경제학' 전문가가 아니니, 이 이론이 얼마나 정확한지는 모른다.

그러나 유럽 마녀 광풍의 원인을 하나로 꼽든, 다 조금씩 원인이 되었으리라고 보든, 그게 '마녀사냥의 대통합이론'은 될 수가 없다. 왜냐하면 마녀사냥이란 게 물론 유럽 사람들만의 취미가 아니니까. '마녀'와 '사냥'이란 단어를 어떻게 정의하느냐에 따라 다르겠지만, 마녀사냥은 거의 세계 모든 문화권에서 한때 벌어졌다고 주장할 수도 있다.

어쩌면 이 모든 것은 인간이 가진 근본적인 문제점으로 귀착되는지도 모른다. 즉, 우리는 복잡하기 짝이 없는 세상 속에서 온갖 힘든 일에 부딪힐 때마다 우리 이외의 다른 집단에 손가락질하며 '저 사람들 잘못이야!'라고 외치고 싶은 마음이 간절해진다. 설령 우리가 나서서 그러지 않는다 해도, 우리 주변에는 자기 이익을 꾀하려고 '누구 잘못'이라고 일러주는 사람이 대개 있기 마련이다. 역사적으로 마녀는 비난하기 딱 좋은 대상이었지만, 그 밖에도 자주 희생양이 된 집단으로는 이민자, 유대인, 공산주의자, 비밀결사 '일루미나티' 등을 꼽을 수 있다. 여건이 맞으면 그 넷을 다 싸잡아 비난해도 상관없었다.

이는 '믿음'이란 근본적으로 무엇이냐 하는 문제와 맞닿아 있으니, 종교가 황당한 집단 망상의 토대가 될 수 있다는 사실은 전혀 놀랍지 않다. 특히 기괴한 예를 하나만 들면, 1962년 멕시코 예르

바부에나에서 사기꾼 형제 두 명이 사기를 계획했다. 주변에 어리숙한 사람이 많으니, 고대 잉카의 보물이 발견됐고 신들이 부활했다는 사기에 쉽게 넘어가리라 생각했다. 그러자면 배우가 필요했기에 인근 동네에서 마그달레나 솔리스라는 궁핍한 매춘부를 고용해, 지상에 현현한 잉카 여신 역할을 하면서 사이비 종교를 이끌게 했다. 그런데 이 솔리스라는 여성이 여신 역할에 워낙 심취한 나머지, 자기가 진짜 여신이라고 믿기 시작했다. 그래서 여신들이 흔히 하듯이 피의 제물을 요구하기 시작했다. 솔리스와 그 추종자들이 마실 피를 얻는다는 명목으로 최소 네 명이 살해되었다.

우리의 상상이 빚어낸 이런 괴물은 다 과거의 일이라고 생각하기 쉽다. 이미 지나간 먼 옛날, 세상이 현대화되고 깔끔해지기 전, 모든 게 음침하고 음험하던 시절의 일인 것만 같다. 하지만 그렇지 않다. 괴물들은 우리와 함께 세월을 타고 넘어왔다. 늘 우리 곁에 존재한다. 다만 우리가 때때로 새로운 얼굴이나 이름을 붙일 뿐이다.

한 예로 1929년 겨울, 무장한 민병대원 20명이 뉴저지의 소나무 숲으로 실제 괴물을 찾아 나선 것도 그래서였다. 그들이 찾아 나선 괴물은 악명 높은 '저지 데블Jersey Devil'. 일대에서 구전되어 내려오는 민간설화 속의 요괴였다. 당시 《뉴욕 타임스》는 괴물 사냥을 보도한 기사에서 '저지 데블'을 이렇게 설명했다. "수수께끼의 요괴로서 그 특징은 다양하게 묘사되는데, 불을 뿜고, 날개가 달렸고, 엄니가 났고, 털이 덥수룩하며 생김새가 소름 끼친다고 한다."[12]

'저지 데블'에 대한 관심이 오랜 세월 이어진 것은 각종 가십과 루머, 그리고 언론의 집요한 관심 덕분이었다. 1929년에 벌어졌던 그 괴물 사냥의 계기는 두 건의 목격담이었다. 한 건은 어느 농부가 제보했는데, 키우던 돼지가 도살된 것을 보고 네발짐승의 발자국을 좇아 숲을 뒤졌다고 했다. 또 한 건은 두 명의 학생이 제보했는데, 어느 날 오후 숲속에서 "털이 덥수룩하고 돼지코를 한 시꺼먼 괴물이 섬뜩한 울음소리를 내는" 것을 목격했다고 했다.[13]

경찰이 추적에 나섰다. 개를 숲속에 풀어 괴물을 찾게 했다. 민병대가 결성되어 소나무 숲속을 뒤졌지만, 아무것도 나오지 않았다.

물론 뭐가 나올 리가 없었다. '저지 데블'이라는 것은 실제로 존재하지 않으니까. 그러나 사람들의 믿음과 꾸준한 풍문이 이어진 덕분에 괴물은 살아남았고, 19세기와 20세기 내내 꼬박꼬박 목격담을 만들어냈다. 금세기에도 살아남을 것이 분명하다. 사실 '저지 데블'의 전설은 훨씬 더 옛날로 거슬러 올라간다. 뉴저지 지역에 전해오는 이야기에 따르면, 요괴가 처음 주민들을 공포에 몰아넣은 것은 1735년이었다. '리즈 부인'이라는 여성이 뉴저지주 벌링턴에서 흉측한 괴물을 낳은 것이다. 당시는 '저지 데블'이 아니라 그냥 '리즈 데블'이라고 했다.

이 책을 첫 장부터 착실하게 읽은 독자라면, 바로 앞 문단에서 뭔가 낯익은 요소들을 눈치챘을지도 모르겠다.

1735년. 뉴저지주 벌링턴. 리즈.

그렇다. '저지 데블'은 타이탄 리즈의 집안에 관한 전설이었다. 그리고 그 괴물이 탄생했다는 1735년은, 바로 벤저민 프랭클린이 타이탄 리즈의 때아닌 죽음을 선포했던 해였다.

여기서 그 전설을 꾸며낸 장본인이 바로 벤저민 프랭클린이었다고 말하고 싶은 마음이 정말 굴뚝같다. 그럴 수만 있다면 그야말로 소설보다 소설 같은 아이러니로 기막히게 책을 마무리할 수 있을 텐데. 하지만 안타깝게도 그렇게 말할 수는 없다. 물론 프랭클린이 만들어낸 이야기일 가능성도 없다고는 할 수 없겠으나, 아마도 아닌 듯하고, 어느 쪽도 증거는 없다. 역사란 그렇게 깔끔하게 떨어지지 않으니, 우리는 여기서 벤저민 프랭클린을 멋지게 재등장시키지 못하는 아쉬움을 꾹 누르고 이 책의 마지막 장으로 넘어가야겠다. 아무래도 더 신빙성 있는 추측은, 프랭클린이나 그 전설의 창시자는 옛날에 이미 돌던 이야기를 이어나갔을 뿐이라는 것이다. 타이탄의 아버지 대니얼 리즈가 '사탄의 전령'이라느니 했던 중상모략 말이다. 한 동네에서 벌어진 치졸한 종교적 내분과 세력 다툼이 뿌린 씨앗이, 두 세기 후 무장 대원들이 숲속을 어슬렁거리며 상상의 요괴를 찾아다니는 결과를 낳은 것이다.

우리가 만들어낸 괴물들은 과거에 갇혀 있지 않다. 우리와 발맞추어 나란히 걸어왔다.

흔한 집단 망상

더 진실한 미래로

2018년 초 멕시코의 툴룸이라는 마야 유적지에 찾아갔을 때였다. 귀엽고 조그만 동물 한 마리가 코코넛을 맛있게 까먹고 있었다. 긴 코너구리라는 동물이었다. 브라질 땅돼지로도 불린다. 아메리카너 구리와 친척뻘이지만 더 귀엽고, 덜 짓궂어 보인다. 그 녀석을 우연히 발견해 얼마나 반가웠는지 모른다. 브라질 땅돼지야말로 진실이란 무엇인지, 그리고 우리가 진실에 얼마나 취약한지 너무나 잘 보여주는 동물이기 때문이다.

어째서냐고? 이 긴코너구리라는 동물은 대단히 흥미로운 점이 하나 있다. 그건, 실제로는 브라질 땅돼지로 불리지 않는다는 점이다. 적어도 2008년까지는 그렇게 불린 적이 없었다. 이름이 이상하게 꼬인 것은 그해 벌어진 한 사건 때문이었다.

2008년, 뉴욕에 사는 딜런 브레브즈라는 학생이 브라질에 놀러가서 긴코너구리를 보고는 땅돼지라고 착각했다. 자기가 동물 이름에 너무 무식했던 게 겸연쩍어서, 위키피디아의 긴코너구리coati 문서에 장난으로 글을 살짝 고쳐놓았다. 그렇다. "브라질 땅돼지 Brazilian aardvark로도 불린다"라는 말을 집어넣은 것이다.

그 편집 시점이 브라질리아 시각으로 정확히 2008년 7월 11일 오후 11시 36분이었는데, 그전에는 세상 사람 아무도 '브라질 땅돼지'라는 표현을 쓴 적이 없는 것으로 보인다. 인터넷에서 그런 표현이 쓰인 적이 없고, 학술 논문에도 언급된 적이 없고, 책으로도 인쇄된 적이 없다.[1]

평소 같으면 위키피디아에서 그런 가벼운 문서 훼손 행위는 늘 눈에 불을 켜고 감시하는 자원봉사 편집자들의 눈에 금방 띄어 복원되기 마련이다. 그런데 어떤 이유에서인지, 땅돼지는 남아메리카에 살지 않음에도 불구하고, 그리고 그 장난 이전에 '브라질 땅돼지'라는 표현을 쓴 사람은 그야말로 한 명도 없음에도 불구하고, 이 장난은 아무에게도 걸리지 않고 살아남았다.

이제 그 이름은 인터넷에 나와 있고, 사람들은 위키피디아를 잘 믿으니, 얼마 안 가 긴코너구리는 진짜로 '브라질 땅돼지'라고 불리기 시작했다.

2014년 《뉴요커》의 에릭 랜들 기자가 보도한 기사에 따르면, 보도 시점 기준으로 《데일리 메일》, 《데일리 텔레그래프》, 《인디펜던트》 등의 신문이 엉터리 이름을 태연히 사용했다.[2] BBC도 그 이름을 언급했다.[3] 영국 버킹엄셔주의 한 지역신문은 어느 집에서 키우던 긴코너구리 한 마리가 탈출하자 "말로에서 브라질 땅돼지 탈출"이라고 커다랗게 제목을 뽑았다. 영국 우스터의 또 다른 지역신문은 "땅돼지라는 동물, 이렇게 생겼다"라고 제목을 뽑아놓고는 그

밑에 땅돼지처럼 전혀 생기지 않은 긴코너구리 사진을 실어놓았다.[4]《타임》과《내셔널 지오그래픽》의 웹사이트에도 긴코너구리에 브라질 땅돼지라고 설명을 달아놓은 사진들이 나온다. 대중 과학지《사이언티픽 아메리칸》은 한술 더 떴다. 환경 보존을 주제로 한 기사에 아예 일반적인 언급 순서를 바꾸어 이렇게 적어놓았다. "브라질 땅돼지. 현지에서는 긴코너구리로도 불린다."[5] 급기야 진지한 학술 논문 한 편에도 이름이 실렸는데, 그것도 브라질 동물학자들이 쓴 논문이다.[6] 세계 유수의 대학 출판사 최소 두 곳도 엉터리 이름을 책에 넣어 출간했다. 하나는 시카고대학교 출판부에서 나온 책이다("긴코너구리는 돼지코너구리, 스누컴곰, 브라질 땅돼지 등의 이름으로도 불리며……"[7]). 또 하나는 케임브리지대학교 출판부에서 나온 책인데, 그 실수를 저지른 대목의 내용이 놀랍다. 18세기의 위대한 박물학자 뷔퐁에 관한 이야기로, 뷔퐁이 다른 박물학자들이 서로의 글을 베끼다가 오류를 되풀이하는 행태를 비판했다는 내용이다. "오류의 재생산이야말로 18세기 박물학 연구에서 무척 흔히 나타나는 특징이다."[8] 고개를 끄덕일 수밖에 없다.

이쯤 되면 의문이 든다. 이 정도까지 되었으면 그 이름이 정말 틀렸다고 할 수 있나? 긴코너구리는 이제 브라질 땅돼지로도 불리게 된 걸까? 어이없는 장난 한 번으로 동물의 이름이 결국 바뀌고 만 건가? 위키피디아에만 올라가면 세상으로 퍼지기 마련이고, 그럼 일종의 '사실'이 될 수밖에 없으니까?

답은, 늘 그렇지만, '글쎄, 그럴 수도'라고 해야 할 것이다. 위키피디아의 긴코너구리 문서에는 브라질 땅돼지로도 불린다는 언급이 이제 없다. 그 이름이 널리 쓰인다는 증거가 부족하다는 근거에서

다. 그리고 2014년에《뉴요커》기사가 나오고 위키피디아에서 그 언급이 삭제된 이후로는, 그 동물을 그렇게 부른 사례가 좀 줄어들기는 한 것으로 보인다. (2017년《가디언》에서 한 번 그 이름을 언급한 일이 있었지만, 아는 사람만 아는 농담이었던 것 같기도 하다[9].) 그러나 이미 '브라질 땅돼지'라는 이름이 돌아다니고 있는 것만은 틀림이 없다. 그리고 사람들이 긴코너구리를 다 같이 엉뚱한 이름으로 부르기로 하면, 그럼 그렇게 되는 거지 어떡하겠나. 별수 없다.

단순히 위키피디아의 허점을 놀려먹는 우스개로 볼 일은 아니다. 하긴 위키피디아가 이런 식으로 연루된 사건이 그뿐이었냐고 하면, 물론 그렇지는 않다. 현대식 헤어스트레이트너(고데기)의 발명자가 뒤바뀐 안타까운 사건도 있었다. 그 정확한 발명자는 C. J. 워커 여사라는, 아프리카계 미국인 기업가로 선구적인 업적을 남긴 여성이다. 그런데 그 발명자의 이름이 2006년 8월, "에리카 펠드먼(바보똥개)"로 바뀌었다. 위키피디아 관리자들은 신속히 문서 훼손을 포착하고 '바보똥개'라는 말을 지웠는데…… 에리카 펠드먼이라는 누군지 모를 이름은 그대로 남겨두었다. 위키피디아의 이 오류는 오래전에 고쳐졌지만, 지금도 구글에서 '에리카 펠드먼 헤어스트레이트너Erica Feldman hair straightener'라고 검색해보면, 수많은 자료가 쏟아져나오면서 하나같이 에리카 펠드먼 여사가 아프리카계 미국인의 미용 문화와 산업에 얼마나 큰 공헌을 했는지 친절히 설명하고 있다.

아, 그리고 '레비슨 조사 보고서'의 실수도 빼놓을 수 없다. 판사 레비슨 경이 이끈 조사 위원회가 '영국 언론의 문화와 관행 및 윤리'에 대한 총 점검을 마치고 발표한 보고서였는데, 브렛 스트라우

브라는 25세의 캘리포니아 학생을 《인디펜던트》 신문의 창립자 중 한 명으로 기재하는 실수를 저질렀다. 브렛의 친구 하나가 장난으로 브렛의 이름을 위키피디아에 적어놓았던 것.[10] 영국 언론들이 이 일을 실컷 놀려먹은 것은 두말할 나위 없다.

위키피디아에는 아예 이런 사례들만 모아놓은 별개의 문서도 있다. (문서 제목은 '사이토제네시스 사건 목록'인데, '사이토제네시스 citogenesis'는 웹 만화 「xkcd」의 작가 랜들 먼로가 이런 순환 인용 현상을 가리켜 만들어낸 신조어다.) 주옥같은 사례가 많지만 두어 가지 예만 들어보면, '종이 박스를 최초로 생산한 업자는 1817년 잉글랜드의 맬컴 손힐 경'이라는 엉터리 정보는 현재 인터넷 곳곳에 퍼져 있고, '글루코자시노겐'이라는 얼토당토않은 엉터리 질병은 학술 논문 여러 편에 이름을 올리기도 했다.[11]

기억력이 좋은 독자라면, 내가 2장 첫머리쯤에서 "이 책에서 앞으로 위키피디아 내용을 습관적으로 복사해 붙이는 일은 없을 것"이라고 약속했던 것을 기억하고 있을지도 모르겠다.[12] 뭐라고 사과의 말을 드려야 할지 모르겠다. 거짓말이었다. 미안하다.

하지만 여기서 중요한 건, 이게 다 위키피디아 때문만은 아니라는 것이다. 문제는 우리가 어떤 한 출처의 내용을 맞겠지 하면서 무작정 베껴 쓰는 행위, 그리고 다른 사람들이 우리 글을 근거로 처음 출처가 정확하다고 착각하고, 그렇게 계속 반복되는 현상이다. 이 책에서 거듭하여 살펴보았지만, 이런 순환 인용은 인터넷 시대에 국한된 문제가 아니다. 개소리 순환고리는 인쇄술이 발명된 이래 죽 존재했고, 아마 그보다 훨씬 전부터 있었을 것이다. 박물학자 뷔퐁이 1700년대 말에 똑같은 현상을 비판한 것만 봐도, 위키피디아가 문제가 아니라는 건 분명하다.

이렇게 우리가 정보를 획득하고 유통하는 방식 자체의 해묵은 문제를 위키피디아(혹은 트위터, 아니면 전화기, 또는 인쇄기)의 탓으로 돌리기는 쉽다. 신문물 비판하기는 쉽고 재미있으니까. 하지만 그런 비판은 번지수가 틀렸다. 이를 잘 보여주는 사례가 2009년에 셰인 피츠제럴드라는 아일랜드 학생이 벌인 당돌한 실험이다. 프랑스 작곡가 모리스 자르가 별세했다는 뉴스가 막 전해졌을 때였다. 전 세계 기자들이 다 모리스 자르의 위키피디아 문서로 몰려들겠구나 예상한 피츠제럴드는, 기자들이 '오, 이거야' 하고 딱 걸려들 만한 가짜 명언을 지어냈다. "내가 죽을 때 내 머릿속에서는 오직 나만이 들을 수 있는 마지막 왈츠가 흐르리." 이런 문구를 생각해내서는, 재빨리 위키피디아의 모리스 자르 문서에 집어넣었다. 이 문서 훼손 행위는 금방 적발되어 복원되었지만, 그 명언은 인터넷에 올라가 있던 그 짧은 동안에 세계 유수의 여러 신문 지면에 진출하는 성과를 이루었다. 그리고 위키피디아와는 달리, 그중 어느 신문도 오류를 인지하고 정정하지 않았다. 기사가 정정되기 시작한 것은 한 달 후, 피츠제럴드가 언론사에 메일을 보내 자기 소행을 고백하고 나서였다. 이 실험 결과로만 보면 위키피디아가 사실 세계의 웬만한 언론보다 훨씬 믿을 만한 셈이다.

위키피디아, 그리고 더 일반적으로 말해 인터넷이 기존 매체와 차이가 있다면, 우리가 이미 먼 옛날부터 저질러온 이 같은 유형의 실수들을 적나라하게 수면 위로 드러낸다는 것이다. 인터넷에 접속할 수 있는 사람은 누구나 직접 위키피디아에 가서, 긴코너구리가 브라질 땅돼지로도 불린다는 거짓 정보가 정확히 어느 날 몇 시 몇

분에 탄생했는지 확인할 수 있다. 인터넷이 생기기 전에 그런 것을 추적한다는 것은 보통 박사학위 논문감이었다.

역사 분야는 이런 문제가 참 많다. 역사에 대해 우리는 모르는 것도 많고, 잘 모르면서 안다고 생각하는 것도 많다. 안타깝게도 우리가 모르는 게 뭔지 모를 뿐이다. 한 예로, 제1차 세계대전의 도화선이 된 기막히고 우연적인 사건 이야기를 들 수 있다. 운명의 1914년 6월 28일 사라예보에서 가브릴로 프린치프라는 청년이 프란츠 페르디난트 대공을 암살할 수 있었던 것은, 오로지 프린치프가 마침 '모리츠 실러' 식품점에 잠깐 들러 샌드위치를 샀기 때문이었다. 샌드위치를 먹고 있는데 때마침 길을 잘못 접어든 페르디난트 대공의 리무진이 모습을 보였다. 프린치프는 그 기회를 놓치지 않았고, 그다음 이야기는 잘 알려진 대로다. 만약 프린치프가 하필 그 순간 배가 출출하지 않았더라면, 또 만약 점심 메뉴를 뭔가 다른 것으로 정했더라면 그 운명의 총탄을 쏘지 못했을 것이다. 그리고 유럽은 전쟁에 휘말리지 않았을지도 모른다.

그야말로 아주 작은 차이가 크나큰 결과를 불러일으킬 수 있음을 잘 보여주는 이야기다. 그리고 전혀 사실이 아닌 이야기다.

이 이야기의 출처는 2003년에 방송된 BBC 다큐멘터리인 것으로 보인다. 그러나 샌드위치 일화의 출처를 추적한 언론인 마이크 대시에 따르면, 다큐멘터리 감독은 그 샌드위치 운운하는 이야기를 어디서 가져온 것인지 기억하지 못한다고 한다. 어쨌거나 방송 후에 이 이야기는 삽시간에 퍼져나갔다. 현재는 인터넷 여기저기에 널려 있고, 존경받는 BBC 언론인 존 심프슨이 쓴 책에까지 실렸다. 책 제목이 공교롭게도, 『믿을 수 없는 출처Unreliable Sources』다.

이런 일은 새삼스러운 현상도 아니다. 금융 거품 이야기를 좋아하는 독자라면, 몇 장 앞에서 금융 거품 사례를 열거할 때 1637년 '튤립 광풍'이 빠진 게 의아했을지도 모른다. 네덜란드에서 튤립 값이 폭등했다가 폭락하는 바람에 수많은 튤립 투기꾼이 망한 그 사건은, 역사를 통틀어 아마 가장 유명한 금융 거품 사례일 것이다. 그리고 인간의 어리석음을 논할 때마다 단골로 등장하는 주제가 되었는데, 그렇게 된 것이 1841년에 나온 찰스 맥케이의 고전『대중의 미망과 광기』에 소개되면서였다. (사실 이 책의 기본적인 아이디어도 그 책에서 얻었다.) 안타깝지만, 그 이야기도 완전히 거짓은 아니라 해도 최소한 턱없는 과장인 건 맞는 듯하다. 맥케이는 튤립 광풍에 관한 정보를 금융 투기 반대론자들이 쓴 소책자에서 얻었는데, 실제로는 튤립 가격의 변동으로 망한 사람은 아무도 없었다.

이처럼 우리가 당연하게 생각하는 지식이 알고 보면 근거가 불확실하다는 문제는 역사에만 국한되지도 않는다. 지금 과학이라는 학문은 이른바 '재현성 위기'를 맞고 있다. 충분히 확립된 줄만 알았던 수많은 지식이 사실 완전히 환상일 가능성이 속속 대두하고 있다. 문제의 핵심은 이른바 '과학적 방법'의 기본으로 꼽히는 한 요건이다. (과학사회학 연구하는 분들에게 말씀드립니다. 네, 단일한 과학적 방법이라는 건 없다는 것, 저도 알고 있습니다. 살려주세요.) 바로 과학실험은 누구나 결과를 재현할 수 있는 방식이어야 한다는 점이다. 그래서 학교에서는 학생들에게 뉴턴 법칙이 옳음을 증명하는 실험 보고서를 목적, 방법, 결과, 결론의 순서로 쓰는 연습을 지겹게 시킨다.

문제는 아무도 주요 실험을 굳이 재현하려고 하지 않을 때가 많다는 것. 거기엔 과학계의 성과 보수 구조가 한몫한다. 남이 이미 한 실험을 똑같이 따라 한다고 해서 거액의 연구 지원금이 나오겠는가, 일류 대학 교수 자리가 나오겠는가. 학계에서 앞서 나가고 싶으면, 기존 지식을 넓혀주는 새롭고 독창적인 무언가를 내놓아야 한다. 그렇다 보니 안타깝게도 이미 정립된 지식으로 알려진 것 중에 사실 아무도 재확인해보지 않은 게 많다.

이 문제가 특히 심각한 건 심리학 분야다. 심리학 쪽에서는 최근 대대적인 프로젝트를 벌여, 자주 인용되고 널리 참고되는 연구들을 다수 선정해 재현 시도한 일이 있었다. 그런데 아주 불편한 결론이 나왔다. 그중 약 50퍼센트가 잘 재현되지 않는 것으로 나타났다. 처음부터 우연히 나온 결과였을 가능성이 있는 것이다.

심지어 더 흥미로운 사실은 심리학 전문가들은 어떤 실험 결과가 수상쩍은지 알아보는 촉이 있는 듯하다는 것. 이 프로젝트와 관련 없는 수많은 전문가를 모아서 내기 대결을 벌이게 했다. 어느 실험이 재현될지, 또 어느 실험이 재현이 안 될지를 놓고 돈을 걸게 한 것이다. 그런데 이 베팅 시장의 예측이 소름 끼치게 정확한 것으로 나타났다. 인간의 돈 냄새 맡는 본능은 정말 신기하다 싶으면서, 학술지의 동료 평가 시스템이라는 것에 대해서는 회의가 드는 대목이다.

혹시라도 '에이, 그건 심리학 얘기잖아. 심리학은 엄밀한 의미에서 과학이 아니라고' 이렇게 생각하는 독자가 있다면, 재미있는 얘기를 또 하나 해드리겠다. 물리학 분야도 재현성 위기를 겪고 있다. 아인슈타인이 들으면 펄쩍 뛰고 놀랄 일이다. (참고로 아인슈타인이 발표한 논문은 다섯 편 중 한 편꼴로 뭔가 오류가 들어 있다는 것이 현재 전문가들의 판단이다. 아인슈타인은 부정확한 전제에서 옳은 결론을 도출한 경우가 많았던 것 같다. 그러니까 천재인 거겠지 싶다.)

그렇다면 결론은 어떻게 되는 걸까? 진실은 위기에 처해 있을까? 우리는 평생을 허위 정보의 안개 속에서 헤매며 살아야 할 운명인가? 인간이란 결국 긴코너구리 신세에 불과할까? 고대 유적지에서 해맑게 돌아다니면서, 관광객들에게 '와, 브라질 땅돼지다' 이런 소리나 듣는 긴코너구리?

나는 아니라고 생각한다. 물론 우리가 반쪽짜리 진실과 애매한 거짓말의 홍수 속에서 살고 있는 건 맞다. 세상은 복잡하고 말이 안 되는 데다가, 세상 돌아가는 걸 정확히 아는 사람은 아무도 없고, 우리 뇌는 처음부터 그렇게 생겨먹었으니까. 하지만 그렇다고 해서 그게 위기는 아니다. 세상은 원래부터 항상 그랬다.

이 책의 첫머리에 실렸던 인용구가 있다. 패기 넘치는 북극 탐험가 빌햐울뮈르 스테파운손이 쓴 책에서 따온 문장이다. "인류 문명의 가장 두드러진 모순은, 말로는 진실을 그 무엇보다 숭상하면서 실제로는 철저히 도외시한다는 것이다." 말만 들으면 우리가 진실을 제대로 추구하지 못하는 것을 개탄하는 내용인 것 같은데, 실제로는 그 정반대 이야기다. 스테파운손이 하려는 말은, 진실이라는 게 가물에 콩 나듯 한다고 해서 그리 놀랄 건 없다는 얘기다. 그는 이렇게 적고 있다. "철학자들이 진실이 희소하다고 해서 세상이 불치병을 앓고 있다고 진단하는 것은 좀 순진한 생각이다. 애초에 아프지도 않은 사람을 치료하려고 한다는 것 자체가 불가능한 일 아닐까?"

그렇다. 우리가 거짓에서 진실로 조금이라도 더 다가가려면 필요한 자세가 바로 그것이라고 생각한다. 한마디로, 기겁하지 말자는 거다. 우리는 항상 개소리 속에서 살 수밖에 없고, 우리가 할 수 있는 최선은 감시하고 견제하는 것뿐이다. 그 사실을 받아들여야 한다. (특히 '가짜 뉴스' 금지법을 만들려고 하는 각국 정부가 유념해야 할 점이다. 그런 식의 대응은 오히려 더 심각한 문제를 새로 낳을 수 있다.)

하지만 그 밖에 우리가 실제로 할 수 있는 일도 몇 가지 있다고 생각한다. 사회 차원에서건, 개인 차원에서건 말이다.

우선 노력 장벽에 맞서야 한다. 노력 장벽에 맞서려면 노력을 좀 더 들이는 것밖에 방법이 없다. 필요하면 전문가에게 돈을 주고 진위 확인을 시켜야 한다(내가 뭐, 직업이 팩트체커여서 그러는 건 아니지만). 더 나아가서, 우리 사회에서 진실과 조금이라도 관련 있는 직군 종사자들은 협업 능력을 지금보다 훨씬 더 키워야 한다. 학자는 언론인과 대화하는 법을 배워야 하고, 언론인은 학자와 대화하는 법을 배워야 한다. 그 대화라는 게 '보도 자료'를 통해서만 이루어지는 게 아니면 참 좋을 것이다.

그뿐이 아니다. 우리 각자가 이 노력 장벽에 맞서는 데 힘을 보탤 수 있다. 다음번에 뭔가 희한한 얘기를 인터넷에서 공유하기 전에, 노력을 조금만 기울여보는 거다. 단 몇 초면 된다. 출처를 확인해보자. 구글에 쳐보자. 너무 그럴듯해서 수상하지는 않은지, 잠깐만 생각해보자.

말이 나온 김에 또 강조하고 싶은 게, 우리 자신을 들여다봐야 한다는 것이다. 우리는 아무리 스스로 진실만을 추구하는 사람이라고 생각할지 몰라도, 자존심에 이끌려 어떤 것이 사실이길 속으로 바라게 되기 쉽다. 아닌 게 아니라, 사람은 자기가 정직하다고 생각할 수록, 자신의 그런 편향에 대한 경각심이 없는 경우가 많다. 그러니 다음번에 어떤 정보의 출처를 확인할 때는, 이렇게 스스로 물어보자. 이 정보가 내 개인적 편향에 딱 들어맞는 건 아닌지? 나는 이 정보를 최대한 의심하면서 바라보고 있는 게 맞는지? 이런 태도를 사회 전체로 확장할 필요가 있다. 누구나 실수는 할 수 있으므로 우리는 자기 실수를 솔직히 인정하는 사람에게 칭찬해주는 아량을 더 키워야 한다. 물론 정치인이 처음부터 틀린 말을 안 하면 그게 제일 좋기야 하겠지만 그래도 자기 말이 틀렸다고 인정하면 그 용기를 좀 가상히 여겨주자.

또 하나, 정보 공백을 메우려고 노력해야 한다. 물론 지금 이 순간도 세계의 수많은 이들이 온갖 다양한 분야에서 세상의 지식에 뭔가 조금이라도 더 보태려고 힘쓰고 있다. 하지만 여전히 더 할 수 있는 일들이 있다. 이미 존재하는 정보인데 공개되지 않고 있는 게 너무 많다. 데이터베이스 속에 묻혀서, 미발표 보고서 속에 숨어서, 유료 회원용 사이트에 갇혀서 모습을 드러내지 않고 있다. 우리는 그런 좋은 정보가 더 널리 공개될 수 있도록 한층 더 노력을 기울여야 한다. 좋은 정보가 부족하면 곧바로 나쁜 정보가 흘러 들어와 공백을 메우기 마련이니까. 정보의 뜰에서 잡초를 뽑아내는 것만으론 부족하다. 꽃도 심어야 한다.

그런 노력이 통한다는 믿음을, 그리고 그런 노력이 중요하다는 믿음을 잃지 말아야 한다. 자기가 지지하는 후보가 선거에서 졌다고 세상은 진실 따위 신경 쓰지 않는다며 자포자기하는 태도는 그리 어른스럽다고 하기 어렵다. 인터넷은 개소리 생산 공장이고 아무도 어떻게 손쓸 방법이 없다는 생각도 역시 바람직하진 않다. 지금까지 이 책에서 살펴봤지만, 사람들이 그런 우려를 하는 게 지금이 처음이 아니다. 전혀 그렇지 않다. 루머의 난무, 신생 통신 기술에 대한 집단 공황, 가짜 뉴스에 대한 공포, 정보의 홍수에 대한 두려움. 전부 여러 세기 동안 있었던 현상이다. 과거에도 잘 넘겨냈고, 이번에도 잘 넘겨낼 수 있다. '에라 모르겠다, 될 대로 되라지' 하고 자포자기하지만 않으면 된다. '가짜 뉴스' 담론의 제일 우려스러운 점은 사람들이 가짜 뉴스를 믿는다는 점이 아니라, 진짜 뉴스도 믿지 않게 된다는 점이다.

한편, 진실에 접근했을 때는 열심히 축하해줄 필요가 있다. 우리가 때로는 정말 진실을 향해 크게 한 걸음 내디딜 때도 있으니까. 그런 쾌거는 아무도 생각지 못했던 곳에서 이루어지기도 한다. 이를테면 파리의 어느 집 뒤뜰 같은 곳 말이다.

우리가 지금까지 이 책에서 살펴본 그 문제, 즉 화려하고 짜릿한 허튼소리의 향연 속에서 밋밋한 한 가닥의 진실을 가려내야 하는 문제가 1780년대 파리의 양식 있는 시민들 앞에도 심각하게 대두했다. 앞서 7장에서 살펴보았듯이 루이 16세는 마리 앙투아네트 왕비가 메스머의 최면술에 홀딱 빠져 있는 것이 그리 달갑지 않았다. 그래서 당대 파리 최고의 석학들로 일종의 '드림팀'을 구성해 메스머의 이론을 검증하게 했다. 조사 위원 중에는 근대 화학의 아버지 앙투안 라부아지에, 저명한 의사 조제프이냐스 기요탱 등이 포함되어 있었다(기요탱은 루이 16세와 후에 깊은 인연을 맺게 되는 발명품의 도입을 이듬해에 제안한다).

진실을 밝히려고 머리를 맞댄 조사 위원들이 택한 방법은, 과학 역사상 전례가 없어 보이는, 그야말로 세계 최초로 '위약 대조 맹검법'을 도입한 임상 시험이었다. 주 저자의 집 뒤뜰에서 무척 과학적인 방법을 고안해 실시했는데, 안대로 눈을 가린 피험자를 이리저리 데리고 다니며 '자기화' 되었다고 하는 나무를 껴안아보라고 한 것이다. (피험자는 실험 도중 실신했다.) 정말 문자 그대로 맹검법, 즉 '블라인드 테스트'가 아닐 수 없었다. 이런 식의 몇 가지 대조 실험을 벌인 결과, 조사 위원들은 메스머의 이론이 허튼소리임을 확고히 입증했다.

조사 위원회는 조사 결과를 보고서로 써냈는데, 진실이 거짓을 이겨낸 이 자랑스러운 쾌거를 당당한 필치로 뽐냈을 법도 하다. 그런데 전혀 그런 논조가 아니었다. 메스머의 거짓이 따분한 진실보다 훨씬 흥미롭다면서 거의 칭송하는 분위기였다.

"모든 점에서 미루어볼 때, 인류가 저지른 오류의 역사는 인류가 이룬 발견의 역사보다 더 값지고 흥미로운 것일지 모른다"라고 보고서의 주 저자는 적었다. 그리고 몇백 년 전 몽테뉴가 했던 말과 흡사한 논조로 설명을 이어갔다. "진실은 획일적이고 협소하다. 항상 끊임없이 존재하며, 별다른 능동적 활력 없이 수동적 성향만 지닌 자도 인지할 수 있는 듯하다. 그러나 오류는 무한히 다양하다. 실재에 대응하지 않으며, 순전히 창안자 머릿속의 창작물일 뿐이다. 그 드넓은 벌판은 영혼을 마음껏 펼치고, 무한한 재능은 물론 아름답고 흥미로운 허언과 낭설을 한껏 펴 보일 장이 된다."

이 책에서 지금까지 다룬 이야기는 그 '인류가 저지른 오류의 역사' 중 극히 일부분에 지나지 않는다. 같은 주제로 내용이 겹치지 않는 책을 아마 100권은 더 쓸 수 있을 것이다.

허위 폭로 역사에 하나의 주춧돌을 놓은 그 저자의 발자취를 이 책도 나름대로 좇아가며 독자와 여정을 함께했다. 사실과 허구 사이의 끌림과 밀침 속에서 갈팡질팡하는 매우 인간적인 모습으로, 누구보다 앞장서 진실을 추구하면서도, 영혼을 펼쳐주는 무궁무진한 거짓의 가능성에 묘하게 매료되었던 듯한 그 저자 말이다. 우리가 더 진실해지려면 해야 할 일이 바로 그것이다. 거짓의 광대하고 풍요로운 벌판을 더 깊이 파고들어야 한다. 그래야 우리가 뭘 틀렸는지 더 잘 알 수 있고, 올바르게 고쳐나갈 수 있다. 한마디로, 우리는 개소리 연구가가 되어야 한다.

아, 그 보고서 저자가 누구냐고? 진실 탐구의 역사에 큰 획을 그은 그 실험을 자기 집 뒤뜰에서 주관했던 사람?

그야 물론, 벤저민 프랭클린이다.

읽을 만한 책

이 책을 쓰는 과정에서 훌륭한 책들을 많이 참고했다. 대부분은 주석에 서지 사항을 밝혀놓았지만, 일부 주제를 더 깊이 알아보고 싶은 독자를 위해 그중에서도 가장 추천할 만한 책들을 간략히 소개해본다.

전반적인 내용 관련

제목부터 멋진 『옥스퍼드 거짓말 핸드북Oxford Handbook of Lying』을 강력 추천한다. 이 책의 원고를 쓰는 중에 발간됐는데, 거짓말에 관한 다양한 학문 분야의 최신 성과를 최초로 집약해낸 책이다. 그래서 내가 이 책을 굳이 써야 하나 하고 잠깐 고민까지 했다. 훌륭한 책이고, 무게도 묵직해서 문 받침대로 쓰기도 좋고, 흉기로도 쓸 수 있을 법하다. 그래도 우스갯소리는 내 책에 더 많다. 역시 제목 한번 잘 지은 『역사적인 거짓말Penguin Book of Lies』도 역시 도움이 많이 됐다. 이 책에 실린 고전적 사례들은 다 거기서 슬쩍해왔다.

1장 ◦ 거짓의 기원

우리가 왜, 어떻게, 얼마나 자주 거짓말하는가 하는 주제에 관해서는 로버트 펠드먼의 『거짓말쟁이: 거짓말의 진실Liar: The Truth

About Lying』이 재미있게 읽을 만하다. 해리 프랭크퍼트의『개소리에 대하여』(또는 후속작『진실에 대하여On Truth』)는 짧으면서 핵심을 잘 추려놓았다. 빌햐울뮈르 스테파운손의『오류 탐험Adventures in Error』은 아마 책을 구하기가 쉽지 않을 것이다. 하지만 내가 그 책에서 인용을 상당히 많이 했으니 추천 목록에 이름은 올려둔다.

2장 ◦ 가짜 뉴스의 시작

벤저민 프랭클린이 등장하는 두 일화가 재미있었던 독자라면, 브라이언 리걸과 프랭크 에스포시토의『저지 데블 비사The Secret History of the Jersey Devil』그리고 맥스 홀의『벤저민 프랭클린과 폴리 베이커Benjamin Franklin and Polly Baker』를 꼭 구해서 읽어보기 바란다. 뉴스의 발명에 관심 있는 독자에게는, 내가 아는 바로는 앤드루 패티그리의『뉴스의 발명The Invention of News』보다 더 잘 쓰인 책은 없다. 좀 더 학술적인 책으로는, 브랜던 둘리와 서브리나 배런의『근세 유럽의 정보 정치The Politics of Information in Early Modern Europe』에 좋은 내용이 아주 많다.

3장 ◦ 허위 정보의 시대

엉터리 달나라 이야기에 관해서는 매튜 굿맨의『해와 달The Sun and the Moon』을 참고하라. 더 일반적으로 언론의 허위 보도를 다룬 책으로는, 커티스 맥두걸의 고전『농간Hoaxes』그리고 로버트 바살러뮤의『공황 발작: 언론의 조작과 집단 망상Panic Attacks: Media Manipulation and Mass Delusion』을 참고하라.

4장 ॰ 환상의 땅

에드워드 브룩히칭의 『가공의 지도책The Phantom Atlas』은 이 책을 쓰고 있을 때 출간됐는데, 내가 쓰려고 하던 얘기가 거의 다 이미 들어 있어서 참 반가우면서도 짜증스러웠다. 이 장이 재미있었던 독자는 그 책도 읽어보기 바란다. 훨씬 많은 내용을 담고 있고 지도도 훨씬 예쁘게 실려 있다. 북극 정복 이야기가 재미있었던 독자에게는 브루스 헨더슨의 『진북: 피어리와 쿡의 북극 정복 경쟁True North: Peary, Cook, and the Race to the Pole』을 추천한다.

5장 ॰ 사기꾼 열전

데이비드 싱클레어의 『허구의 나라The Land That Never Was』에 포야이스의 통치자 맥그레거의 이야기가 더 자세히 실려 있다. 사기꾼들 이야기를 훌륭하게 다룬 책으로 테이머 프랭클의 『폰지 사기의 수수께끼The Ponzi Scheme Puzzle』가 있고, 에이미 리딩의 『내밀한 흔적The Mark Inside』 그리고 마리아 코니코바의 『뒤통수의 심리학The Confidence Game』도 추천한다. 테레즈 앵베르의 생애와 당시 시대상을 다룬 재미있는 책으로 힐러리 스펄링의 『위대한 테레즈La Grande Thérèse』가 있다.

6장 ॰ 정치인들의 거짓말

정치인들의 거짓말에 더 관심이 있는 독자에게는 애덤 매퀸의 『나라의 거짓말The Lies of the Land』을 추천한다. 제1차 세계대전 중 유포된 허위 정보에 관해서는 제임스 헤이워드의 『제1차 세계대전의 괴담과 전설Myths & Legends of the First World War』을 참고하라.

7장 ∘ 장사꾼의 거짓말

헨리 맥로리의 『어리석음의 극치: 휘터커 라이트 흥망사Ultimate Folly: The Rises and Falls of Whitaker Wright』 그리고 R. 앨턴 리의 『존 브링클리의 별난 인생The Bizarre Careers of John R. Brinkley』의 일독을 권한다.

8장 ∘ 흔한 집단 망상

같은 저자의 책을 앞에서 이미 한 번 추천했지만, 인간의 기이한 신념과 광풍이라는 주제에 더 관심 있는 독자는 로버트 바살러뮤의 『농간, 괴담, 광풍Hoaxes, Myths, and Manias』 그리고 역시 같은 저자의 『집단 망상의 화려한 역사A Colorful History of Popular Delusions』를 읽어보기 바란다. 이런 쪽의 고전으로는 물론 찰스 맥케이의 『대중의 미망과 광기』가 있다(나도 바살러뮤도, 그 책의 주제를 변주하고 있을 뿐이다). 다만 일부 잘못된 서술이 있는 것은 감안하자.

맺는 글: 더 진실한 미래로

여기서는 딱히 추천할 책이 없으니, 내 전작 『인간의 흑역사Humans: A Brief History of How We F*cked It All Up』를 꼭 읽어보라는 말로 대신하겠다.

미주

들어가는 글: 진실의 순간

1   Kessler, Glenn, Rizzo, Salvador and Kelly, Meg, 'President Trump has made 10,796 false or misleading claims over 869 days', *Washington Post*, 10 June 2019, https://www.washingtonpost. com/politics/2019/06/10/president-trump-has-made-falseor-misleading-claims-over-days/

2   Kessler, Glenn, 'A year of unprecedented deception: Trump averaged 15 false claims a day in 2018', *Washington Post*, 30 December 2018, https://www.washingtonpost.com/politics/2018/12/30/year-unprecedented-deception-trump-averaged-false-claims-day/

3   Kessler, Glenn, Rizzo, Salvador and Kelly, Meg, 'President Trump has made more than 5,000 false or misleading claims, *Washington Post*, 13 September 2018, https://www.washingtonpost.com/politics/2018/09/13/president-trump-has-made-more-than-falseor-misleading-claims/

1장 ∘ 거짓의 기원

1   Dekker, Thomas, *The Seven Deadly Sins of London*, (Edward Arber, 1879), p. 21.

2   Machiavelli, Niccolo, 'Letter #179, To Franceso Guicciardini, 17 May 1521', Denery II, Dallas G., *The Devil Wins: A History of Lying from the Garden of Eden to the Enlightenment* (Princeton University Press, 2015), p. 258에서 인용.

3   Trovillo, Paul V., 'History of Lie Detection', *Journal of Criminal Law and Criminology*, vol. 29, no. 6, (1938–1939), p. 849에서 인용.

4   다음을 보라. Trovillo, also Lea, Henry Charles, *Superstition and Force: 3rd edition, revised* (Henry C. Lea, 1878), p. 295, and Khan, Ali Ibrahim, 'On The Trial By Ordeal, Among The Hindus', in Jones, Sir William, Supplemental Volumes Containing the Whole of the Asiatick Researches (G. G. and J. Robinson, 1801), p. 172.

5   Stefansson, Vilhjalmur, *Adventures in Error*, (R. M. McBride & company, 1936), p. 7, available at https://hdl.handle.net/2027/wu.89094310885

6   Sebeok, Thomas A., 'Can Animals Lie?', in *I Think I Am a Verb* (Springer, 1986), p. 128.

7   Angier, Natalie, 'A Highly Evolved Propensity for Deceit', *The New York Times*, 22 December 2008, https://www.nytimes.com/2008/12/23/science/23angi.html

8   de Waal, F. B., 'Intentional deception in primates', *Evolutionary Anthropology Issues News and Reviews*, vol. 1, no. 3, p. 90.

9   Byrne, Richard W., and Corp, Nadia, 'Neocortex Size Predicts

Deception Rate in Primates', in *Proceedings: Biological Sciences*, vol. 271, no. 1549, 2004.

10 Talwar, Victoria, 'Development of Lying and Cognitive Abilities', in Meibauer, Jorg (ed.), *The Oxford Handbook of Lying* (Oxford University Press, 2018), p. 401.

11 Feldman, Robert, *Liar: The Truth About Lying* (Ebury Publishing, 2009), chapter 1 (Kindle edition).

2장 ∘ 가짜 뉴스의 시작

1 Franklin, Benjamin, *Poor Richard's Almanack and Other Writings* (Dover Publications, 2012), p. 55.

2 마크 트웨인이 했다고 잘못 전해지는 말들이 상당히 많긴 하지만, 이 말은 꼭 그런 경우는 아니다. 마크 트웨인은 실제로 아주 비슷한 말을 한 적이 있다. "내가 아프다는 소식이 어떻게 해서 나온 것인지는 이해가 잘 간다. 믿을 만한 소식통으로부터 심지어 내가 죽었다는 말도 들었다. 내 사촌 제임스 로스 클레먼스가 두세 주 전에 런던에서 큰 병을 앓았는데, 지금은 건강하다. 내가 아프다는 소식은 거기서 와전된 것이다. 내가 죽었다는 소식은 과장이다. 그러나 내가 가난하다는 소식은 대응하기가 그리 쉽지 않다." White, Frank Marshall, 'Mark Twain Amused', in *New York Journal*, 2 June 1897, reproduced in Gary Scharnhorst (ed.), *Mark Twain: The Complete Interviews* (University of Alabama Press, 2006).

3 'Alan Abel, Satirist Created Campaign To Clothe Animals', *New York Times*, 2 January 1980, p. 39.

4 ʿObituary Disclosed as Hoaxʾ, *New York Times*, 4 January 1980, p. 15.

5 Fox, Margalit, ʿAlan Abel, Hoaxer Extraordinaire, Is (on Good Authority) Dead at 94ʾ, *New York Times*, 17 September 2018, https://www.nytimes.com/2018/09/17/obituaries/alan-abel-dies.html

6 e.g. Smith, Suzette. ʿThe Day We Thought Jeff Goldblum Diedʾ, *Portland Mercury*, 22 June 2016에서 인용. https://www.portlandmercury.com/The-Jeff-Goldblum-Issue/2016/06/22/18265356/the-day-we-thought-jeff-goldblum-died

7 Regal, Brian, and Esposito, Frank J., *The Secret History of the Jersey Devil* (Johns Hopkins University Press, 2018), chapter 2 (Kindle edition).

8 ʿBenjamin Franklinʾ, Wikipedia, https://en.wikipedia.org/wiki/Benjamin_Franklin, as of 24 February 2019.

9 Stowell, Marion Barber, ʿAmerican Almanacs and Feudsʾ, in *Early American Literature*, vol. 9, no. 3, 1975, pp. 276–85, http://www.jstor.org/stable/25070683

10 Stowell, ʿAmerican Almanacs and Feudsʾ에서 인용.

11 Franklin, Benjamin, *Poor Richard's Almanack and Other Writings* (Dover Publications, 2013), pp. 28–9.

12 Swift, Jonathan, *Bickerstaff-Partridge Papers* (Kindle edition), p. 6.

13 Stowell, ʿAmerican Almanacs and Feudsʾ.

14 Leeds, Titan, Franklin, Benjamin, *Poor Richard's Almanack and Other Writings* (Dover Publications, 2013), pp. 30–1에서 인용.

15 Pettegree, Andrew, *The Invention of News: How the World Came to*

Know About Itself (Yale University Press, 2014), p. 2.

16 Pettegree, Andrew, *The Invention of News: How the World Came to Know About Itself* (Yale University Press, 2014), p. 107.

17 Dittmar, Jeremiah and Seabold, Skipper, 'Gutenberg's moving type propelled Europe towards the scientific revolution', *LSE Business Review*, 19 March 2019, https://blogs.lse.ac.uk/businessreview/2019/03/19/gutenbergs-moving-type-propelled-europe-towardsthe-scientific-revolution/

18 Schroder, Thomas, 'The origins of the German press', in Dooley, Brandan and Baron, Sabrina A., *The Politics of Information in Early Modern Europe* (Routledge, 2001), p. 123.

19 Groesen, Michiel van, 'Reading Newspapers in the Dutch Golden Age', *Media History*, vol. 22, nos. 3–4, 2016, p. 336.

20 Schroder, 'The origins of the German press', p. 123.

21 Schroder, 'The origins of the German press', p. 137.

22 Baillet, Adrien, *Jugemens des scavans sur les principaux ouvrages des auteurs*, 1685. Blair, Ann, 'Reading Strategies for Coping With Information Overload ca. 1550–700', *Journal of the History of Ideas*, vol. 64, no. 1, p. 11에서 인용.

23 Burton, *The Anatomy of Melancholy*, locations 1337–1347.

24 Burton, Robert, *The Anatomy of Melancholy*, (EGO Books, 2008) Kindle edition, locations 1491–1492. 첫 문장은 라틴어로 썼다("Quis tam avidus librorum helluo"). translation per Tucker, George Hugo, 'Justus Lipsius and the Cento Form', in De Bom, Erik et al., *(Un)masking the Realities of Power: Justus Lipsius and the Dynamics of Political Writing in Early Modern Europe* (Brill, 2010), p. 166.

25 Burton, *The Anatomy of Melancholy*, locations 1376−1379.

26 Dooley, Brandan, 'News and doubt in early modern culture,' in Dooley, Brandan and Baron, Sabrina A., *The Politics of Information in Early Modern Europe* (Routledge, 2001), p. 275.

27 O'Neill, Lindsay, 'Dealing with Newsmongers: News, Trust, and Letters in the British World, ca. 1670−1730', *Huntington Library Quarterly*, vol. 76, no. 2, 2013, pp. 215−33.

28 Hadfield, Andrew, 'News of the Sussex Dragon', in Davies, Simon F. and Fletcher, Puck, *News in Early Modern Europe—Currents and Connections* (Brill, 2014), pp. 85−6.

29 Hadfield, 'News of the Sussex Dragon', p. 88에서 인용.

30 Ellis, Markman, *Eighteenth-Century Coffee-House Culture, vol. 4* (Routledge, 2006), chapter 6에서 인용.

31 'By the King, a proclamation. To restrain the spreading of false news', 26 October 1688, University of Oxford Text Archive, http://tei.it.ox.ac.uk/tcp/Texts-HTML/free/A87/A87488

32 *Craftsman*, 17 July 17 1734. Woolf, Daniel, 'News, history and the construction of the present in early modern England', in Dooley, Brandan and Baron, Sabrina A., *The Politics of Information in Early Modern Europe* (Routledge, 2001), p. 100에서 인용.

33 Steiner, Prudence L., 'Benjamin Franklin Biblical Hoaxes', in *Proceedings of the American Philosophical Society*, vol. 131, no. 2, 1987, pp. 183−196.

1 'GREAT ASTRONOMICAL DISCOVERIES LATELY MADE BY SIR JOHN HERSCHEL, L.L.D. F.R.S. & c. At the Cape of Good Hope [*From Supplement to the Edinburgh Journal of Science*]', New York *Sun*, 25 August 1835; text from The Museum of Hoaxes, http://hoaxes.org/text/display/the_great_moon_hoax_of_1835_text

2 Griggs, William N., *The Celebrated 'Moon Story,' Its Origin and Incidents; With a Memoir of the Author, and an Appendix* (Bunnell and Price, 1852), pp. 23–5.

3 Poe, Edgar Allan, 'Richard Adams Locke', in *Complete Works of Edgar Allan Poe* (Delphi Classics, 2015), p. 1950.

4 《헤럴드》지의 이름 변천사는 이렇다. 1835년 5월에서 8월까지는《모닝 헤럴드》였다. 8월 말에는《더 헤럴드》가 되었고, 1837년 5월에는《모닝 헤럴드》로 되돌아갔다가, 1840년 9월에 마침내《더 뉴욕 헤럴드》로 정착했다. 다음을 참조하라. Fox, Louis H., 'New York City Newspapers, 1820–1850: A Bibliography', *The Papers of the Bibliographical Society of America*, vol. 21, no. 1/2, 1927, p. 52, http://www.jstor.org/stable/24292637

5 'The Great Moon Hoax', The Museum of Hoaxes, http://hoaxes.org/archive/permalink/the_great_moon_hoax

6 Phillips, Tom, '25 Things That Will Definitely Happen In The General Election Campaign', BuzzFeed, 27 January 2015, https://www.buzzfeed.com/tomphillips/topless-barry-for-prime-minister

7   Tucher, Andie, 'Those Slippery Snake Stories', in *Humanities*, vol. 36, no. 3, May/June 2015, https://www.neh.gov/humanities/2015/mayjune/feature/those-slippery-snake-stories

8   Tucher, Andie, 'The True, the False, and the "not exactly lying"', in Canada, Mark (ed.), *Literature and Journalism: Inspirations, Intersections and Inventions from Ben Franklin to Stephen Colbert* (Palgrave Macmillan, 2013), pp. 91–118.

9   Hills, William H., 'Advice to Newspaper Correspondents III: Some Hints on Style', in *The Writer*, June 1887. Tucher, Andie, 'The True, the False, and the "not exactly lying"', in Canada, Mark (ed.), *Literature and Journalism*, p. 93에서 인용.

10 Hills, William H., 'Advice to Newspaper Correspondents IV: Faking', in *The Writer*, November 1887. Tucher, Andie, 'The True, the False, and the "not exactly lying"', in Canada, Mark (ed.), *Literature and Journalism*, p. 93에서 인용.

11 Shuman, Edwin L., *Steps into Journalism: Helps and Hints for Young Writers* (1894). Tucher, Andie, 'The True, the False, and the "not exactly lying"', in Canada, Mark (ed.), *Literature and Journalism*, p. 95에서 인용.

12 MacDougall, Curtis D., Hoaxes (Dover Publications, 1958), p. 4.

13 Ibid.

14 Khomami, Nadia, 'Disco's Saturday Night Fiction', *Observer*, 26 June 2016, https://www.theguardian.com/music/2016/jun/26/lie-heart-disco-nik-cohn-tribal-rites-saturday-night-fever

15 'Railways and Revolvers in Georgia', *The Times*, 15 October 1856, p. 9.

16 Untitled article (column 4, 'It is assumed by the myriads who sit in judgement…'), *The Times*, 16 October 1856, p. 6.

17 Coulter, E. Merton, 'The Great Georgia Railway Disaster Hoax on the London Times', in *The Georgia Historical Quarterly*, vol. 56, no. 1, 1972에서 인용.

18 Crawford, Martin, 'The Great Georgia Railway Disaster Hoax Revisited', The Georgia Historical Quarterly, vol. 58, no. 3, 1974

19 'The Southern States of America', *The Times*, 27 August 1857, p. 8.

20 'Comet's Poisonous Tail', *New York Times*, 8 February 1910, p. 1.

21 'Some Driven To Suicide', *New York Times*, 19 May 1910, p. 2.

22 Alexander, Stian, 'Croydon Cat Killer has widened brutal spree around the M25, say police', *Daily Mirror*, 13 July 2016, https://www.mirror.co.uk/news/uk-news/croydon-cat-killer-widened-brutal-8414154

23 'Mattoon Gets Jitters from Gas Attacks', *Chicago Herald-American*, 10 September 1944. Bartholomew, Robert and Evans, Hilary, *Panic Attacks: Media Manipulation and Mass Delusion* (The History Press, 2004)에서 인용.

24 'On The Contrary', *New Yorker*, 9 December 2002, https://www.newyorker.com/magazine/2002/12/09/on-the-contrary

25 벽에는 1953년이라고 쓰여 있지만, 실제로는 1946년이 맞다. https://twitter.com/baltimoresun/status/1028118771192528897

26 Mencken, H. L., 'Melancholy Reflections', *Chicago Tribune*, 23 May 1926, p. 74.

27 Ibid.

28 Mencken, H. L., 'A Neglected Anniversary', *New York Evening*

Mail, 28 December 1917.

29 Stefansson, Vilhjalmur, *Adventures in Error*, (R. M. McBride & company, 1936), pp. 288-90, available at https://hdl.handle. net/2027/wu.89094310885

30 Hersey, John, 'Mr. President IV: Ghosts in the White House', *New Yorker*, 28 April 1951, pp. 44-5, https://www.newyorker.com/magazine/1951/04/28/mr-president-ghosts-in-the-white-house

31 'Address in Philadelphia at the American Hospital Association Convention', 16 September 1952, Harry S. Truman Presidential Library & Museum, available at https://www.trumanlibrary.gov/library/public-papers

32 Fleischman, Sandra, 'Builders' Winning Play: A Royal Flush', *Washington Post*, 24 November 2001; and Sachs, Andrea, 'President's Day 101', *Washington Post*, 15 February 2004.

33 Mencken, H. L., 'Hymn to the Truth', *Chicago Tribune*, 25 July 1926, p. 61.

4장 ○ 환상의 땅

1 Burton, R. F., 'The Kong Mountains', in *Proceedings of the Royal Geographical Society and Monthly Record of Geography*, vol. 4, no. 8, 1882, pp. 484-6, https://www.jstor.org/stable/1800716

2 라틴어 'Hic Sunt Dracones(Here be dragons)'가 적힌 것으로 알려진 지도는 1500년대 초에 제작된 두 점뿐이다. 그 문구가 지도에 영어

로 적힌 사례는 알려진 바가 없다. 다음을 참조하라. 'Oldest globe to depict the New World may have been discovered', *Washington Post*, 19 August 2013, https://www.washingtonpost.com/national/health-science/oldest-globe-to-depict-the-new-world-may-havebeen-discovered/2013/08/19/503b2b4a-06b4-11e3-a07f-49ddc7417125_story.html

3 Rennell, James, 'A Map, shewing the Progress of Discovery & Improvement, in the Geography of North Africa', 1798, https://www.loc.gov/item/2009583841/

4 Bassett, Thomas J., and Porter, Philip W., '"From the Best Authorities": The Mountains of Kong in the Cartography of West Africa', in *The Journal of African History*, vol. 32, no. 3, 1991, pp. 367–413, www.jstor.org/stable/182661

5 Park, Mungo, *Life and Travels of Mungo Park in Central Africa* (Kindle edition), p. 181.

6 Rennell, James, *Proceedings of the Association for Promoting the Discovery of the Interior Parts of Africa* (W. Bulmer & Co, 1798), p. 63.

7 Brooke-Hitching, Edward, *The Phantom Atlas: The Greatest Myths, Lies and Blunders on Maps* (Simon & Schuster UK, 2016).

8 Burton, R. F., 'The Kong Mountains', in *Proceedings of the Royal Geographical Society and Monthly Record of Geography*, vol. 4, no. 8, 1882, pp. 484–6, https://www.jstor.org/stable/1800716

9 Clapperton, Hugh, Lander, Richard, and Salamé Abraham V., *Journal of a Second Expedition Into the Interior of Africa, From the Bight of Benin to Soccatoo* (John Murray, 1829), p. 21.

10 Bassett, Thomas J., and Porter, Philip W., '"From the Best

Authorities": The Mountains of Kong in the Cartography of West Africa', in *The Journal of African History*, vol. 32, no. 3, 1991.

11 Binger, Louis-Gustave, 'Du Niger au Golfe de Guinee par Kong', in *Bulletin de la Societe de Geographie* (Paris), 1889. Bassett and Porter, '"From the Best Authorities": The Mountains of Kong in the Cartography of West Africa', in *The Journal of African History*, vol. 32, no. 3, 1991에서 인용.

12 Adams, Percy G., *Travelers and Travel Liars* 1660–1800 (Dover Publications, 1980), pp. 158–161.

13 Brooke-Hitching, Edward. *The Phantom Atlas: The Greatest Myths, Lies and Blunders on Maps* (Simon & Schuster UK, 2016), p. 166.

14 Campbell, Matthew, 'Oil boom fuels mystery of the missing island in the Mexican Gulf', *The Times*, 6 September 2009, https://www.thetimes.co.uk/article/oil-boom-fuels-mystery-of-themissing-island-in-the-mexican-gulf-xg7tcsdbcwz

15 'How, Modestly, Cook Hoaxed The World', *New York Times*, 22 December 1909, p. 4, https://www.nytimes.com/1909/12/22/archives/how-modestly-cook-hoaxed-the-world-turned-a-smiling-face-to-critics.html

5장 ◦ 사기꾼 열전

1 'The king of con-men', *The Economist*, 22 December 2012, https://www.economist.com/christmas-specials/2012/12/22/the-king-of-con-men

2 "1822년 3월 1일부터 에이커당 1실링 6펜스로 인상되며 이후 3개월마 다 동일한 폭으로 인상될 예정"–'North America', *Perthshire Courier*, 20 December 1821, p. 1.

3 *The Times*, 12 July 1822, p. 1.

4 Strangeways, Thomas, *Sketch of the Mosquito Shore, Including the Territory of Poyais*, 1822.

5 Conzemius, Eduard, 'Ethnographical survey of the Miskito and Sumu Indians of Honduras and Nicaragua', in *Bureau of American Ethnology Bulletin*, 1932, p. 1. Von Hagen, V. Wolfgang, 'The Mosquito Coast of Honduras and Its Inhabitants', in *Geographical Review*, vol. 30, no. 2, 1940, p. 252에서 인용.

6 『모스키토 해안 지역 개황』에 실린 지도를 오늘날의 지도 그리고 다 음 문헌에 실린 지도와 비교해보라. Von Hagen, V. Wolfgang, 'The Mosquito Coast of Honduras and Its Inhabitants', in *Geographical Review*, vol. 30, no. 2, 1940, p. 240.

7 '라이스타 에코 산장Raista Eco Lodge'이라는 곳으로, "지역사회 기반 관 광을 제대로 맛볼 수 있는 곳"이라고 한다. https://www.lonelyplanet. com/honduras/laguna-de-ibans

8 *Manchester Guardian*, 25 October 1823, republished as 'Settlers duped into believing in "land flowing with milk and honey"' in the *Guardian*, 25 October 2013, https://www.theguardian.com/ theguardian/2013/oct/25/gregor-macgregor-poyais-settlers- scam

9 Rafter, Michael, *Memoirs of Gregor M'Gregor: Comprising a Sketch of the Revolution in New Grenada and Venezuela*, etc. (J.J. Stockdale, 1820), p. 19.

10 Brown, Matthew, 'Inca, Sailor, Soldier, King: Gregor MacGregor and the Early Nineteenth-Century Caribbean', in *Bulletin of Latin American Research*, vol. 24, no. 1, 2005, p. 55.

11 Rafter, Michael, *Memoirs of Gregor M'Gregor: Comprising a Sketch of the Revolution in New Grenada and Venezuela*, etc., (J.J. Stockdale, 1820), p. 20.

12 Rafter, Michael, *Memoirs of Gregor M'Gregor: Comprising a Sketch of the Revolution in New Grenada and Venezuela*, etc., (J.J. Stockdale, 1820), p. 19.

13 Weatherhead, W. D., *An Account of the Late Expedition Against the Isthmus of Darien Under the Command of Sir Gregor M'Gregor* (Longman, Hurst, Rees, Orme, and Brown, 1821), p. 26.

14 *Jamaica Gazette*, 17 July 1819. Brown, Matthew, 'Inca, Sailor, Soldier, King: Gregor MacGregor and the Early Nineteenth-Century Caribbean', in *Bulletin of Latin American Research*, vol. 24, no. 1, 2005, p. 59에서 인용.

15 Rafter, Michael, *Memoirs of Gregor M'Gregor: Comprising a Sketch of the Revolution in New Grenada and Venezuela*, etc., (J.J. Stockdale, 1820), p. 338.

16 이와 같은 여러 사례는 다음을 참조하라. Brown, Matthew, 'Inca, Sailor, Soldier, King: Gregor MacGregor and the Early Nineteenth-Century Caribbean', in *Bulletin of Latin American Research*, vol. 24, no. 1, 2005.

17 *London Literary Gazette and Journal of Belles Lettres, Arts, Sciences, Etc.*, no. 315, 1 February 1823, p. 70.

18 발언을 자세히 인용하면 다음과 같다. "《쿼털리 리뷰》가 자신의 시 「엔

디미온」을 난도질해놓은 평론을 읽고 그의 여린 마음은 더없이 격한 반응을 일으켰다. 그로 인한 감정의 동요로 말미암아 결국 폐혈관이 파열되었고, 급성 폐결핵이 뒤따라 발병했으니, 뒤이어 보다 솔직한 비평가들이 그의 진정으로 위대한 능력을 인정해주었으나, 악의적인 비방이 끼친 상처를 낫게 하기엔 무리였다." Shelley, Percy B., *Preface to Adonais: An Elegy on the Death of John Keats, Author of Endymion, Hyperion, etc.*, 1821.

19 'Art. VIII', in Quarterly Review, vol. XXVIII, October 1822 & January 1823, pp. 157–61.

20 Frankel, Tamar, *The Ponzi Scheme Puzzle*, (Oxford University Press, 2012), p. 111.

21 Frankel, Tamar, *The Ponzi Scheme Puzzle*, (Oxford University Press, 2012), p. 89.

22 Frankel, Tamar, *The Ponzi Scheme Puzzle*, (Oxford University Press, 2012), p. 85.

23 Konnikova, Maria, *The Confidence Game: The Psychology of the Con and Why We Fall for It Every Time*, (Canongate Books, 2016), p. 8.

24 Kerenyi, Dr Norbert, *Stories of a Survivor* (Xlibris, 2011), p. 280.

25 McCarthy, Joe, 'The Master Impostor: An Incredible Tale', *Life*, 28 January 1952, p. 81.

26 '"Master Impostor" Now May Try to Be Just Himself', *Minneapolis Sunday Tribune*, 8 January 1956, p. 10A.

27 Associated Press, 'Ferdinand Waldo Demara, 60, An Impostor In Varied Fields', *New York Times*, 9 June 1982, p. B16.

28 Crichton, Robert, The Great Impostor, (Random House, 1959), p. 103.

29 Alexopoulos, Golfo, 'Portrait of a Con Artist as a Soviet Man', in *Slavic Review*, vol. 57, no. 4, Winter 1998, p. 775.

30 Zaleski, Eugene, *Stalinist Planning for Economic Growth, 1933– 1952* (University of North Carolina Press, 1980). Alexopoulos, Golfo, 'Portrait of a Con Artist as a Soviet Man', in *Slavic Review*, vol. 57, no. 4, Winter 1998, p. 777에서 인용.

31 Alexopoulos, Golfo, 'Portrait of a Con Artist as a Soviet Man', in *Slavic Review*, vol. 57, no. 4, Winter 1998, p. 781.

32 Alexopoulos, 'Portrait of a Con Artist as a Soviet Man', p. 788에서 인용.

33 Spurling, Hilary, *La Grande Therese, The Greatest Swindle of the Century*, (Profile Books, 2000), p. 24.

34 Spurling, Hilary, La Grande Therese, The Greatest Swindle of the Century, (Profile Books, 2000), p. 44에서 인용.

35 Martin, Benjamin F., *The Hypocrisy of Justice in the Belle Epoque* (Louisiana State University Press, 1984), p. 80.

36 Spurling, Hilary, *La Grande Thérèse, The Greatest Swindle of the Century*, (Profile Books, 2000), p. 48에서 인용.

6장 ○ 정치인의 거짓말

1 Almond, Cuthbert, 'Oates's Plot', *Catholic Encyclopedia*, https:// www.catholic.com/encyclopedia/oatess-plot

2 Marshall, Alan, 'Titus Oates', *Oxford Dictionary of National Biography*, 3 January 2008, https://www.oxforddnb.com/

view/10.1093/ref:odnb/9780198614128.001.0001/odnb-
9780198614128-e-20437

3 Pollock, Sir John, *The Popish Plot: A Study in the History of the Reign of Charles II* (Duckworth & Co., 1903), p. 3.

4 Kopel, David, 'The missing 18 1/2 minutes: Presidential destruction of incriminating evidence', *Washington Post*, 16 June 2014, https://www.washingtonpost.com/news/volokh-conspiracy/wp/2014/06/16/the-missing-18-12-minutes-presidential-destruction-of-incriminating-evidence/

5 McDonald, Iverach, *The History of the Times: Volume V, Struggles in Life and Peace, 1939-1966* (Times Books 1984), pp. 268-269.

6 'CRUCIFIXION OF CANADIANS (ALLEGED)', Hansard, 19 May 1915, https://api.parliament.uk/historic-hansard/commons/1915/may/19/crucifixion-of-canadians-alleged#S5CV0071P0-08398

7 'Through German Eyes', *The Times*, 16 April 1917, p. 7.

8 '"Supplement to the Boston Independent Chronicle," [before 22 April 1782],' *Founders Online, National Archives*, last modified June 13, 2018, http://founders.archives.gov/documents/Franklin/01-37-02-0132. [Original source: Cohn, Ellen R. (ed), *The Papers of Benjamin Franklin, vol. 37, March 16 through August 15, 1782* (Yale University Press, 2003), pp. 184-196.]

9 Mulford, Carla, 'Benjamin Franklin's Savage Eloquence: Hoaxes from the Press at Passy, 1782', *Proceedings of the Amercian Philosophical Society*, vol. 152, no. 4, 2008, p. 497.

10 "신문 한 부를 동봉해 보내는데, 그 진실성에 대해서는 내가 의심이 좀

있으나, 형식이나 내용에 관해서는 아닐세. 이 살육 전쟁에서 인디언의 손에 머리 가죽이 벗겨진 사람의 수는 사실 이 글에 언급된 숫자를 넘어서리라 믿기 때문이네." 다음 자료를 참조하라. 'From Benjamin Franklin to John Adams, 22 April 1782', *Founders Online, National Archives*, last modified 13 June 2018, http://founders.archives.gov/documents/Franklin/01-37-02-0133. [Original source: Cohn, Ellen R. (ed), The Papers of Benjamin Franklin, vol. 37, March 16 through August 15, 1782 (Yale University Press, 2003), pp. 196-.]

11 Dowd, Gregory Evans, *Groundless: Rumors, Legends and Hoaxes on the Early American Frontier* (Johns Hopkins University Press), pp. 170-172.

7장 ◦ 장사꾼의 거짓말

1 Manes, Stephen, *Gates: How Microsoft's Mogul Reinvented an Industry-and Made Himself the Richest Man in America* (Cadwallader & Stern, 1993), chapter 5 (Kindle edition).

2 Merchant, Brian, *The One Device: The Secret History of the iPhone* (Bantam Press, 2017), p. 367. 발표 행사 영상을 보면 꽤 눈에 띄는 부분이 있다. 무대에 선 잡스가 조니 아이브, 필 실러와 전화 통화를 나누는 시연 장면에서 아이브와 실러는 둘 다 아이폰을 쓰지 않고 기존 폴더형 전화기를 쓰고 있다. 다음 영상의 25분 34초 지점. https://www.youtube.com/watch?v=9hUIxyE2Ns8

3 MacRory, Henry, *Ultimate Folly: The Rises and Falls of Whitaker*

Wright, Biteback Publishing, chapter 7 (Kindle edition).

4 MacRory, *Ultimate Folly: The Rises and Falls of Whitaker Wright*, chapter 3에서 인용.

5 MacRory, *Ultimate Folly: The Rises and Falls of Whitaker Wright*, chapter 2에서 인용.

6 Oppenheim, A. Leo, *Letters from Mesopotamia* (University of Chicago Press, 1967), pp. 82-3.

7 이 대목에 실린 모든 인용문의 출처는 다음 문헌이다. Rice, Michael, *The Archaeology of the Arabian Gulf* (Routledge, 2002), pp. 276-8.

8 Levi, Steven C., 'P. T. Barnum and the Feejee Mermaid', in *Western Folklore*, vol. 36, no. 2, 1977, pp. 149-4.

9 Reiss, Benjamin, 'P. T. Barnum, Joice Heth and Antebellum Spectacles of Race', in *American Quarterly*, vol. 51, no. 1, 1999, pp. 78-107.

8장 ∘ 흔한 집단 망상

1 Rowlatt, Justin, 'Gatwick drone attack possible inside job, say police', BBC News, 14 April 2019, https://www.bbc.co.uk/news/uk-47919680

2 'Gatwick drones pair "no longer suspects"', BBC News, 23 December 2018, http://web.archive.org/web/20181223172230/ https://www.bbc.co.uk/news/uk-england-46665615 BBC에서 이후에 기사를 수정하여 경찰 발표 인용 부분을 삭제했다.

3 Rowlatt, Justin, 'Gatwick drone attack possible inside job, say

police', BBC News, 14 April 2019, https://www.bbc.co.uk/news/uk-47919680

4 다음의 인터랙티브 지도를 참조하라. Holman, Brett, 'Mapping the 1913 phantom airship scare', https://airminded.org/2013/05/03/mapping-the-1913-phantom-airship-scare/

5 Hirst, Francis Wrigley, *The Six Panics and Other Essays* (Methuen, 1913), p. 104.

6 Bartholomew, Robert E., *Hoaxes, Myths, and Manias: Why We Need Critical Thinking* (Prometheus Books, 2003), chapter 9 (Kindle edition).

7 Mattalaer, Johan J. and Jilek, Wolfgang, 'Koro—The Psychological Disappearance of the Penis', *Journal of Sexual Medicine*, vol. 4, no. 5, 2007.

8 Bartholomew, Robert E., A *Colorful History of Popular Delusions* (Prometheus Books, 2015) p. 37.

9 Barzilay, Tzafrir, *Well-Poisoning Accusations in Medieval Europe: 1250–500*, (Columbia University thesis, 2016), p. 95, https://academiccommons.columbia.edu/doi/10.7916/D8VH5P6T.

10 Gui, Bernard, *Vita Joannis XXII, p. 163.* Barzilay, *Well-Poisoning Accusations in Medieval Europe: 1250–1500*, p. 110에서 인용.

11 Leeson, P. T. and Russ, J. W., 'Witch Trials', *The Economic Journal*, vol. 128, no. 613, 2018.

12 'Posse Sets Out as "Jersey Devil" Reappears', *New York Times*, 19 December 1929, p. 14.

13 Ibid.

맺는 글: 더 진실한 미래로

1 Breves, Dylan, 'Coati', Wikipedia, revision as of 02.36 UTC, 12 July 2008, https://en.wikipedia.org/w/index.php?title=Coati&diff=ne xt&oldid=224679361 그전에 쓰인 적이 없다는 것은 Google, Google Scholar, Google Books에서 날짜 범위를 지정해 검색한 결과에 따름.

2 Randall, Eric, 'How a Racoon Became an Aardvark', *New Yorker*, 19 May 2014, https://www.newyorker.com/tech/annals-of-technology/how-a-raccoon-became-an-aardvark; 언론에 언급된 사례 몇 가지는 다음과 같다. Williams, Amanada, 'Hunt for the runaway aardvark: Lady McAlpine calls on public to help find her lost ring-tailed coati', *Daily Mail*, 8 April 2013, https://www.dailymail.co.uk/news/article-2305602/Hunt-runaway-aardvark-Lady-McAlpine-calls-public-help-lost-ring-tailed-coati. html; Leach, Ben, 'Scorpions, Brazilian aardvarks and wallabies all found living wild in UK, study finds', *Daily Telegraph*, 21 June 2010, https://www.telegraph.co.uk/news/earth/wildlife/7841796/ Scorpions-Brazilianaardvarks-and-wallabies-all-found-living-wild-in-UK-study-finds. html; Brown, Jonathan, 'From wallabies to chipmunks, the exotic creatures thriving in the UK', *Independent*, 21 June 2010, https://www.independent.co.uk/ environment/nature/from-wallabies-tochipmunks-the-exotic-creatures-thriving-in-the-uk-2006096.html 마지막 사례는 '땅돼지aardvarks'라고만 언급하고 있다.

3 'Scorpions and parakeets "found living wild in UK"', BBC News, 21 June 2010, https://www.bbc.co.uk/news/10365422 사례 중 몇 건은

똑같은 내용을 말만 조금씩 바꾼 것임을 알 수 있는데, 영국 야생에 외래종 생물들이 살고 있다는 내용이다. 모두 헐대학교University of Hull의 한 교수가 에덴Eden이라는 TV 채널에서 홍보 목적으로 의뢰를 받고 작성한 '보고서'를 토대로 한 것이다. 아마도 잘못된 이름이 그 보도 자료에 들어간 것을 여기저기서 그대로 옮겨 썼을 가능성이 높아 보이는데, 그 보도 자료는 찾지 못했다.

4   Nadal, James, 'Brazilian aardvark on the loose in Marlow', *Bucks Free Press*, 20 February 2013, https://www.bucksfreepress. co.uk/news/10240842.brazilian-aardvark-on-the-loose-in-marlow/; Drury, Flora, 'So that's what an aardvark looks like', *Worcester News*, 9 June 2011, https://www.worcesternews.co.uk/news/9072841.so-thats-what-an-aardvark-looks-like/

5   'Photo of the Day: Wild Fire', *Time*, 20 September 2013, https://time.com/3802583/wild-fire/; 'An Unexpected Visitor in the Volcano', *National Geographic*, 7 March 2013, https://blog.nationalgeographic.org/2013/03/07/an-unexpectedvisitor-in-the-volcano/; 'Brazil Plans to Clone Its Endangered Species', *Scientific American*, 14 November 2010, https://blogs.scientificamerican.com/extinction-countdown/brazil-plans-to-clone-its-endangered-species/

6   Cançado, Paulo Henrique Duarte; Faccini, João Luiz Horácio; Mourão, Guilherme de Miranda; Piranda, Eliane Mattos; Onofrio, Valéria Castilho; and Barros-Battesti, Darci Moraes, 'Current status of ticks and tick-host relationship in domestic and wild animals from Pantanal wetlands in the state of Mato Grosso do Sul, Brazil', *Iheringia. Série Zoologia*, vol. 107, Supl. 0, 2

May 2017, https://dx.doi.org/10.1590/1678-4766e2017110

7 Henderson, Caspar, *The Book of Barely Imagined Beings: A 21st Century Bestiary* (University of Chicago Press, 2013), p. 10.

8 Safier, Neil, 'Beyond Brazilian Nature: The Editorial Itineraries of Marcgraf and Piso's Historia Naturalis Brasiliae', in van Groesen, Michiel (ed.), *The Legacy of Dutch Brazil* (Cambridge University Press, 2014), p. 179, https://doi.org/10.1017/CBO9781107447776.011

9 'David Attenborough and BBC take us to Hotel Armadillo–in pictures', *Guardian*, 5 April 2017, https://www.theguardian.com/environment/gallery/2017/apr/05/david-attenborough-and-bbctake-us-to-hotel-armadillo-in-pictures

10 Allen, Nick, 'Wikipedia, the 25–ear–ld student and the prank that fooled Leveson', *Daily Telegraph*, 5 December 2012, https://www.telegraph.co.uk/news/uknews/leveson-inquiry/9723296/Wikipedia-the-25-year-old-student-and-the-prank-that-fooled-Leveson.html

11 'Wikipedia: List of citogenesis incidents', Wikipedia, retrieved 30 June 2019, https://en.wikipedia.org/wiki/Wikipedia:List_of_citogenesis_incidents

12 톰 필립스, 『진실의 흑역사: 인간은 입만 열면 거짓말을 한다』, 윌북, 2020, p. 56.

지은이 톰 필립스

톰 필립스는 런던에서 활동하는 작가이자 언론인이다. 현재 영국의 비영리 팩트체킹 기관 '풀팩트Full Fact'의 편집자로 일하고 있다. 그전에는 인터넷 뉴스 매체《버즈피드》영국판 편집장을 지냈다. 인류의 실패사를 다룬 전작『인간의 흑역사』는 전 세계 30개국에서 출간되었다. 잠깐 코미디언으로 활동하기도 했고, TV 방송국에서도 일했고, 의회에서도 일했고, 첩보 요원으로도 일했다. 이중 하나는 거짓말이다.

옮긴이 홍한결

서울대 화학공학과와 한국외대 통번역대학원을 나와 책 번역가로 일하고 있다. 쉽게 읽히고 오래 두고 보고 싶은 책을 만들고 싶어 한다. 옮긴 책으로『인듀어런스』,『오래된 우표, 사라진 나라들』,『인간의 흑역사』,『당신의 특별한 우울』,『걸어 다니는 어원 사전』등이 있다.

진실의 흑역사
인간은 입만 열면 거짓말을 한다

펴낸날 초판 1쇄 2020년 11월 5일
         신판 1쇄 2024년 3월 25일
지은이 톰 필립스
옮긴이 홍한결
펴낸이 이주애, 홍영완
편집장 최혜리
편집3팀 장종철, 강민우, 이소연
편집 양혜영, 박효주, 문주영, 한수정, 홍은비, 김하영, 김혜원, 이정미
디자인 박정원, 김주연, 기조숙, 윤소정, 박소현
마케팅 김태윤
홍보 정혜인, 김철, 김준영, 김민준
해외기획 정미현
경영지원 박소현
펴낸곳 (주)윌북 출판등록 제2006-000017호
주소 10881 경기도 파주시 광인사길 217
전화 031-955-3777 팩스 031-955-3778
블로그 blog.naver.com/willbooks 포스트 post.naver.com/willbooks
트위터 @onwillbooks 인스타그램 @willbooks_pub
ISBN 979-11-5581-706-3 03900